Lingua[gem] 20

Coleção Lingua[gem]

1. *Português ou brasileiro? Um convite à pesquisa*, Marcos Bagno
2. *Linguagem & comunicação social — linguística para comunicadores*, Manoel Luiz Gonçalves Corrêa
3. *Por uma linguística crítica*, Kanavillil Rajagopalan
4. *Educação em língua materna: a sociolinguística na sala de aula*, Stella Maris Bortoni-Ricardo
5. *Sistema, mudança e linguagem — um percurso pela história da linguística moderna*, Dante Lucchesi
6. *"O português são dois" — novas fronteiras, velhos problemas*, Rosa Virgínia Mattos e Silva
7. *Ensaios para uma sócio-história do portuguºês brasileiro*, Rosa Virgínia Mattos e Silva
8. *A linguística que nos faz falhar — Investigação crítica*, Kanavillil Rajagopalan, Fábio Lopes da Silva [orgs.]
9. *Do signo ao discurso — Introdução à filosofia da linguagem*, Inês Lacerda Araújo
10. *Ensaios de filosofia da linguística*, José Borges Neto
11. *Nós* cheguemu *na escola, e agora? - sociolinguística e educação,* Stella Maris Bortoni-Ricardo
12. *Doa-se lindos filhotes de* poodle *— Variação linguística, mídia e preconceito*, Maria Marta Pereira Scherre
13. *A geopolítica do inglês*, Yves Lacoste [org.], Kanavillil Rajagopalan
14. *Gêneros — teorias, métodos, debates*, J. L. Meurer, Adair Bonini, Désirée Motta-Roth [orgs.]
15. *O tempo nos verbos do português — uma introdução a sua interpretação semântica*, Mª Luiza M. S. Corôa
16. *Considerações sobre a fala e a escrita — fonologia em nova chave*, Darcilia Simões
17. *Princípios de linguística descritiva*, M. A. Perini
18. *Por uma linguística aplicada indisciplinar*, Luiz Paulo da Moita Lopes
19. *Fundamentos empíricos para uma teoria da mudança linguística*, U. Weinreich, W. Labov, M. I. Herzog
20. *Origens do português brasileiro*, Anthony Julius Naro, Maria Marta Pereira Scherre
21. *Introdução à gramaticalização — Princípios teóricos & aplicação*, Sebastião Carlos Leite Gonçalves, Mª Célia Lima-Hernandes, Vânia Cristina Casseb-Galvão [orgs.]
22. *O acento em português — Abordagens fonológicas*, Gabriel Antunes de Araújo [org.]
23. *Sociolinguística quantitativa — Instrumental de análise*, Gregory R. Guy, Ana Maria Stahl Zilles
24. *Metáfora*, Tony Berber Sardinha
25. *Norma culta brasileira — desatando alguns nós*, Carlos Alberto Faraco
26. *Padrões sociolinguísticos*, William Labov
27. *Gênese dos discursos*, Dominique Maingueneau
28. *Cenas da enunciação*, Dominique Maingueneau
29. *Estudos de gramática descritiva — as valências verbais*, Mário A. Perini
30. *Caminhos da linguística histórica —* "Ouvir o inaudível", Rosa Virgínia Mattos e Silva
31. *Limites do discurso — ensaios sobre discurso e sujeito*, Sírio Possenti
32. *Questões para analistas do discurso*, Sírio Possenti
33. *Linguagem & diálogo — as ideias linguísticas do Círculo de Bakhtin*, Carlos Alberto Faraco
34. *Nomenclatura Gramatical Brasileira — cinquenta anos depois*, Claudio Cezar Henriques
35. *Língua na mídia*, Sírio Possenti
36. *Malcomportadas línguas*, Sírio Possenti
37. *Linguagem. Gênero. Sexualidade: clássicos traduzidos*, Ana Cristina Ostermann e Beatriz Fontana [orgs.]
38. *Em busca de Ferdinand Saussure*, Michel Arrivé
39. *A noção de "fórmula" em análise do discurso - quadro teórico e metodológico*, Alice Krieg-Planque
40. *Geolinguística - tradição e modernidade*, Suzana Alice Marcelino Cardoso
41. *Doze conceitos em análise do discurso,* Dominique Maingueneau
42. *O discurso pornográfico*, Dominique Maingueneau
43. *Falando ao pé da letra - a constituição da narrativa e do letramento*, Roxane Rojo
44. *Nova pragmática - fases e feições de um fazer*, Kanavillil Rajagopalan
45. *Linguagem — atividade constitutiva — teoria e poesia*, Carlos Franchi
46. *Políticas da norma e conflitos linguísticos*, Xoán Lagares, Marcos Bagno [org.]
47. *Bakhtin desmascarado — história de um mentiroso, de uma fraude, de um delírio coletivo*, Jean-Paul Bronckart, Cristian Bota
48. *A gramática passada a limpo — conceitos, análises e parâmetros*, Maria Helena de Moura Neves
49. *O sujeito em peças de teatro (1833-1992) — estudos diacrônicos*, Maria Eugênia Lammoglia Duarte et alii
50. *Português no século XXI — ideologias linguísticas*, Luiz Paulo da Moita Lopes [org.]
51. *Da linguística formal à linguística social*, Roberto Gomes Camacho [org.]
52. *Estudos do discurso — perspectivas teóricas*, Luciano Amaral Oliveira [org.]
53. *Gênero — história, teoria, pesquisa, ensino*, Anis S. Bawarshi, Mary Jo Reiff
54. *Introdução à teoria da enunciação de Benveniste*, Valdir do Nascimento Flores
55. *Linguística Aplicada na modernidade recente:* Festschrift *para Antonieta Celani*, Luiz Paulo da Moita Lopes [org.]
56. *Gramáticas contemporâneas do português: com a palavra, os autores,* Maria Helena de Moura Neves, Vânia Cristina Casseb-Galvão [orgs.]

Anthony Julius Naro
Maria Marta Pereira Scherre

ORIGENS DO PORTUGUÊS BRASILEIRO

Maria Marta Pereira Scherre
[organização]

Ataliba T. de Castilho
[prefácio]

Editor: Marcos Marcionilo
Capa e Projeto Gráfico: Andréia Custódio
Fotos dos Autores: Wanderley Ramos Libório
Foto da Capa: STOCKXPERT

CIP-BRASIL. CATALOGAÇÃO NA FONTE
SINDICATO NACIONAL DOS EDITORES DE LIVROS, RJ

N188g
Naro, Anthony Julius
Origens do português brasileiro / Anthony Julius Naro, Maria Marta Pereira Scherre [organização]. - São Paulo : Parábola Editorial, 2007.
(Lingua[gem] ; 20)

Apêndice
Inclui bibliografia
ISBN 978-85-88456-65-5

1. Língua portuguesa - Brasil - História. 2. Língua portuguesa - Português falado - Brasil. 3. Língua portuguesa - Variação.4. Língua portuguesa - Concordância. I. Scherre, Maria Marta Pereira, 1970-. II. Título. III. Série.

07-0260 CDD 469.798
CDU 811.134.3'27

Direitos reservados à
Parábola Editorial
Rua Dr. Mário Vicente, 394 - Ipiranga
04270-000 São Paulo, SP
pabx: [11] 5061-9262 | 5061-8075 | fax: [11] 2589-9263
home page: www.parabolaeditorial.com.br
e-mail: parabola@parabolaeditorial.com.br

ISBN: 978-85-88456-65-5

1ª edição - 2ª reimpressão, abril de 2014

Aos representantes anônimos da ampla comunidade
de fala de língua portuguesa, dos dois lados do
Atlântico, colaboradores essenciais na busca do
entendimento das origens do português brasileiro

A Joana Lopes Alves, uma *investigadora* portuguesa
com certeza, de espírito e ouvidos argutos,
que, livre de preconceitos e pré-conceitos,
conseguiu capturar fatos variáveis da fala cotidiana
portuguesa e se dispôs a deles nos falar com a
simplicidade dos cientistas natos

dedicamos este livro.

SUMÁRIO

AGRADECIMENTOS

Nossa pesquisa faz parte do Programa de Estudos sobre o Uso da Língua (PEUL), sediado no Departamento de Linguística e Filologia da Faculdade de Letras da Universidade Federal do Rio de Janeiro (UFRJ). Aos nossos companheiros do PEUL — Alzira Verthein Tavares de Macedo, Charlotte Emmerich, Christina Abreu Gomes, Claudia Roncarati, Eduardo Cafezeiro, Giselle Machline de Oliveira e Silva, Helena Gryner, Jürgen Heye, Leda Bisol, Maria Cecília Magalhães Mollica, Maria da Conceição Auxiliadora de Paiva, Maria Eugênia Lamoglia Duarte, Maria Luiza Braga, Nelize Pires de Omena, Sebastião Josué Votre, Vera Lúcia Paredes Pereira da Silva —, cúmplices de longas jornadas acadêmicas e de inúmeros momentos de amizade, em diferentes pontos do espaço e do tempo, nosso sincero agradecimento.

Os pesquisadores e os auxiliares de pesquisa do PEUL são apoiados pelo Conselho Nacional de Desenvolvimento Científico e Tecnológico (CNPq) e pela Coordenação de Aperfeiçoamento de Pessoal de Nível Superior (CAPES), por meio de bolsas individuais e de auxílios para participação em eventos científicos. A estes importantes órgãos de fomento, entidades governamentais brasileiras promotoras do desenvolvimento científico e tecnológico, o nosso respeitoso agradecimento.

Expressamos também nossa gratidão a Solange Tristão, pela presteza no apoio administrativo ao PEUL, sem reservas, e a todos os auxiliares de pesquisa de iniciação científica, sem os quais não teria sido possível levar a cabo os resultados da pesquisa com os dados do *Corpus Censo* e dos textos medievais portugueses apresentados em nossos textos.

Agradecemos a Djalma Cavalcante Melo, professor da Universidade de Brasília (UnB), pela disponibilidade de ler a versão de sete meses deste livro, e a Nelize Pires de Omena, pela leitura perspicaz e criteriosa da versão de nosso livro que já julgávamos de nove meses. Ledo engano. Nelize nos fez ver quantas incongruências ainda permaneciam. Nos esforçamos para atender de forma plena às pertinentes sugestões de Nelize. Agradecemos a Rachel Dettoni, a Conceição Paiva e a Josane Moreira de Oliveira por informações importantes a respeito do comportamento do sintagma nominal em francês; a Alan Baxter pela leitura atenta do texto que resultou no capítulo 5 deste livro, especialmente pelas críticas instigantes; e a Maria Sônia Dias Pereira (Soninha), pela extrema paciência com os detalhes impiedosos das referências bibliográficas. Agradecemos também a Maria do Carmo de Oliveira pela revisão cuidadosa da versão final deste livro. Contradições conscientes e inconscientes que ainda restarem são, sem dúvida, de nossa inteira responsabilidade.

PREFÁCIO

Ataliba T. de Castilho (USP, CNPq)

Este livro está nucleado à volta dos seguintes eixos, da maior importância para o debate atual sobre o português brasileiro: uma identificação rigorosa de fenômenos variáveis do português brasileiro em dados do português europeu popular, uma interpretação do português brasileiro mais conforme à sua sócio-história e uma reflexão teórica inovadora sobre aquisição e mudança. No que se segue, concentro-me nos três últimos aspectos.

1. IDENTIFICANDO FENÔMENOS VARIÁVEIS EM DADOS DO PORTUGUÊS EUROPEU POPULAR

Este livro é um cuidadoso apanhado dos trabalhos dos dois autores sobre as origens e a natureza estrutural do português brasileiro gerados no interior do grupo de pesquisadores da Universidade Federal do Rio de Janeiro, liderados por Anthony Naro, confrontados com os que os antecederam, num balanço importante de mais de 50 anos de pesquisas continuadas sobre o português brasileiro.

Seus autores e pesquisadores associados vêm proporcionando há tempos uma rigorosa descrição do português brasileiro, com fundamento na metodologia variacionista de Labov. O vitorioso Projeto Censo Linguístico, ali gerado, irradiou-se pelo país, dando surgimento a outros grupos de pesquisadoress em vários Estados brasileiros.

São aqui identificados fenômenos centrais na descrição do português brasileiro, tais como

(1) **fenômenos morfofonológicos**:

- simplificação do padrão silábico, com perda do *-s* e alternância de [l] e [r] (*sultão / surtão*);
- nasalação (*ingreja, inducar*) e desnasalação (*eles amo, eles come*);
- assimilação de /d/ em /-nd/, /b/ em /-mb/;
- alterações da coda silábica: queda da consoante (*fasidade, dino*), inserções vocálicas (*meli, mari, calori*);
- quedas vocálicas (*marelo, sucra*);

(2) **fenômenos sintáticos**:

- uso de *ele* acusativo;
- uso de *mim* em lugar de *eu* na função de sujeito;
- uso de *se* como reflexivo universal, como em *eu se alembro*;
- uso de *ter* existencial;
- ampliação das perífrases verbais, como *vou falar* em lugar de *falarei*;
- supressão ou alternância de preposições, como em *ele gosta mata virge, tem que cuidar em mim*;
- falta de concordância de número entre constituintes do sintagma nominal, detectando-se que a posição linear inicial não é individualmente determinante;
- falta de concordância de gênero, como em *o meu sobrinha, cabelo grossa*;
- falta de concordância de pessoa gramatical entre o verbo e o sujeito, como em *eu foi, eu apanhou 2 quilos*;
- falta de concordância de número entre o verbo e o sujeito, como em *tava lá as empregadas*.

Para o entendimento desses fenômenos, foram consideradas as variáveis geográficas (que nada comprovaram, dada a disseminação territorial desses fenômenos) e sociais (estas sim, de importância, sobretudo o grau de escolaridade e o contraste rural-urbano). As análises comprometem as explicações via influência africana ou indígena, dada a não concentração dos fatos examinados nas áreas povoadas por essas etnias, entre outras razões.

Não foram encontradas diferenças estruturais entre o português brasileiro e o português europeu no que diz respeito aos fenômenos elencados, o que contraria várias afirmações, sobretudo de linguistas portugueses. Naro e Scherre são enfáticos quanto a isso: nada se identificou no Brasil que também não ocorresse em Portugal. Tratar distintamente os fatos corresponderá a "perder generalizações linguísticas importantes, o que, sem dúvida, não constitui o objetivo da pesquisa linguística". Eles comprovam que a "ampla variação de concordância que ocorre em solo brasileiro" dá continuidade a propriedades do português europeu não padrão.

2. INTERPRETANDO O PORTUGUÊS BRASILEIRO

Desde que Domingos Borges de Barros, o Visconde de Pedra Branca, publicou num atlas francês de 1826 um texto sobre a língua portuguesa do Brasil, o assunto nunca mais saiu de nossas agendas. Passados cento e oitenta anos, e vencida a fase amadorística das intervenções de políticos e literatos, as pesquisas dos linguistas se concentraram em três teses:

(1) Tese da ancianidade de nossa língua: o português brasileiro é uma continuação do português arcaico, com pequenas alterações.
(2) Tese da emergência de uma nova gramática do português: a partir do séc. XIX, o português brasileiro passou a construir uma nova gramática.
(3) Tese crioulística: características do português brasileiro decorrem de um período de falares crioulos e semicrioulos de base africana.

Este livro vincula-se claramente à primeira linha interpretativa, rechaçando a terceira e não se manifestando sobre a segunda. Novos elementos são agregados ao debate, concentrados na morfossintaxe do português popular brasileiro, comparados então a pesquisas recentes sobre a variedade europeia. Seus autores afirmam enfaticamente que ainda não se conseguiu "identificar nenhuma característica do português do Brasil que não tenha um ancestral claro em Portugal".

Mas não se pense que este é um trabalho inaceitavelmente esquemático, pois seus autores não deixam de observar, equilibradamente, que o português brasileiro e o português europeu "apresentam diferenças também inquestionáveis, que devem e precisam ser entendidas à luz do contexto linguístico-social que cerca cada uma das comunidades de fala".

3. TEORIZANDO SOBRE AS PESQUISAS FEITAS

Este livro se ocupa também de uma interpretação teórica valiosa sobre as pesquisas relativas ao português brasileiro, em que os autores mesmos e outros linguistas estiveram envolvidos nas últimas décadas. O leitor encontrará aqui (1) o reconhecimento de que a complexidade é inerente às línguas naturais e (2) a apresentação da hipótese da nativização, contraposta à teoria da aquisição imperfeita.

Quanto a (1), sabe-se que a retenção do sujeito tem sido interpretada como uma decorrência da simplificação da morfologia verbal. Assim, um fato sintático seria determinado por um fato morfológico. Indo contra esta análise, Naro e Scherre mostram no Cap. 6 que sujeito plural e verbo no plural tendem a co-ocorrer, ou seja, "marcas levam a marcas", "zeros levam a zeros". O exame criterioso dos dados mostrou que convém desconfiar da postulação de regras de determinação entre pontos do sistema linguístico. Um fator único não tem valor heurístico suficiente, pois a língua ilustra aqui "dois processos independentes". Vale o mesmo para o suposto desaparecimento da concordância no português brasileiro, pois "houve recentemente no Brasil um aumento na taxa geral de uso da concordância". Por outras palavras, os sistemas não são lineares, são dinâmicos, exibem um comportamento irregular, feito de movimentos pendulares de ida e volta, como é próprio dos sistemas complexos.

Quanto a (2), rejeitando a interpretação crioulista do português brasileiro, os autores entram de rijo no debate atual, oferecendo outra generalização sobre os contactos linguísticos havidos no Brasil, notadamente com os africanos e os indígenas. Eles argumentam que não estavam dadas as condições para o surgimento de *pidgins* por aqui, nem por parte dos indígenas, que já dispunham de uma língua geral, nem por parte dos africanos. Os *pidgins*, como se sabe, são o primeiro passo para o surgimento de crioulos.

Analisando cuidadosamente o conceito da "transmissão linguística irregular", os autores o rejeitam, por encerrar algo de negativo, de anormal, propondo em seu lugar a hipótese da *nativização*, para explicar como uma comunidade adquire uma nova língua. É esse o caso quando "uma língua vinda de fora se torna a língua nativa da comunidade, que perde parcial ou totalmente a plena funcionalidade de suas línguas maternas anteriores". Mas não se trata, aqui, de uma simples substituição de termos. Refletindo sobre a sócio-história do português brasileiro, os autores mostram que esses contactos não promoveram nenhuma modificação na tipologia estrutural da língua, tão somente aprofundaram tendências surgidas já em Portugal, ali documentadas, e transplantadas para o Brasil.

O livro proporcionará a especialistas da academia e ao público em geral uma leitura apaixonante, da maior relevância para o momento atual de ampliação de nossos conhecimentos linguísticos sobre o português brasileiro. Vale a pena destacar em suas páginas a ocorrência frequente da metáfora do *garimpo*, que lembra outra, a da *escavação*, proposta por Fernando Tarallo. Uma nova e ativa geração de pesquisadores brasileiros vem garimpando nosso passado linguístico em arquivos e bancos de dados, escavando o que *foi* para entender o que *é*. Este livro é um presente régio para todos eles e para todos nós.

INTRODUÇÃO

Maria Marta Pereira Scherre

O conteúdo deste livro tem uma linha mestra clara: apresentar evidências de que características morfossintáticas e fonológicas do português brasileiro, atualmente envoltas em estigma e preconceito social, são heranças românicas e portuguesas arcaicas e clássicas e não modificações mais recentes advindas das línguas africanas, que vieram para o Brasil com seus povos escravizados e subjugados, ou das línguas dos povos ameríndios, que aqui já se encontravam quando vieram os colonizadores europeus. Tampouco são o resultado de processos de simplificação ou outras modificações espontâneas causadas pelo contato, durante o processo da transmissão não tradicional da língua. Nossa posição é diferente da hipótese de crioulização ou de semicrioulização da língua portuguesa em terras brasileiras, assumida por diversos estudiosos, entre os quais se incluem alguns pesquisadores estrangeiros. Assim, longe de negar a importância da influência africana e indígena para nossa cultura, queremos identificar as raízes linguísticas românicas e lusitanas que insistem em permanecer em nossas bocas e em nossas falas e que, com mais intensidade, se revelam nas falas e nas bocas dos brasileiros que tiveram pouco acesso aos bancos escolares ou que habitam as áreas rurais e as periferias das grandes cidades.

Apresentamos nossas ideias e os fatos do português europeu garimpados das obras da dialetologia portuguesa em sete capítulos. Naturalmente, as ideias se entrecruzam, os fatos se avolumam e as análises se ampliam. Cinco dos sete textos foram publicados em revistas e livros, separadamente. Neste livro, os textos se apresentam juntos, reescritos em maior ou menor grau, e exibem indiscutivelmente uma relativa — às vezes forte — sobreposição, fruto da continuidade ininterrupta da nossa linha mestra de raciocínio, iniciada na primeira metade da década de 90 do século XX.

O capítulo que abre este livro — "Sobre as origens do português popular do Brasil" — é uma versão ampliada e atualizada do um texto que foi escrito para homenagear nosso saudoso colega Fernando Tarallo, publicado em 1993, na revista de *Documentação de Estudos em Linguística Teórica e Aplicada* (D.E.L.T.A.). Nele conjugam-se o rastreamento de traços linguísticos contidos nos livros de história das línguas românicas e resultados de pesquisas linguísticas sobre a variação da concordância nominal de número, um dos aspectos assumido como dos mais característicos da pressuposta crioulização da língua portuguesa em terras brasileiras, nas palavras de Adolfo Coelho, escritas na segunda metade do século XIX (1967: 43). Mas o coração de nosso *garimpo lusitano* se apresenta nos capítulos 2, 3 e 4, e sua história assim se conta e alguns agradecimentos especiais assim se registram.

O início de nosso garimpo em textos de pesquisas dialetológicas sobre o português europeu se deu no Centro Linguístico da Universidade de Lisboa, em 1995. Lá ficamos por 15 dias. Tivemos possibilidade de levantar material significativo para o início da pesquisa, graças aos nossos colegas e amigos portugueses, a quem agradecemos pela amável acolhida durante nossa breve visita. Nossos agradecimentos, primeiro, a Maria Helena Mira Mateus, por toda a assistência, tanto pessoal quanto acadêmica, e a Joana Alves, pelo tempo que nos dedicou no debate, na audição de fitas e na cessão generosa de material inédito. Os pesquisadores do Centro nos deram assistência especial e nos permitiram o uso do espaço físico e de outros recursos, sem os quais nossa pesquisa seria impossível. Pela excepcional amabilidade e assistência acadêmica, queremos também agradecer a Maria Fernanda Bacelar do Nascimento, a João Saramago e a Maria Luísa Segura da Cruz, bem como à secretária do Centro, Adélia Torrado Silvares, e à bibliotecária, Teresa Cayolla, à época. Voltando ao Brasil, fizemos um relatório detalhado de nossa viagem para o CNPq e para a CAPES — "Buscando as origens" —, quando a ideia do garimpo se avolumou e começou a tomar corpo.

Em 1997, levamos nossas primeiras reflexões para a Reunião Anual da Linguistic Society of America, Sessão Society for Pidgin and Creole Languages, realizada em Chicago. Nesse evento, apresentamos os primeiros resultados do nosso garimpo, ao lado de análises da variação da concordância verbal para o português brasileiro e para o português arcaico. Houve ali uma veemente intervenção do organizador do evento, John McWhorter, um crioulista de ideias bem fortes. Considerava McWhorter que estávamos querendo negar nossas raízes africanas e desprezar a contribuição de um contingente enorme da população brasileira. Contrariamente, o que começávamos a discutir era o fato de a literatura pertinente atribuir à influência de línguas africanas apenas traços linguísticos de menor prestígio, presentes no português falado no Brasil. Na ocasião, Naro também lembrou as dimensões continentais do Brasil e o fato de existir uma relativa uniformidade nos traços ditos populares, independentemente da origem étnica da população de cada região do país. Em 2000, saiu publicada uma versão ampliada do texto que apresentamos no evento de 1997, sob organização do próprio John McWhorter. Essa publicação é a base do segundo capítulo deste livro: "Concordância variável em português: a situação no Brasil e em Portugal". Ainda em 1997, o desenvolvimento de nossas ideias foi também apresentado no Colóquio Internacional Substandard e Mudança no Português do Brasil, realizado no Instituto Ibero-Americano de Berlim, Alemanha, sob organização de Sybille Große e Klaus Zimmermann; e no XXVI New Ways of Analyzing Variation (NWAV) na Universidade de Laval, em Québec, no Canadá. Durante o ano de 1999, tivemos ainda oportunidade de apresentar e novamente discutir nossas ideias com colegas da Universidade Estadual de Michigan, nos Estados Unidos; e, no Brasil, com colegas da Universidade de Brasília (UnB), da Universidade Federal de Minas Gerais (UFMG) e da Universidade Federal de Santa Catarina (UFSC). Nesta última universidade, participamos da mesa-redonda promovida pela II Congresso Internacional da Associação Brasileira de Linguística (ABRALIN), que contou com a presença de Gregory Guy, John Holm e Rosa Virgínia de Mattos e Silva, que focalizam o papel do contato linguístico na discussão das origens do português brasileiro.

Em maio de 2000, levamos para o público português, pela primeira vez, amostras das pedras desse grande filão, no congresso 500 anos de Língua Portuguesa no Brasil, realizado em Évora. Depois deste congresso, tivemos a oportunidade de apresentar novamente nossos resultados no Encontro de Estudos Crioulos e Correlatos, realizado na Universidade de Brasília, sob a coordenação de nosso colega Hildo Honório do Couto, em novembro desse mesmo ano. A ele agradecemos o gentil convite. Foi a primeira vez que apresentamos nossos resultados para um público específico da área da crioulística no Brasil. Uma versão do texto que levamos para Évora, um pouco modificada, foi publicada pela revista *Papia*. Este texto se transformou no terceiro capítulo, com o título da palestra apresentada em Évora: "Garimpando as origens do português brasileiro — sobre três estruturas linguísticas radicais".

Por ocasião do congresso de Évora, voltamos ao Centro Linguístico da Universidade de Lisboa e contamos novamente com o apoio integral de Maria Helena Mira Mateus, Amália Andrade, Teresa Cayolla, Adélia Torrado, Leonor Santos e José Manuel Feio. Sem o auxílio destes nossos colegas, indiscutivelmente, não teria sido possível obter o material de que necessitávamos, em tão curto espaço de tempo: nada mais do que três dias nessa segunda vez, em 2000. Um agradecimento especial deve ser feito à colega Amália Andrade, que, ainda antes da nossa viagem, após uma série de contatos pelo correio eletrônico, providenciou não apenas a seleção de todo o material solicitado, mas também criou reais condições para que levássemos nossa pesquisa a contento. Se, involuntariamente, tivermos nos esquecido de agradecer a alguém, pedimos desculpas e prometemos oportunamente fazer justiça. Voltamos com cerca de 1.200 páginas impressas de material inédito, do acervo do Centro, constituído por trabalhos, em sua maior parte, orientados pelo professor Lindley Cintra. Ainda em 2000, tivemos novas oportunidades de apresentar e discutir nossas ideias no Brasil: nas Faculdades Planalto, em Brasília; na Universidade de São Paulo (USP); e na Espanha, na Universidade Pompeu Fabra, em Barcelona, por ocasião da First International Conference on Language Variation in Europe (ICLaVE1).

Retornamos a Portugal em junho de 2001, para apresentar nossas reflexões na Universidade de Coimbra, durante o Encontro da Associação de Crioulos de Base Lexical Portuguesa e Espanhola (ACBLPE), reflexões estas que foram feitas a partir da base bibliográfica ampliada em 2000. Também em 2001, tivemos outras oportunidades de divulgar e debater nossas ideias:

na Universidade de Chicago, com o grupo do estudioso de crioulística Salikoko Mufwene, quando Naro foi convidado a ser Visiting Tinker Professor no Departamento de Linguística e no Centro de Estudos Latino-americanos daquela instituição; e na Alemanha, na Universidade de Colônia, no Instituto Brasilianista, em palestra de Scherre organizada pela professora Konstanze Jungbluth, da Universidade de Tübingen, à época. No Brasil, ainda em 2001, a equipe organizadora do II Encontro de Estudos Diacrônicos do Português (II EDiP), realizado na Universidade Estadual Paulista (UNESP) de Araraquara, nos deu a oportunidade de falar de nossa pesquisa para um público de colegas brasileiros e portugueses. Agradecemos às professoras Marymarcia Guedes e Gladis Massini-Cagliari pelo amável convite recebido e, a todos e todas, pela calorosa recepção e pela publicação, em 2005, de um texto, sob o título de "Passado e presente na concordância de número em português: evidências do português europeu moderno", no livro *Estudos de linguística histórica do português*, organizado por Massini-Cagliari, Murakawa, Berlinck e Guedes. O quarto capítulo retoma este texto, amplia as evidências linguísticas com base no trabalho de Varejão (2006) e, consequentemente, modifica um pouco sua redação, sem, contudo, alterar sua espinha dorsal. Para estabelecer maior coesão entre as partes constitutivas de nosso livro, achamos por bem atribuir novo título ao texto do capítulo 4: "Ampliando os horizontes do debate sobre as origens da concordância variável no português brasileiro".

Assim, os capítulos 2, 3 e 4 lançam um olhar analítico especial para dados preciosos, registrados com autenticidade pelos pesquisadores da geografia linguística europeia, em trabalhos inéditos, repetimos, na sua maioria orientados pelo professor Lindley Cintra. Nosso colega brasileiro Dante Lucchesi já disse publicamente, mais de uma vez, que estamos olhando para dados excêntricos; diferentemente, dizemos e avaliamos que estamos de posse de registros ímpares da fala real e usual do povo português, que revelam fatos passados e trazem luzes a respeito de formas e estruturas que certamente existiam há 50 anos em terras portuguesas e devem lá ter existido há 500 anos, alcançando terras brasileiras, com a chegada de portugueses de todas as regiões de Portugal e de classes sociais diversificadas, muitos deles sem nenhuma escolarização formal.

Nos capítulos 2, 3 e 4, abordamos aspectos morfossintáticos. No capítulo 5 — "Sobre as origens do português brasileiro: garimpo fonológico" —, voltamos nossa atenção em especial para aspectos fonológicos. As ideias centrais deste capítulo foram apresentadas no Congresso de Verão de 2003 da Society for Pidgin and Creole Linguistics 2003 (SPCL 03), na Universidade do Havaí, em Honolulu, sob o título "Still Prospecting: More on the Structural Origins of Brazilian Portuguese". Uma versão anterior deste quinto capítulo, com uma conclusão mais detalhada, que retoma conclusões de textos anteriores, será publicada em 2007 em um livro intitulado *Português em contato*, sob organização da professora Ana Maria Carvalho, do Departamento de Espanhol e Português da Universidade do Arizona, sob o título "Sobre as origens estruturais do português brasileiro: o garimpo continua". O texto submetido à publicação no livro *Português em contato* foi lido recentemente pelo professor Alan Baxter. Agradecemos a ele as observações e críticas pertinentes, que nos motivaram a alterar partes internas da redação do texto, bem como a ampliar a sua conclusão. Consequentemente, levamos algumas mudanças para o capítulo 5 e para a conclusão de nosso livro. Isto evidencia a plena vitalidade do tema em discussão. Em 2004, no evento Approaching Historical Linguistics from Different Perspectives: Workshop at the Australian Linguistic Society Annual Conference, realizado na Universidade de Sydney, tivemos a exata oportunidade de fazer essa discussão com o trabalho intitulado "Genetic *versus* Contact Relationships: the Origins of Brazilian Portuguese: Conflicting Traditions?"

Os capítulos 6 e 7 vão além do garimpo em terras portuguesas. Seguindo a linha mestra do livro, discutem a hipótese da transmissão linguística irregular, terminologia preconceituosa em nossa opinião, e abordam a relação entre preenchimento pronominal da posição de sujeito e a presença/ausência de morfema de plural. O capítulo 6 é uma versão modificada de um texto que saiu publicado no livro *Português brasileiro — contato linguístico, heterogeneidade e história*, organizado por Cláudia Roncarati e Jussara Abraçado em 2003. Mantivemos o mesmo título — "O conceito de transmissão linguística irregular e as origens estruturais do português brasileiro: um tema em debate" — porque, embora com mudanças na redação, este capítulo mantém o embate com as ideias de Dante Lucchesi, também publicadas no referido livro. O capítulo 7 — "Preenchimento do sujeito pronominal e concordância variável no português brasileiro " — é a ampliação natural do capítulo 6, ampliação provocada por discussões travadas no âmbito do já referido congresso de verão de 2003 da SPCL 03, quando uma síntese do conteúdo do capítulo 6 foi lá apresentada, sob o título "The Concept of Irregular Linguistic Transmission and the Structural Origins of Brazilian Portuguese".

Na Conclusão, fechamos uma etapa de uma discussão que se iniciou de forma natural pelo fato de termos dedicado intensos momentos de nossas vidas ao entendimento dos mecanismos linguísticos e sociais que permeiam a variação sistemática da concordância de número no português brasileiro. Até que novos fatos possam surgir, nosso garimpo localiza em terras lusitanas a origem de estruturas linguísticas portuguesas não padrão que, em função de uma confluência de motivações, se ampliaram e se tornaram visíveis em terras hoje brasileiras. Na leitura do livro, o leitor terá oportunidade de entender com precisão a dimensão social do nosso olhar a respeito do português brasileiro, com suas múltiplas denominações na literatura crioulística ou variacionista, entre as quais se destacam: português popular brasileiro, português brasileiro coloquial, português brasileiro não padrão.

Para fechar esta introdução, queremos deixar registrado que não entramos na discussão da hipótese da emergência de uma nova gramática do português em terras brasileiras a partir do século XIX, ou em outra data, porque não é este o foco de nosso livro, concentrado na questão das ORIGENS do português brasileiro. Temos, todavia, plena consciência de que diferenças entre o português brasileiro e português europeu contemporâneos são visíveis, e chegamos a analisar, no capítulo 7, algumas mudanças atualmente em curso no Brasil, que dizem respeito à relação entre uso do sujeito pronominal e concordância verbal. Observamos por fim que, desde a transferência da língua portuguesa para o Brasil, mudou o português no Brasil e mudou o português em Portugal, como acontece com a língua de qualquer comunidade de fala em qualquer momento do tempo, embora os seres humanos sejam fortemente regidos pelo que Labov (2001: 514) denomina de *Golden Age Principle*, a ideia e a prática emocional de que, "em algum ponto no passado, a língua estava em um estado de perfeição"[1].

1. "At some time in the past, language was in a state of perfection" (Labov, 2001: 514).

CAPÍTULO 1

SOBRE AS ORIGENS DO PORTUGUÊS POPULAR DO BRASIL

Anthony Julius Naro
Maria Marta Pereira Scherre

1. INTRODUÇÃO

Neste capítulo, temos como objetivo principal fazer algumas reflexões a respeito da origem do português popular do Brasil, apresentando evidências históricas, linguísticas e sociais. Nossa posição se resume na frase CONFLUÊNCIA DE MOTIVOS: vemos a atração de forças de diversas origens — algumas oriundas da Europa; outras da América; outras, ainda, da África — que, juntas, se reforçaram para produzir o português popular do Brasil. Embora com diferenças de foco, hoje em dia essa posição parece-nos quase consensual (Mattos & Silva, 1992: 86; Guy, 1989: 6; Bortoni-Ricardo, 1981: 81)[1]. Todavia, não atribuímos papel algum a um suposto crioulo de base lexical portuguesa, entendido como uma língua falada pela comunidade negra e estruturalmente

1. Este capítulo é uma versão atualizada de um texto originalmente escrito para homenagear Fernando Tarallo, publicado na *D.E.L.T.A.*, vol. 9, nº especial, 1993, pp. 437-454.

diferente da de outras etnias[2]. Além de outras forças em interação com a deriva secular trazida da Europa[3], parece-nos oportuno lembrar também o papel dos índios, o das demais etnias presentes no Brasil e a contribuição pidginizante dos primeiros colonos portugueses.

2. ARGUMENTAÇÃO HISTÓRICA

Bem antes da chegada dos portugueses ao Brasil, a nação portuguesa já tinha uma longa história de contato com povos que não dominavam a sua língua. Em verdade, do século VIII até o século XI, uma parte do país era ocupada por califados árabes e a presença dos árabes continuou durante muito tempo depois da saída dos seus governantes. Além disso, durante toda a Idade Média, os portugueses participaram das chamadas Cruzadas, o que implicava contato direto com diversos povos da Europa, do norte da África e do Oriente Médio. No século XV, chegaram a conquistar diversas cidades no norte da África, onde estabeleceram verdadeiras colônias, estendidas, mais tarde, à África Ocidental, abaixo do Saara.

---

2. Seguindo o uso tradicional em estudos crioulos, usamos o termo "base lexical", ou simplesmente "base", para designar a língua da qual provém a maior parte dos itens lexicais usados num *pidgin* ou num crioulo. Assim, um *pidgin* ou crioulo de "base portuguesa" tem a maioria de seu vocabulário derivada do português. A estrutura gramatical pode ser independente do vocabulário. De fato, muitos estudiosos são da opinião de que os crioulos de bases europeias (o francês do Haiti, o português de Cabo Verde etc.) possuem uma gramática africana. Quando estamos dizendo que um certo *pidgin* ou crioulo é de "base x", estamos falando apenas do léxico e não da gramática. Um *pidgin* ou crioulo de base portuguesa terá necessariamente palavras portuguesas, mas suas estruturas gramaticais poderão ser portuguesas, africanas, ameríndias, ou de qualquer outra origem. Esse uso se deve ao fato de que é muito mais fácil identificar as origens do vocabulário do que as fontes da gramática. Sobre as influências lexicais africanas no português brasileiro, ver, por exemplo, Castro (2001).

3. Assumimos neste livro a conhecida noção de deriva linguística nos termos de Sapir (1949/1921: 145-170). Segundo este autor, "a língua se move ao longo do tempo num curso que lhe é próprio. Tem uma deriva" (p. 150). À p. 115, ele argumenta que, embora não percebamos, "nossa língua tem uma inclinação" [...], "as mudanças dos próximos séculos estão em certo sentido prefiguradas em certas tendências não perceptíveis do presente" (p. 155). O texto completo no original diz: "Language moves down time in a current of its own making. It has a drift" (p. 150). "[...] As we look about us and observe current usage, it is not likely to occur to us that our language has a 'slope' that the changes of the next few centuries are in a sense prefigured in certain obscure tendencies of the present and that these changes, when consummated, will be seen to be but continuations of changes that have been already effected. We feel rather that our language is practically a fixed system and that what slight changes are destined to take place in it are as likely to move in one direction as another. The feeling is fallacious. Our very uncertainty as to the impending details of change makes the eventual consistency of their direction all more impressive" (p.155).

Pouco se sabe de como os portugueses que não sabiam o árabe ou outras línguas estrangeiras se comunicavam com os árabes ou com outros povos que não chegaram a dominar o português durante todos esses séculos. Existem referências na literatura da época ao sabir, que seria um sistema verbal predominantemente de base lexical românica, usado para propósitos de contato, tanto no Oriente Médio como no norte da África. Este sabir, naturalmente, era um sistema extremamente flexível, podendo comportar itens lexicais de diversas línguas românicas (ou até do árabe). Seus mecanismos sintáticos eram igualmente variáveis de lugar para lugar e de momento para momento. Em linhas gerais, podemos distinguir o sabir ocidental, usado no Mediterrâneo ocidental e no norte da África, do sabir oriental, usado no Oriente Médio. Das fontes atualmente disponíveis (Naro, 1978: 338-339), sabemos que as duas variantes já tinham, de forma variável, traços típicos de *pidgin*/crioulo, tais como verbos desprovidos de flexões e pronomes acentuados. Uma forma estereotipada seria *mim saber* em vez de *eu sei*. Parece que na variante oriental se utilizavam em maior grau esses traços pidginizantes.

No início do século XVI, época dos primeiros contatos de portugueses com o Brasil, já existia, portanto, em Portugal um tipo de estratégia para a comunicação com estrangeiros. O sistema verbal resultante, utilizado durante as primeiras explorações navais na África Ocidental, era chamado de "língua de preto", mas existem registros de seu uso até com espanhóis[4]. Ricamente documentado na literatura da época desde 1516 (com data provável original de 1455), esse sistema tinha um amplo leque de traços variantes pidignizantes, incluindo uso variável de flexões verbais e nominais.

Para a história da língua portuguesa no Brasil, existe uma documentação razoavelmente rica e variada que vai desde relatos de viajantes, missionários e autoridades governamentais, a partir do século XVI, a representações de fala de alguns grupos populacionais em peças, jornais etc., a partir, principalmente, do século XIX. O mais completo levantamento desse material ainda é o de Serafim da Silva Neto (1986a), em *Introdução ao estudo da língua portuguesa no Brasil*, cuja

4. Naro (1978) sugere a denominação "língua de reconhecimento" para designar esse sistema de comunicação verbal, com o objetivo de retirar a imprecisão e a conotação negativa da denominação "língua de preto".

primeira edição data de 1950 e de quem tomamos emprestadas quase todas as citações a seguir. Essas fontes revelam com muita segurança o predomínio quase total da "língua geral" — um *pidgin* ou coiné simplificado de origem tupi, nos termos de Silva Neto — até pelo menos o início ou meados do século XVIII. Todos os grupos étnicos — índios de diversas tribos, europeus e africanos — sabiam se comunicar usando esse sistema tupi, sem dúvida com conhecimentos mais ou menos profundos, segundo as circunstâncias individuais de cada um. A partir do século XVIII, entretanto, a língua portuguesa começa a se espalhar entre a população brasileira até chegar à situação atual de seu predomínio maciço, mesmo entre populações com pouca ou nenhuma ascendência lusa (cf., também, Rodrigues, 1983). Cumpre aqui acrescentar que, nos termos de Rodrigues (1996: 11), pode-se atestar no Brasil documentação da existência de duas línguas gerais de base indígena, a língua geral paulista e a língua geral amazônica, que, em momentos distintos e durante muito tempo, serviram de "veículo de contacto dos europeus e seus descendentes mestiços com outros povos indígenas" e que eram faladas como primeira língua pelas mulheres indígenas e seus filhos e como segunda língua pelos pais europeus. Rodrigues (1996: 10) considera ainda que as línguas gerais em questão "se constituíram em condições de contacto" (...), mas "se distinguem nitidamente daquelas em que se formaram os *pidgins* e as línguas crioulas", tendo em vista, entre outros aspectos sociolinguísticos, o fato de que "não houve, em nenhum momento, interrupção da transmissão destas línguas, isto é, não ocorreu mudança de língua (*language shift*) nos descendentes mestiços dos europeus e das índias tupis-guaranis".

Apesar da riqueza das fontes disponíveis a respeito da fala dos índios e dos brancos, é escassa qualquer evidência documentária específica quanto ao português ou outras línguas faladas pelos africanos no Brasil, além de algumas menções breves de africanos que não dominavam o português, mas apenas a língua geral tupi ou línguas africanas. A documentação não transmite nem a mais leve suspeita de que a língua portuguesa falada pelos brasileiros descendentes dos primeiros cativos africanos fosse diferente da fala de brasileiros de outras origens étnicas (mantidas, naturalmente, as semelhanças socioeconômicas relevantes). Nesse aspecto, a situação de então parece espelhar a de hoje: nos dois casos, os observadores — nativos ou estrangeiros — não conseguem reconhecer qualquer traço linguístico associado exclusivamente à etnia afro-brasileira. Pode existir um "Black English" nos EUA (hoje denominado AAVE — African American Vernacular English); no Brasil, se existiu um "português negro", suas diferenças em relação ao português geral eram tão sutis que fugiam aos ouvidos dos observadores.

É importante notar que não estamos querendo afirmar que os falantes nativos de línguas africanas ou indígenas do Brasil tenham adquirido a língua portuguesa com fluência nativa, nem que os falantes nativos de português não tenham introduzido em sua fala traços africanos, indígenas, pidginizantes ou não, das línguas gerais e até mesmo da chamada "língua de preto", esta última bastante arraigada em Portugal, pelo menos desde o século XV, e usada para comunicação com africanos tanto na África como na Europa, como já observamos. Pelo contrário, para o século XVII, temos o depoimento do Pe. Antônio Vieira, que nos diz que as várias nações da Ásia sabem falar a língua portuguesa, "mas cada uma a seu modo, como no Brasil os de Angola e da terra". Um século antes, João de Barros dissera: "Podemos dizer que as nações de África, Guiné, Ásia, Brasil barbarizam quando querem imitar a nossa [língua]", onde por "barbarizam" ele entende "não podem formar a linguagem". E no século XVIII um viajante diz dos índios caiapó que, embora soubessem falar o português, o faziam com "um sotaque tão fastidioso e ingrato que fazia fugir". Mas nem por isso os brasileiros não indígenas deixavam de ser influenciados pelos idiomas da terra, o que não é de surpreender, dada a expansão da língua geral no país.

O quadro linguístico inicial que surge então é o de uma comunidade em que as línguas dos diversos grupos se influenciavam, principalmente através do aprendizado de segundas línguas por falantes não nativos adultos. Diferentemente da análise de Rodrigues (1996; inédito), registra-se em Silva Neto (1986a; 1986b) que o predomínio inicial era fortemente pidginizante. Do português desse período temos apenas um texto publicado em 1620, quando a população de origem africana no Brasil era cerca de 20% (Mussa, 1991: 163), em que um missionário imita a fala dos índios. Esse "português de índio" do Brasil é, entretanto, muito semelhante, senão idêntico, ao "português de preto" da Europa e da África, mostrando traços como aplicação variável de concordância nominal e verbal, pronomes plenamente acentuados ("mim", "bozo"), acréscimo de vogais finais, redução de palatais sonoras a yod, troca entre *l*, *r*, *d* etc. Uma influência direta dos africanos sobre os índios teria sido impossível no início do século XVII, devido ao predomínio da língua geral e ao menor número de africanos nessa época. Parece bem mais provável que esse texto seja reflexo direto de uma transferência do *pidgin* da Europa para a América, operada pelos próprios portugueses. Completa-se assim o quadro linguístico dos primeiros séculos do Brasil: predomínio do *pidgin* tupi, nos termos de Silva Neto (1986), ou da língua geral paulista, nos termos de Rodrigues (1996); influência mútua das diversas línguas no contexto de aprendizado do português, da língua geral e de outras línguas como segundas línguas; e de elementos pidginizantes vindos da Europa.

A esse quadro se juntou, em números sempre maiores, a população de origem africana. A única informação segura que temos a respeito da situação linguística dos primeiros africanos chegados ao Brasil é a de que falavam línguas africanas e, em alguns casos e em diversos graus, adquiriram conhecimentos da língua geral ou do português. Falta qualquer informação sobre o tipo — pidiginizado ou não — dessas línguas. Entretanto, dado o fato de que as populações africanas eram muito concentradas geograficamente, com falantes de línguas banto para o sul e os da região do iorubá mais para o norte, parece inevitável a existência, entre os africanos no Brasil, de pelo menos duas línguas gerais de base africana, de forma semelhante aos sistemas de base tupi atestados. De fato, essa é a hipótese clássica na linguística brasileira, sugerida tão cedo quanto o início do século XX. Nina Rodrigues (1932/2004: 145-181), em *Os africanos no Brasil*, aventa a hipótese de dois sistemas de base africana resultantes do contato de várias línguas africanas entre si e dessas com o português: um *pidgin* de base iorubá mais ao norte (de uma língua sudanesa) e outro de base quimbundo mais ao sul (de uma língua banto) (cf., também, Rodrigues, 1983: 32).

Com a descoberta, em 1978, da comunidade do Cafundó — um bairro rural na área do denominado dialeto caipira do Estado de São Paulo — e os estudos de Vogt & Fry (1996), agora temos evidências em favor das ideias de Nina Rodrigues. Esta pequena comunidade, consistente de cerca de 80 pessoas, tem suas origens diretas na doação de um pedaço de terra a dois ex-escravos, ancestrais da população atual, pelos seus ex-proprietários, um pouco antes da Abolição, em 1888. Então, as origens da comunidade do Cafundó são precisamente da época da maior influência africana no Brasil, quando a imigração europeia em ampla escala estava apenas começando. Embora a comunidade seja separada fisicamente da população da redondeza, as pessoas do Cafundó participam da economia local de várias formas e mantêm contatos sociais com pessoas de várias raças, cores e *status* sociais. Sua língua nativa é o português denominado caipira, indistinguível do de seus vizinhos, mas eles também falam uma língua denominada africana, que é usada entre eles mesmos como um código secreto. Segundo Vogt & Fry (1996: 126-134), esta "língua africana" pode ser considerada como sendo formada de estruturas do português, com quase todos os verbos e nomes substituídos por formas de base banto. Em contraste com os *pidgins*/crioulos mais bem conhecidos, caracterizados como gramática "africana" com léxico português, o sistema do Cafundó é exatamente o contrário: gramática portuguesa com léxico de provável etimologia quimbundo, língua da família banto[5]. A origem dessa situação *sui generis* pareceria ser a africanização superficial do português popular do Brasil local, do período, através da relexificação para os propósitos de comunicação intragrupal, a partir da língua de contato banto acima referida.

Projetando para o passado o que ocorre com o Cafundó, é fácil entender por que a literatura não contém alusão a um *pidgin* ou crioulo de base portuguesa — provavelmente não havia. Parece mais verossímil que os brasileiros de origem africana falassem variantes locais do português popular do Brasil, da época, ou um *pidgin* de base africana que, com o correr do tempo, caiu em desuso, exceto para os casos de comunicação secreta. Essa abordagem tem a vantagem de explicar a pesada influência lexical das línguas africanas no português popular do Brasil.

Parece então improvável que tenha existido no Brasil uma língua *pidgin* ou crioula de base lexical portuguesa associada predominantemente com a etnia afro-brasileira ou ameríndia. Tal língua era dispensável, dada a existência de outras "línguas gerais", de bases não europeias, que já preenchiam as neces-

5. Esse sistema foi denominado por Couto (1996: 85-86) de *anticrioulo*, ou seja, segundo ele, "exatamente o oposto" de "uma das primeiras definições de crioulo, como a de Lucien Adam e Suzanne Sylvain, [como uma língua mista, que] consta de um léxico europeu e de uma gramática africana". Para um desenvolvimento detalhado do conceito de anticrioulo, remetemos o leitor ao texto de Couto (2002: 45-84).

sidades comunicativas da população. Mas não podemos deixar de suspeitar que a pidginização em si, quase endêmica no Brasil desde o início da Colônia (e antes, tanto no caso da "língua de preto" da Europa e, provavelmente, das línguas gerais tupi e africanas), tenha exercido influência no desenvolvimento do português brasileiro.

3. MOTIVAÇÕES HISTÓRICAS EUROPEIAS

Um dos fenômenos mais frequentemente citados como sendo de origem crioula no português do Brasil é a variabilidade dos sistemas de concordância nominal (Coelho, 1967) e verbal (Guy, 1989). As línguas crioulas típicas, bem como certas línguas da África ocidental, costumam apresentar uma única forma lexical que não admite qualquer modificação para indicação de noções subsidiárias do tipo pessoa, gênero, número, tempo, aspecto etc. Segundo esse ponto de vista, a perda (parcial ou total) dos mecanismos de concordância no Brasil, em especial a nominal, segundo Coelho (1967) e Guy (1989), seria o resultado da "africanização" do português, em outras palavras, de reestruturação gramatical do português, de acordo com algum modelo africano, em terras brasileiras.

É perfeitamente possível, entretanto, que a língua portuguesa já possuísse o embrião do novo sistema mais analítico, antes mesmo de sair da Europa. Tal estado de coisas se torna bastante plausível dada a deriva secular das línguas românicas, e indo-europeias de maneira geral, em direção à uniformização morfológica, com a sobrevivência apenas das formas 'irregulares' mais salientes.

A variação na concordância verbal tem um componente que parece puramente fonológico: quando o plural comem ['komĩ] se reduz à forma singular come ['komi], a única diferença existente pode ser a perda da nasalização da vogal não acentuada final. Tal regra existe atualmente no português do Brasil e opera variavelmente também sobre formas não verbais do tipo *garagem, homem, virgem* etc., em que se observa a possibilidade das formas *garage, home, virge*. Por outro lado, quando a forma *comeram* [ko'merẽw̃ ~ ko'merũ ~ko'meru] é substituída por *comeu* [ko'mew], a diferença consiste na substituição de uma desinência *eram* por outra *-eu*, e o fenômeno não é mais fonológico. Existe evidência empírica a sugerir que, em etapas anteriores do desenvolvimento da concordância verbal variável, o tipo *comem/come*, em que atua a regra fonológica da desnasalização, liderava maciçamente a redução da concordância (Naro, 1981a: 93). Daí conclui-se que a redução morfológica da concordância é um desenvolvimento mais tardio, criado a partir da ampliação da redução fonológica. De fato, essa primeira etapa — a desnasalização — existe na fala popular de Portugal, principalmente na região de Entre-Douro-e-Minho, onde, segundo Leite de Vasconcellos (1987/1901: 87), a regra atua tanto em nomes (*virgem* como *birge*) como em verbos (*vertem* como *bérte*). Temos aí uma origem europeia da redução da concordância verbal, sem qualquer influência exterior necessária, africana ou ameríndia. Essa regra é, aliás, bem antiga: a omissão da nasal final é frequente nos textos medievais portugueses, e até em latim clássico a nasal final era fraca (Grandgent, 1962: 193). Omitia-se a nasal tanto em inscrições pré-clássicas como em inscrições plebeias tardias (Sturtevant, 1940: 151), tendo sido restaurada apenas durante a fase da língua clássica escrita.

Como vimos, há evidências de que o fenômeno da desnasalização não é específico do português do Brasil. Admitindo que a mudança linguística que envolve a concordância verbo/sujeito tenha se iniciado na fonologia, precisamente através da desnasalização, concluímos que suas origens remontam pelo menos até os tempos pré-clássicos. Resta saber se podemos aplicar o raciocínio acima à concordância nominal. Embora sejam raras as menções à ausência do *-s* final no português europeu, temos evidências históricas do comportamento variável do *-s*, desde o latim antigo até as línguas românicas ocidentais modernas.

Para o português europeu, vamos encontrar, nas palavras de Leite de Vasconcellos (1987/1901: 97-98), evidências de enfraquecimento do *-s* de forma geral e queda do *-s* final em circunstâncias especiais. Segundo este autor, pronuncia-se o *-s* enfraquecido diante de consoante surda e no final de palavras no centro e no norte de Portugal. Observa também que, na Estremadura, ocorre frequentemente a substituição do *-s* por *-r* em sílaba átona diante de uma consoante sonora (*or dedos* por *os dedos*; *mermo* por *mesmo*). Afirma, além disso, que na pronúncia corrente *-s* (-z) se perde diante de *-r* (=rr) (*o 'reis* por *os réis*; e *dé' reis* por *dez reis*) e se assimila completamente diante de fricativas palatais (*o' jarros* por *os jarros* e *a' xaves* por *as chaves*).

Na história das línguas românicas em geral, temos muitas evidências de queda ou enfraquecimento do *-s* final. Já nos dialetos itálicos pré-românicos, encontramos frequente omissão do *-s* final e, nas inscrições latinas primitivas, encontra-se o *-s* omitido livremente. Na época clássica, porém, e continuando até o século II, o *-s* reaparece, para então desaparecer de novo (Grandgent, 1962: 190). Mesmo no latim clássico o *-s* era apagado sob certas circunstâncias, embora Cícero tachasse essa pronúncia de "subrusticum" (Sturtevant, 1940: 161). Desses fatos conclui-se que o *-s* final dificilmente era pronunciado na língua popular de qualquer fase da história do latim. Grandgent (1962: 91), entretanto, é de opinião de que o *-s* deve ter sido reforçado na Gália, Espanha e outras regiões devido a "primitivos hábitos linguísticos dos indígenas" e assim se salvou em certas regiões. Como quer que seja, mesmo na Romània Ocidental, constataram-se, desde o início, oscilações na realização do *-s*, que cai sob determinadas circunstâncias em sardo e sobretudo em francês, onde se criou toda uma nova sistemática de marcação de plurais na língua falada.

Segundo Blanche-Benveniste (1999: 20-21), "o *-s* do plural nominal em francês se pronunciava até o século XV", mas, no francês atual, "a regra geral é que, na língua falada, a diferença entre singular e plural se percebe apenas nos determinantes nominais e nos casos de ligação". Nos casos seguidos de consoante, em que não ocorre o fenômeno da ligação, a diferença entre singular e plural se faz apenas por alternância vocálica: uma vogal média central [ə] para o singular; e uma vogal média anterior para o plural [e]. Assim, ainda segundo Blanche-Benveniste (1999: 20; 22), em francês, *le mur blanc* 'o muro branco' se pronuncia [lə myr blã] e *les murs blancs* 'os muros brancos' se pronuncia [le myr blã]. Da mesma forma, *le même petit livre vert le passionnait* 'o mesmo livrinho verde o apaixonava' se ouve como [le mɛmə pəti livrə vɛr lə pasjɔnɛ] e *le<u>s</u> même<u>s</u> petit<u>s</u> livre<u>s</u> vert<u>s</u> le passionnai<u>ent</u>* 'os mesmos livrinhos verdes o apaixonavam' se ouve como [le mɛmə pəti livrə vɛr lə pasjɔnɛ], ou seja, o equivalente — em termos de não concordância — a 'os mesmo pequeno livro verde o apaixonou'.

Segundo Guy (1989: 232-234), por sua vez, essas mesmas características de localização da marca formal do plural no início do sintagma nominal (SN) também se encontram em diversos *pidgins*/crioulos, bem como em algumas línguas africanas e no português popular do Brasil. Todavia, considera ele que o fenômeno em francês é diferente, tendo em vista que, neste caso, a marca de plural sobrevive principalmente no artigo. Então, segundo Guy (1989), a distinção de número é um traço de uma classe particular, artigos, e não de uma posição sintática particular, a primeira posição do sintagma.

A posição de Guy (1989) não corresponde à realidade do francês[6]. É fato que em francês a estrutura nominal com um substantivo ou um adjetivo na primeira posição exibe uma distribuição limitada no nível da cláusula, mas a primeira posição pode ser ocupada, minimamente, com distribuição clausal ampla:

1) por um artigo: *le livre* [lə livrə] 'o livro' / *les livres* [le livrə] '**os** livro'[7];
2) por um possessivo: *mon livre* [mõ livrə] '**meu** livro' / *mes livres* [me livrə] '**meus** livro'; *mon ami* [mõnami] '**meu** amigo' / *mes amis* [mezami] '**meus** amigo';
3) por um demonstrativo: *ce livre* [sə livrə] '**este** livro' / *ces livres* [se livrə] '**estes** livro'; cet ami [sɛtami] '**este** amigo' / *ces amis* [cezami] '**estes** amigo';
4) por um numeral: *trois livres* [trwa livrə] '**três** livro'; *trois amis* [trwazami] '**três** amigo'.

Verifica-se, assim, que o francês indica a oposição singular/plural em qualquer determinante nominal na primeira posição, seja este determinante um artigo, um possessivo, um demonstrativo (por meio de alternância vocálica, se o segmento seguinte for uma consoante; e pela presença de [z] como elemento de ligação, se o segmento seguinte for uma vogal) e até mesmo um numeral. Portanto, o padrão de indicação de pluralidade do francês não "sobrevive primariamente no artigo", não "é um traço de uma classe particular (artigos)", como afirma Guy (1989: 232), mas tende, sim, a ser uma característica de "uma posição sintática particular", a primeira posição.

Em verdade, embora com restrições distribucionais bem severas, é possível encontrar em francês sintagmas nominais sem determinantes na primeira posi-

6. Agradecemos a Rachel Dettoni, Conceição Paiva e Josane Moreira de Oliveira por informações importantes a respeito do comportamento do SN, mais propriamente do grupo nominal, em francês. Eventuais equívocos de interpretação são de nossa exclusiva responsabilidade.

7. As glosas em português correspondem aos elementos morfológicos franceses realizados na fala sem ligação, representada entre [ ].

ção nos seguintes casos: em títulos e anúncios, como em (5); em coordenação totalizante, como em (6); depois da preposição *de*, como em (7), bem como em outros contextos específicos:

5) *belles promesses* 'belas promessas'; *bons plans pour vos vacances* 'bons planos para suas férias';
6) *garçons et filles s'entendent bien* 'meninos e meninas se entendem bem';
7) *je voudrais un livre de bonnes recettes de cuisine* 'eu gostaria de um livro de boas receitas de cozinha'.

De fato, um texto corrido em francês, especialmente de um jornal, pode apresentar um bom número de ocorrências sem determinantes na primeira posição. Estes casos são fundamentais para se discutir a argumentação de Guy (1989), porque a ideia da crioulização clássica implica reestruturação de formas no plano da morfologia e da sintaxe, ou seja, ruptura linguística e consequente criação de novas estruturas linguísticas, fato que, para ele, não teria ocorrido em francês. Em verdade, o que se vê no francês falado é a localização da marca de plural, quando existe, na primeira posição, seja esta ocupada por um artigo ou por qualquer outro elemento que admita tal marca.

Os fatos acima arrolados permitem levantar a hipótese de que o processo da queda do *-s* final no português do Brasil tenha tido seu início no português dialetal da Europa, que, por sua vez, estava apenas dando continuidade a uma deriva pré-românica. Consequentemente, é plausível supor que o impulso inicial do processo de perda da concordância nominal se situe também em fenômenos fonológicos trazidos da Europa, à semelhança da concordância verbo/sujeito.

4. SOBRE O PAPEL DA POSIÇÃO NA CONCORDÂNCIA NOMINAL

A posição linear que o elemento ocupa no SN foi considerada a variável linguística mais importante nos primeiros trabalhos variacionistas que analisaram a concordância nominal de número no português falado no Brasil (Braga & Scherre, 1976; Braga, 1977; Scherre, 1978; Ponte, 1979; Nina, 1980; Guy, 1981). Todos estes trabalhos (alguns detalhes das amostras são apresentados no item 5 deste capítulo) apresentam uma conclusão uniforme: a primeira posição do SN favorece variavelmente a presença da marca explícita de plural e as demais desfavorecem-na, também variavelmente, como se pode ver pelos percentuais da tabela 1.

A influência da posição linear tem sido considerada como um dos argumentos decisivos a favor da hipótese que enfatiza a contribuição da morfossintaxe africana ao português popular do Brasil, especialmente no trabalho de Guy (1989: 232-234). Segundo Guy (1989: 233), "os protocrioulos falados pelos africanos no reino espanhol e português na origem não apresentavam flexão de plural, e expressavam a pluralidade, quando houvesse necessidade, por meio de algum elemento no início do SN (*some NP-initial element*). Este padrão [no Brasil] de colocar a marca de plural no início do SN bem poderia ter sido baseado em um padrão africano". Dando mais ênfase a sua posição, Guy (1989: 232) afirma que "não existe precedente histórico para este tipo de padrão sintático em português, nem mesmo, [...], em seus parentes próximos, como o espanhol".

	1ª POSIÇÃO	2ª POSIÇÃO	DEMAIS POSIÇÕES
Braga & Scherre (1976: 472)	98%	18%	15%
Braga (1977: 52)	99%	18%	15%
Scherre (1978: 83)	97%	30%	18%
Ponte (1979: 190)	93%	36%	17%
Nina (1990: 105)	95%	22%	12%
Guy (1989: 242)	95%	28%	29%

Tabela 1. Efeito da posição linear na presença de plural em elementos do SN no português brasileiro com base em seis pesquisas: dados de falantes com até 8 anos de escolarização.

Scherre (1988)[8], em sua tese de doutorado, retoma a análise da concordância nominal e demonstra que uma análise da concordância nominal que

8. Os dados analisados por Scherre (1988) são provenientes do banco de dados do Programa

leve em conta apenas a variável *posição linear* encobre regularidades linguísticas importantes e propõe uma análise alternativa que considera uma nova variável, advinda do cruzamento entre as variáveis

(1) **posição** linear,
(2) **classe** nuclear e não nuclear e
(3) **relação** entre classe nuclear e não nuclear.

Aqui neste capítulo, assumimos a análise proposta por Scherre (1988), acrescida de testes estatísticos complementares, utilizando a versão dos programas VARBRUL de 1988 (Pintzuk, 1988).

Nesta análise alternativa, cujo objetivo central é verificar até que ponto a posição linear é a principal restrição no processo de concordância entre os elementos do SN, são levadas em conta duas variáveis concorrentes:

(1) posição linear
(2) posição/ classe/relação.

A variável *posição linear*, subdividida em três categorias, encontra-se exemplificada a seguir, com o elemento sob análise em negrito[9]:

1) primeira posição:
umas casinha bonitinha/***todos os*** anos/***suas*** *tias*/***novas*** escolas/***coisas*** lindas / ***eles*** todos/as ***boas*** ações.

2) Segunda posição:
umas ***casinha*** bonitinha/*todos* **os** anos
suas ***tias***/novas ***escolas***/*coisas* ***lindas*** /eles ***todos***/*as* ***boas*** ações.

3) Demais posições:
umas casinha ***bonitinha***/*todos* os ***anos***/as boas ***ações***/aquelas cruzinha ***toda***/ uns colega ***meu***/três risco ***verde***/as conta quase ***toda***/ os meus quatro ***filhos***/ as três ***coisa*** mais ***importante*** /
as mulheres ainda muito mais ***antiga***

---

de Estudos do Uso da Língua (PEUL), programa de pesquisa desenvolvido desde 1982 por uma equipe de pesquisadores da UFRJ, UFRRJ/CNPq e UFF, através do Departamento de Linguística e Filologia da Faculdade de Letras da UFRJ.

9. A variável *posição linear* é comumente subdividida em quatro categorias. Neste caso, optamos por três porque os dados da quarta, quinta e sexta posições são poucos e ficariam muito fragmentados quando do cruzamento entre posição, classe e relação. Além disso, essas posições têm comportamento bastante semelhante.

A variável posição/classe/relação, por sua vez, ficou com sete categorias, exemplificadas abaixo:

1) classe não nuclear anteposta na primeira posição (constituída pelos adjetivos, possessivos, quantificadores, artigos, demonstrativos, identificadores e indefinidos que ocorrem na primeira posição do SN):
   novas escolas/***suas*** tias/***todos*** eles
   as boas ações/***aquelas*** cruzinha toda
   determinadas pessoas/***alguns*** meses.

2) Classe não nuclear anteposta na segunda posição (constituída pelos adjetivos, possessivos, quantificadores, artigos, demonstrativos, identificadores e indefinidos antepostos na segunda posição do SN):
   todos ***os*** anos/todos ***esses*** homens
   os ***próprios*** vagabundos/tantas ***outras*** famílias
   os ***meus*** ainda mais velhos amigos/as ***boas*** ações.

3) Classe nuclear na primeira posição (substantivos e pronomes pessoais que ocorrem na primeira posição do SN):
   coisas lindas/***eles*** todos.

4) Classe nuclear na segunda posição (substantivos, pronomes pessoais e outras classes gramaticais no lugar do núcleo que ocorrem na segunda posição do SN):
   umas ***casinha*** bonitinha/suas ***tias***/
   todos ***eles***! trabalha uma, as ***outras*** fica.

5) Classe nuclear nas demais posições (substantivos, pronomes pessoais e outras classes gramaticais no lugar do núcleo que ocorrem na terceira, quarta, quinta e sexta posições do SN):
   as boas ***ações***/os meus quatro ***filhos***
   os meus ainda mais velhos ***amigos***
   os melhores ***possíveis***.

6) Classe não nuclear posposta na segunda posição (constituída pelos adjetivos, possessivos, quantificadores, identificadores e indefinidos que ocorrem antepostos na segunda posição do SN):
   eles ***todo***/*eles* ***mesmo***
   coisas ***lindas***/colegas ***minha***.

7) Classe não nuclear posposta nas demais posições (constituída pelos adjetivos, possessivos, quantificadores, identificadores e indefinidos que ocorrem pospostos na terceira, quarta, quinta e sexta posições do SN):
umas casinha ***bonitinha***/
as mulheres ainda muito mais ***antiga***
uns colega ***meu***/aquelas cruzinha ***toda***/
as conta quase ***toda***/uns negócio ***qualquer***/
uns vinhos ***tais***.

Feita a análise quantitativa dos dados assim codificados, os instrumentos estatísticos utilizados revelaram que a variável *posição linear* não tem relevância estatística quando se considera, ao mesmo tempo, a variável *posição/classe/relação*. Enquanto, de um conjunto de nove variáveis, a variável *posição/classe/relação* é selecionada como a mais significativa, a variável *posição linear*, além de não ser selecionada, na parte *step up* do programa VARBRUL, é também eliminada na parte *step down*[10].

Portanto, não é apenas a posição linear do elemento do SN que determina a quantidade de marcas formais de plural. Os condicionamentos são bem mais complexos do que se pensava anteriormente, conforme nos evidenciam os resultados da variável *posição/classe/relação* apresentados na tabela 2.

FATORES	FREQUÊNCIA	PESO RELATIVO
Classe não nuclear na 1ª posição do SN	4.065/ 4.167 = 98%	0,87
Classe não nuclear anteposta na 2ª posição do SN	305/ 317 = 96%	0,86
Classe nuclear na 1ª posição do SN	165/ 173 = 95%	0,70
Classe nuclear na 2ª posição do SN	2.864/ 5.320 = 54%	0,21
Classe nuclear nas demais posições do SN	333/ 573 = 62%	0,25
Classe não nuclear posposta na 2ª posição do SN	95/ 139 = 68%	0,26
Classe não nuclear posposta nas demais posições do SN	151/ 430 = 35%	0,13
Total	7.978/ 11.083 = 72%	

Tabela 2. Efeito da variável relação/posição/classe na presença de plural em elementos do SN no português brasileiro: dados de 48 falantes adultos do Rio de Janeiro [parte do *Corpus Censo* da década de 80, do Programa de Estudos sobre o Uso da Língua (PEUL)][11].

10. Na parte denominada *step up*, o programa trabalha de forma progressiva buscando as variáveis mais importantes do ponto de vista estatístico, ou seja, as que mais dão conta da variação dos

Os resultados da tabela 2 podem ser olhados sob três perspectivas: a da posição, a da classe nuclear/não nuclear e a da relação entre a classe nuclear/não nuclear. Olhando sob a perspectiva da posição, verificamos que sua influência não é uniforme. A evidência mais forte dessa não uniformidade pode ser encontrada na diferença existente entre o efeito da segunda posição nas classes não nucleares antepostas (0,86), nos núcleos (0,21) e nas classes não nucleares pospostas (0,26). Além disso, o efeito das demais posições — terceira, quarta, quinta e sexta — diminui nas classes nucleares pospostas (0,13), mas aumenta nos núcleos (0,25). Consequentemente, afirmações generalizantes a respeito do português popular do Brasil com relação ao papel da posição linear que o elemento ocupa no SN carecem de fundamento. Testamos todas as diferenças nos pesos relativos acima e todas elas, exceto a de 0,01, se mostraram significativas, com o nível de significância de 0,05 ou melhor.

Além do que foi dito acima, cumpre observar que a variável cruzada é mais forte do que a variável posição linear isolada. Em análises separadas, a variável *posição/classe/relação* é selecionada em primeiro lugar, dentre um conjunto de nove variáveis, enquanto a variável *posição linear* o é em nono.

Embora tenhamos descartado a influência da *posição linear* como uma influência uniforme, ela ainda se verifica, especialmente nos núcleos da primeira posição. Todavia esta influência deve ser interpretada como uma extensão da influência dos elementos não nucleares antepostos da primeira posição. Como a primeira posição é predominantemente ocupada por classes não nucleares antepostas e como essas classes são muito marcadas (quer na primeira

dados que estão sendo analisados. Nesse caso, o teste começa com as variáveis isoladas e, através de comparações sucessivas, vai adicionando à analise cada uma das variáveis *selecionadas*, parando quando não mais restarem variáveis significativas; na parte denominada *step down*, o programa faz exatamente o inverso: parte do conjunto total das variáveis, verificando que variável torna a análise *pior*, eliminando também de forma progressiva tais variáveis (cf. Sankoff, 1988: 991-992). Em rodadas separadas, ora com a variável *posição/classe/relação*, ora com a variável *posição linear*, as duas variáveis concorrentes são selecionadas, mas a rodada com a variável *posição/classe/relação* é superior do ponto de vista estatístico — o contrário é que seria inesperado.

11. A soma dos dados das classes não nucleares da primeira e da segunda posição não perfaz o mesmo total que a soma dos dados das classes nucleares da primeira, segunda e demais posições porque há muitos sintagmas que têm um numeral na primeira ou na segunda posição que, embora faça parte do SN, não constitui dado de nossa análise por não ser flexionável. Só na primeira posição do SN há 1.695 numerais (cf. Scherre, 1988: 236).

quer na segunda posição), é licito levantar a hipótese de que seu peso, na primeira posição, seja transferido para qualquer classe que a ocupar. Inclusive, há dialetos do português (interior de Minas Gerais) que apresentam estruturas do tipo *ques menino levado*, em que se verifica a flexão do elemento *que*, não flexionável no português padrão.

Se o efeito da posição linear fosse mais forte que o da posição relativa (anteposição/posposição em relação ao núcleo), seria de esperar que a classe não nuclear anteposta na segunda posição fosse pouco marcada, uma vez que os elementos nucleares que ocorrem nesta posição, os mais frequentes (5.320 casos de um total de 11.083), exercem relativamente pouca influência na presença de marcas de plural explícitas (peso relativo de 0,21 para este fator). A influência da posição linear não se dá, e o que vemos é a permanência da influência da anteposição em relação ao núcleo, relativamente alta e com peso semelhante (0,86) ao efeito do fator da primeira posição (0,87)[12].

Além disso, análises da classe gramatical para o espanhol permitem vislumbrar a similaridade dos resultados para ambas as línguas com respeito à posição relativa: Cedergren (1973) e Poplack (1980) afirmam que determinantes favorecem variante explícita de plural e substantivos e adjetivos favorecem variante zero. Poplack (1980: 65) chega a afirmar que os nomes tendem a manter a variante explícita na primeira posição do SN; em verdade, na posição mais à esquerda.

Com relação ao francês, é importante salientar que a influência da posição relativa também se verifica nos fenômenos de ligação nas construções nominais. A ligação tende a ser obrigatória nas fronteiras à esquerda do núcleo, mas não ocorre entre o substantivo e o verbo seguinte, mesmo se iniciado por vogal. Segundo a professora Claire Blanche-Benveniste (em comunicação pessoal, em outubro de 1998), nas frases *les autres livres anciens* 'os outros livros antigos'; *les autres anciens amis* 'os outros antigos amigos'; *les autres amis anglais* 'os outros amigos ingleses', tem-se a produção do -s final em todos os elementos pré-nominais seguidos de vogal: *leZ autre livreZ ancien*; *leZ autreZ ancienZ ami*; *leZ autreZ amiZ anglai*. Todavia, nos

12. Os dados analisados na tabela 2 foram extraídos de amostras de fala de pessoas de 15 a mais de 50 anos, com 1 a 11 anos de escolarização. Fizemos também outras etapas de análise incluindo mais 16 falantes de 7 a 14 anos, também subdivididos por anos de escolarização: de 1 a 4; de 5 a 8; e de 9 a 11, cujos resultados, extremamente similares em termos de tendências, podem ser encontrados em Scherre & Naro (1997: 105) e Scherre (2005: 52) e serão apresentados na tabela 3 deste capítulo.

nomes, o *-s* final ortográfico não é pronunciado, mesmo, repetimos, se a eles se seguir um verbo com vogal inicial.

FATORES		TODOS OS FALANTES	Falantes de 1 a 4 anos de escolarização	Falantes de 5 a 8 anos de escolarização	Falantes de 9 a 11 anos de escolarização
Elemento nominal À ESQUERDA do núcleo na posição 1	Freq.	4.885/5.005=98%	1.820/1.869=97%	1.780/1.824=98%	1.285/1.312=98%
	Peso relativo	0,88	0,89	0,87%	0,83%
Elemento nominal À ESQUERDA do núcleo na posição 2	Freq.	264/279 = 95%	74/81=91%	87/93 = 94%	103/105=98%
	Peso relativo	0,84	0,83	0,85	0,90
Elemento nominal À DIREITA do núcleo na posição 2	Freq.	102/147=69%	15/29=52%	39/56=70%	46/60=77%
	Peso relativo	0,28	0,27	0,33	0,21
Elemento nominal À DIREITA do núcleo nas demais posições	Freq.	170/479=35%	30/158=19%	60/178=34%	80/143=56%
	Peso relativo	0,15%	0,14	0,18	0,13
Núcleo na 1ª POSIÇÃO (MAIS À ESQUERDA)	Freq.	180/190=95%	34/38=89%	66/71=93%	77/78=99%
	Peso relativo	0,67	0,62	0,67	0,27
Núcleo na 2ª POSIÇÃO	Freq.	3.277/6.375=51%	894/2.405=37%	1.277/2.404=53%	1.094/1.554=70%
	Peso relativo	0,20	0,19	0,20	0,23
Núcleo nas DEMAIS POSIÇÕES	Freq.	381/625=61%	98/220=45%	142/221=64%	141/184=77%
	Peso relativo	0,27	0,23	0,32	0,31
Total de dados		9.259/13.100=71%	2.965/4.800=62%	3.451/4.847=71%	2.826/3.436=82%

Tabela 3. Marcas explícitas de plural nos elementos do SN em função da variável *posição em relação ao núcleo do SN* e *posição linear a partir da esquerda* — Dados de 64 falantes do Rio de Janeiro: amostra PEUL da década de 1980.

Concluindo esta seção, pudemos verificar que o efeito da posição linear isolada não tem a força que se supunha ter. O que existe é um jogo complexo de influências cruzadas de posição, classe nuclear/não nuclear e relação entre classe nuclear/não nuclear, que se pode ver nos resultados da tabela 3, com base nos dados dos 64 falantes da *Amostra Censo*, subdivididos por anos de estudos, em que se evidencia, pela ordenação das percentagens e dos pesos relativos por coluna, a absoluta regularidade de comportamento da variável sob foco, nos termos já descritos nas páginas anteriores deste capítulo. Portanto, é temerário utilizar o argumento da posição, nos termos de Guy (1989), como um traço de crioulização advindo de influência da estrutura de línguas africanas, e que, caso não se aceite a hipótese da crioulização para o português popular brasileiro, sua situação "teria de ser vista como única e arbitrária", sem nenhuma motivação natural (Guy, 1989: 232)[13].

5. DISTRIBUIÇÃO GEOGRÁFICA

Um conjunto expressivo de estudos dialetológicos realizados até 1950 e um conjunto igualmente expressivo de estudos sob a perspectiva da teoria da variação linguística realizados nas décadas de 1970, 1980 e 1990 indicam que a variação na concordância nominal em português é um fenômeno geral, independente de localização geográfica.

Com relação aos dialetólogos que abordam esses fenômenos, temos os seguintes trabalhos:

1) sobre o dialeto caipira (Amaral, 1920);
2) sobre o português popular do Nordeste (Monteiro, 1933; Marroquim, 1945);
3) sobre o linguajar carioca (Nascentes, 1953) e
4) sobre o português de forma geral (Melo, 1946).

---

13. Capellari & Zilles (2002: 214), em trabalho intitulado "A marcação de plural na linguagem infantil: estudo longitudinal", sobre concordância nominal, publicado na *Revista da ABRALIN*, vol. 1, nº 1, consideram que a análise de Scherre (1996) para as variáveis posição linear e classe gramatical "é (...) um tanto quanto genérica, pois caracterizar a aplicação da regra para o que está antes ou depois do núcleo parece mais esconder de que revelar". Não concordamos com a afirmação das autoras no que diz respeito à generalização de Scherre para a concordância de número. Trata-se de uma variável que captura comportamento semelhante para adjetivos, possessivos e quantificadores à esquerda e à direita do substantivo, do pronome ou de categoria substantivada. Captura também o fato de que "núcleos" mais à esquerda favorecem mais marcas explícitas de plural do que núcleos mais à direita (ver resultados na tabela 3, neste mesmo capítulo). Convidamos também o leitor interessado a acompanhar os detalhes da análise de Scherre em Scherre (1988; 1996; 1998a; 2001) e fazer seu próprio julgamento.

Com relação aos estudos realizados sob a perspectiva da teoria da variação linguística, temos as seguintes pesquisas:

1) sobre o português falado na cidade do Rio de Janeiro, região Sudeste, por pessoas de procedência geográfica diversa, de classe média, alta e baixa (Braga & Scherre, 1976: 646-477);
2) sobre o português do Triângulo Mineiro, Minas Gerais, região Sudeste, falado por pessoas de classe média e baixa (Braga, 1977: 28);
3) sobre o português da cidade do Rio de Janeiro, região Sudeste, falado por pessoas escolarizadas (com 2° grau e universitários) e semiescolarizadas (em fase de alfabetização) (Scherre, 1978: 53-57); só por pessoas semiescolarizadas (Guy, 1981: 12-23); e por falantes de 1 a 11 anos de escolarização (Scherre, 1988: 21-27);
4) sobre o português de Porto Alegre, Rio Grande do Sul, região Sul, falado por pessoas consideradas alfabetizadas ou com curso primário incompleto (Ponte, 1979: 60-69);
5) sobre o português da microrregião Bragantina, Pará, região Norte, falado por pessoas analfabetas (Nina, 1980: 49-57);
6) sobre o português da cidade de Sobradinho e da comunidade rural de Boa Vista, Distrito Federal, região Centro-Oeste, falado por pessoas de 1 a 8 anos de escolarização (Dias, 1993: 32-36; Malvar, 1992: 11-13);
7) sobre o português da área urbana do Estado de Santa Catarina (Florianópolis e Chapecó), do Rio Grande do Sul (Panambi) e do Paraná (Irati) — região Sul —, falado por pessoas de etnia açoriana, italiana, alemã e eslava, com 1 a 11 anos de escolarização (Fernandes, 1996: 15-18);
8) sobre o português da cidade de João Pessoa, região Nordeste, falado por pessoas analfabetas e de 1 a 15 anos de escolarização (Carvalho, 1997a: 40-43; 1997b);
9) sobre o português da área rural do Estado do Rio de Janeiro, região Sudeste, falado por homens analfabetos e com 1 a 4 anos de escolarização (Brandão, 1994; Almeida, 1997: 50-52);
10) sobre o português da área urbana da região da cidade de Salvador, (região Nordeste), falado por pessoas de 1 a 15 anos de estudos (Lopes, 2001: 113-117).

Da leitura dos diversos trabalhos relacionados acima, pode-se inferir que as variáveis sociais mais importantes para o entendimento das diferenças do comportamento da concordância nominal são o grau de escolarização e/ou o contraste rural-urbano, e não a procedência geográfica por cidade, estado ou região[14]. Se a origem do português do Brasil se devesse à existência de um *pidgin* ou de um crioulo de base lexical portuguesa e gramática africana, seria de se esperar que as áreas geográficas que apresentavam maior concentração de escravos em meados do século XIX evidenciassem diferença de comportamento no que toca à concordância nominal e verbal, fato não constatado pelos diversos trabalhos existentes.

A hipótese do papel central da crioulização africana sob foco é ainda facilmente refutada pelo próprio trabalho de Jeroslow (1974; 1975), que deu impulso à discussão quanto às origens crioulas do português popular do Brasil. Em 1974, Jeroslow fez um estudo sobre o português cearense rural e em 1975 escreveu um artigo sob o título de "Creole Characteristics in Rural Brazilian Portuguese". É, todavia, fato conhecido na história do Brasil que não houve concentração de escravos de origem africana no Ceará. Em verdade, o Ceará praticamente não teve população negra na época relevante para sustentar a hipótese da africanização do português, seja diretamente das línguas africanas ou, indiretamente, através de um *pidgin*/crioulo formado pelos escravos africanos. O rastreamento das comunidades remanescentes de quilombos no Brasil feito por Anjos (1999: 92) indica que o Ceará é o segundo Estado da região Nordeste com menor número de comunidades quilombolas (com 10), atrás apenas do Piauí (com 7). Os Estados que apresentam maior número de comunidades remanescentes de quilombos são Bahia (com 244) e Maranhão (162).

14. Veado (1982) desenvolve uma pesquisa com dados da fala rural mineira, sem quantificação dos dados, e observa que a concordância nominal tende a ocorrer nos elementos à esquerda do núcleo, incluindo possessivo na segunda posição: *os* ***meus*** *caso* (dado 222, p. 68); *os meus neto* (dado 223, p. 68). Veado afirma que o nome nunca traz a marca de número, mas nos exemplos por ela apresentados há pelo menos duas estruturas com a marca de plural no nome substantivo: *pela casa dos amigos, dos colega* (dado 217, p. 68) e *as crianças (tudo) pequena* (dado 248, p. 71).

6. CONCLUSÃO

Concluímos, sugerindo uma descrição geral de nosso modelo de desenvolvimento do português popular do Brasil.

1) A língua portuguesa falada em Portugal antes da colonização do Brasil já possuía uma deriva secular que a impulsionava ao longo de um vetor de desenvolvimento.
2) No Brasil, este vetor se encontrou com outras forças que reforçavam e expandiam a direção original.
3) No início, uma dessas forças era a pidginização, que exercia uma influência sobre o português através da língua geral tupi e da "língua de preto" europeia, revivificada no Brasil originalmente para uso com os ameríndios.
4) Ao longo de toda a história do Brasil, o processo de aprendizado do português como segunda língua teve seus efeitos documentados parcialmente.
5) Se existiu uma verdadeira língua crioula, caracterizada como sendo de "léxico português e gramática africana", ela cedo se evaporou sem deixar rastros na documentação. Sua possível influência no desenvolvimento do português do Brasil seria indistinguível da de outros eventuais pidgins ou crioulos de base não europeia.

Para completar esse quadro, temos que levar em conta a dimensão tempo, ao longo da qual chegaram ao Brasil ondas de populações de diversas origens étnicas. Esses movimentos demográficos tiveram o efeito de reforçar certas forças arroladas acima e de inibir outras. Naturalmente o efeito não foi uniforme nas diversas comunidades linguísticas e nem mesmo nos indivíduos, mas em termos gerais costuma-se distinguir três fases de predomínio étnico-demográfico: a fase inicial de predomínio ameríndio, a fase de predomínio africano e por último uma fase importante de reforço europeu e começo da imigração asiática. Entretanto, a última fase não chegou a esmagar a fase anterior africana com a mesma força que esta teve sobre a fase ameríndia. As primeiras duas fases eram pidginizantes e caracterizadas pelo aprendizado do português como segunda língua; a última é mais padronizante, embora também marcada pelo aprendizado do português como segunda língua por populações europeias e asiáticas, oriundas de terras onde o português era desconhecido.

Através de todas essas fases, segundo nossa visão, o impulso motor do desenvolvimento do português do Brasil veio já embutido na deriva secular da língua de Portugal. Se as sementes trazidas de lá germinaram mais rápido e cresceram mais fortes, é que as condições, aqui, mostraram-se mais propícias devido a uma CONFLUÊNCIA DE MOTIVOS.

CAPÍTULO 2

CONCORDÂNCIA VARIÁVEL EM PORTUGUÊS: A SITUAÇÃO NO BRASIL E EM PORTUGAL*

Anthony Julius Naro
Maria Marta Pereira Scherre

1. INTRODUÇÃO[1]

Dialetos não padrão do português do Brasil apresentam, de forma generalizada, fenômenos de concordância variável, cuja origem suscita controvérsia. São exemplos a concordância variável de número verbo/sujeito, a concordância variável de número entre os elementos do sintagma nominal e a concordância variável de número no sintagma predicativo (Naro, 1981; Scherre & Naro, 1991):

* Queremos expressar nossa gratidão a nossos auxiliares de pesquisa, Ricardo Joseh Lima, Viviane Conceição Antunes e Elane Barreto dos Santos, sem cujo trabalho não teria sido possível levar a cabo a pesquisa maciça com os textos medievais portugueses aqui apresentados.

1. Este capítulo é a tradução um pouco modificada do texto de Naro & Scherre (2000), publicado pela editora John Benjamins, no livro *Language Change and Language Contact in Pidgins and Creoles*, organizado por John McWhorter.

(1) CONCORDÂNCIA VARIÁVEL DE NÚMERO VERBO/SUJEITO:
eles ganhaM demais da conta;
eles ganha demais.

(2) CONCORDÂNCIA VARIÁVEL DE NÚMERO ENTRE OS ELEMENTOS DO SINTAGMA NOMINAL:
oS freguesES; aS boaS açÕES; aS codorna; aS porta aberta;
essaS estradaS nova; do meuS paiS.

(3) CONCORDÂNCIA VARIÁVEL DE NÚMERO NO SINTAGMA PREDICATIVO:
as coisas tÃO muito caras, né?
as coisa tÁ cara.

Recentemente, a concordância de gênero variável também foi encontrada em dialetos rurais isolados, que, além disso, mostram quase completa simplificação variável do paradigma verbal (Baxter & Lucchesi, 1993; 1997).

2. DERIVA *VERSUS* CRIOULIZAÇÃO

Há basicamente duas correntes de pensamento com relação à origem da falta variável de concordância, bem como de outros fenômenos variáveis, no português não padrão do Brasil. Uma delas considera que esses fenômenos têm origem unicamente na antiga deriva secular das línguas indo-europeias em geral, e das línguas românicas em particular, em direção a uma gramática com menos flexão, nos termos de Sapir (1949/1921: 145-170)[2]. Conforme esse ponto de vista, as estruturas variáveis, exemplificadas acima para o Brasil, poderiam ter existido tanto em Portugal quanto no Brasil, mas talvez em época e em grau diferentes (Naro, 1981a; Tarallo, 1993a).

A outra visão é que, nesse aspecto, o português do Brasil é radicalmente diferente do português europeu. Sob essa perspectiva, a principal causa da divergência em relação às linhas de desenvolvimento europeu é a presença maciça de pessoas de origem africana no Brasil, cujas línguas de origem teriam influenciado o português do Brasil por meio de um estágio hipotético de um

2. Ver nota 3 do capítulo 1 deste livro.

pidgin ou de um crioulo de base lexical portuguesa (Guy, 1989). O único outro grupo étnico importante que poderia ter participado da formação do suposto *pidgin* ou crioulo de base portuguesa seriam os indígenas, mas sabemos que eles utilizavam um sistema de base tupi, denominado língua geral, tanto para se comunicarem com os europeus como entre si mesmos. Os indígenas não necessitavam de um sistema linguístico de base portuguesa. Em verdade, no início do período colonial, praticamente todos os europeus eram fluentes em língua geral[3].

O conceito de crioulização é difícil de delimitar, porque o termo nunca teve uma única definição amplamente aceita no campo da linguística. O uso clássico do conceito de crioulização, que requer dois estágios historicamente distintos de evolução, se tornou controvertido. Sob essa visão, há primeiro um estágio *pidgin*, em que um sistema verbal de comunicação, que não é língua nativa de nenhum grupo, é usado para a transmissão de informação entre falantes que não têm qualquer língua natural em comum. Normalmente, esse estágio envolve um vocabulário que se origina predominantemente de uma língua específica, frequentemente denominada de língua base. A falta de norma gramatical estável é inerente à noção de *pidgin*, tendo em vista que, nessas circunstâncias, qualquer estrutura que efetivamente funcione no processo de comunicação é aceitável. Entretanto, é comum que essa fase inicial de assistematicidade gramatical conduza a uma fase intermediária de normas gramaticais relativamente estáveis, mesmo que o *pidgin* ainda não tenha se tornado língua nativa de nenhum dos falantes. Nessa concepção clássica, o segundo estágio do processo, a crioulização, ocorre quando o *pidgin* se torna a língua nativa de um segmento da comunidade. No entanto, tendo em vista que a estabilização de um *pidgin* pode ocorrer sem crioulização no sentido clássico de formação de uma comunidade de falantes nativos, o conceito de crioulização perde seu conteúdo linguístico e passa a ser tão somente uma noção histórica externa.

Um exemplo pertinente é o Tok Pisin, sistema de base lexical inglesa usado na Nova Guiné. Este sistema, em uso na área pelo menos desde

---

3. Ver capítulo 1 deste livro. Para discussão e ampla documentação dos fatos, ver Rodrigues (1983) e Rodrigues (1994: 99-109).

meados do século XIX, tinha se tornado estável durante o século XX e estava em vias de se tornar língua nativa de uma nova geração de falantes na década de 1970. Nesse momento histórico, eram comuns lares em que os pais tinham adquirido o Tok Pisin como adultos e o falavam correntemente e com formas estáveis, porém não como língua nativa. Os filhos, nesses mesmos lares, já tinham adquirido o Tok Pisin como primeira língua, ou estavam em processo de fazê-lo. Portanto, o Tok Pisin existia como *pidgin*, estabilizado, e também como crioulo, segundo o conceito clássico, no seio da comunidade. Segundo Sankoff (1980), os dois sistemas tinham o mesmo sistema gramatical, mostrando que a distinção entre PIDGIN, como segunda língua, e CRIOULO, como primeira língua, não corresponde necessariamente a diferenças significativas na realidade do uso linguístico.

Embora as circunstâncias de uso de um *pidgin*/crioulo sejam tipicamente consideradas como envolvendo simplificação de estrutura gramatical (por vezes chamada de 'redução'), é difícil identificar a origem ou causa desse fenômeno, ou mesmo atestar que gramática sofreu simplificação, porque, durante o estágio *pidgin*, a língua de base fornece o vocabulário, mas não necessariamente a gramática. Tendo em vista esse fato, junto à falta de conteúdo linguístico claro da abordagem clássica de crioulização, encontra-se em estudos linguísticos mais recentes um uso atenuado do termo (Holm, 1992; Baxter & Lucchesi, 1997). Segundo esse novo uso, a crioulização não é mais identificada com a nativização de um sistema que inicialmente não era língua nativa de nenhum dos falantes, mas, sim, com a aquisição de linguagem no contexto de algum tipo de transmissão linguística irregular ou descontínua.

Todavia, não vemos ganho significativo algum nesse novo uso. Para nós, a noção atenuada de crioulização não tem conteúdo empírico, já que praticamente toda a história linguística poderia ser classificada como subjacente a processos de crioulização em maior ou menor grau, à exceção de alguns possíveis vilarejos completamente isolados de qualquer intercâmbio humano. Portanto, quando usarmos o termo crioulização neste texto estaremos nos referindo à noção clássica.

Uma abordagem conciliatória com relação às origens do português popular brasileiro, adotada recentemente por Naro & Scherre (1993), postula que a origem primeira dos fenômenos variáveis de concordância veio de Portugal, mas que as condições de pidgnização endêmicas e a aprendizagem de segunda língua em fase adulta que predominaram por toda a história do Brasil, mesmo antes da chegada dos escravos, aceleraram e exageraram[4] as tendências iniciais durante o processo de *nativização* da língua portuguesa pelas comunidades das mais diversas bagagens culturais. É importante observar que estamos usando o termo *nativização* no sentido estrito de passagem de uma língua não nativa a língua nativa de uma comunidade de fala. Em particular, o uso que fazemos deste termo exclui qualquer hipótese com relação à natureza da língua em suas formas não nativas. Nossa interpretação não pressupõe que as formas não nativas subjacentes à nativização tenham sido reduzidas ou simplificadas na comunidade em foco, como é frequentemente assumido nos estudos de *pidgins* e de crioulos[5]. Nossa terminologia também exclui o pressuposto de que a nativização é um processo instantâneo, com resultados uniformes em toda a comunidade. No entanto, como não temos acesso a dados intermediários da evolução do português do Brasil entre os séculos XVI e XX, lamentavelmente não podemos avaliar esses estágios evolutivos de maneira significativa.

3. CONCORDÂNCIA VARIÁVEL NO PORTUGUÊS EUROPEU MODERNO

Em Naro & Scherre (1993: 441-444) e no capítulo 1 deste livro, fizemos um retrospecto das evidências históricas das origens europeias da perda de concordância explícita em português, traçando a linha de mudança da época pré-latina ao português pré-clássico. Apresentamos evidência sólida de que a perda do

4. Usamos aqui os termos 'aceleraram' e 'exageraram' em um sentido informal, fazendo uma comparação implícita entre o estado atual de desenvolvimento dos fenômenos em foco da língua portuguesa no Brasil e o seu estágio atual em Portugal. Em termos absolutos, não sabemos em que momento dos mais de 500 anos do Brasil, nem com que velocidade, aconteceram de fato as mudanças que diferenciam essas duas variedades irmãs.

5. Silva Neto (1986: 594-595), ao tratar do tema, fala de precipitação de deriva pelos 'aloglotas', assumindo a existência de um crioulo ou semicrioulo como gatilho desencadeador do processo de simplificação (cf. 593, 595). Câmara Jr. (1975: 77) também assume a existência de um crioulo, associado à etnia negra, ao qual igualmente atribui papel de gatilho no sentido de provocar mudanças que seguem "as próprias tendências estruturais da língua portuguesa". Portanto, fica claro que, embora estejamos assumindo que as tendências iniciais tenham sido aceleradas ou exageradas, divergimos da visão dos autores aqui citados porque não vemos qualquer evidência a favor de um estágio crioulo.

-*s* final e da nasalização pode ser encontrada em estágios do latim e de línguas mais antigas a partir dos quais o português foi derivado, bem como no próprio português europeu moderno. Mostramos que, atualmente, o fenômeno de concordância variável no Brasil tem tanto um componente fonológico como morfológico e apresentamos evidência de que o componente morfológico é posterior ao componente fonológico e dele derivado.

Apesar das evidências historicamente documentadas que apresentamos na literatura impressa, fenômenos de concordância variável do tipo sob discussão aqui são geralmente vistos por muitos linguistas como exclusivamente brasileiros. Pesquisadores portugueses, mesmo aqueles cujo campo principal de interesse é a dialetologia, têm sido sempre quase unânimes em declarar que todas as regras de concordância são categóricas em todos os dialetos de Portugal. A situação continua a mesma hoje. Em uma viagem a Portugal (mais precisamente em setembro e outubro de 1995), todos os linguistas e pesquisadores profissionais de dialetologia que encontramos afirmaram de forma clara que as regras de concordância são sempre usadas categoricamente em Portugal por falantes de todas as classes sociais e de todos os níveis de escolarização, incluindo os analfabetos.

Somente duas exceções são geralmente registradas na literatura e foram também aceitas por todos os pesquisadores portugueses contatados:

1) uso variável de desinências verbais de terceira pessoa singular e primeira do plural com *a gente*, formalmente um nome de terceira pessoa, mas usado como substituto do pronome pessoal de primeira pessoa do plural *nós*, tanto em Portugal quanto no Brasil [*a gente fala* (terceira do singular) ou *a gente falamos* (primeira do plural] [Nascimento, 1987, 264-266][6];
2) uso variável do -*s* final em algumas regiões de Portugal, perto da Andaluzia, especialmente na cidade de Barrancos, que já pertenceu à Espanha (Saramago, 1994).

Apesar da frente monolítica maciçamente antivariacionista que encontramos entre nossos colegas linguistas em Portugal, há algumas exceções na literatu-

6. O uso da desinência -*mos* de 1ª pessoa do plural com *a gente* é indubitavelmente mais frequente em Portugal do que no Brasil.

ra. A exceção mais notável é a monografia de Joana Lopes Alves, intitulada *A linguagem dos pescadores de Ericeira*, publicada primeiro em Lisboa em 1965 (Alves, 1993)[7]. Ericeira está localizada na costa atlântica, ao norte de Lisboa, perto de Mafra e Sintra, áreas turísticas bem conhecidas. Na época da pesquisa original de Alves, Ericeira era uma vila de pescadores calma (mas atualmente já está bem desenvolvida como atração turística). Entre outras características interessantes do dialeto local, Alves observa:

> A 3ª pessoa do singular é empregue, por vezes, pela 1ª pessoa: <<Eu *onte foi* à Malhada>>; <<Eu na quinta-feira *apanhou* 2 kilos de pólves>> (Alves, 1993: 190).
> A 3ª pessoa singular aparece usada pela 3ª do plural, em frases como: <<As quenguerelas só *presta* para pescar>>; <<Lanço das duas pedras que *tá* no meio do lanço>>; <<... *corre* todos os seus criados / a dar auga à Adelina>> (versão do romance *Adelina*) (Alves, 1993: 190).
> É frequente o uso do singular pelo plural. <<Foi há muito ano>>;<< andê por munto sito>>; <<tenho cinquenta ê um ano>> (Alves, 1993: 191).

Embora o *corpus* original não tenha sido gravado, tivemos a oportunidade de examinar brevemente outras gravações dos anos 1980 junto com Alves, a quem desejamos expressar nossa profunda gratidão[8]. Nelas encontramos uma fonte rica de dados variáveis. Considere, por exemplo, os seguintes exemplos, extraídos de um trecho da fala de um pescador com 69 anos em 1982 e que recebera alguma escolarização elementar em sua juventude. Preste atenção especial à marcação variável do verbo *ser* com predicativos plurais — em (4) com formas verbais no imperfeito, e em (5) com formas verbais no presente. Ambos os sintagmas nominais *três sardinha* e *os pixeru* em (4) são usados com o núcleo sem o *-s* plural, num estilo que parece tipicamente brasileiro, na mesma linha do que foi observado por Alves anteriormente. Também incluímos alguns sintagmas com o plural plenamente marcado a título de exemplificação da variação existente nas gravações[9].

---

7. Essa monografia é o resultado de um dos muitos projetos de pesquisa similares levados a cabo em Portugal nos anos 1960 pelos estudantes do Prof. Lindley Cintra, da Universidade de Lisboa.

8. Joana Lopes Alves, uma pesquisadora apaixonada pela comunidade dos pescadores de Ericeira, teve a gentileza de se reunir conosco por duas vezes para falar de sua pesquisa e ouvir as fitas gravadas em 1982, autorizando-nos a utilizar seus dados inéditos em nosso trabalho. Outros dois pesquisadores que também nos ajudaram na audição de dados foram Maria Luísa Segura da Cruz e João Saramago. A eles novamente a nossa sincera gratidão.

9. Todos os casos relacionados neste texto são previstos como de concordância categórica plural, mesmo que seja com o sintagma predicativo. Independentemente disso, para uma análise sistêmica, interessam-nos todos os casos que apresentam alguma espécie de variação.

(4) *era* (3ª sing.) *duas, três sardinha*
éramos (1ª pl.) *três, quatro homis, né?*
eru (3ª pl.) *os pixeru logo*

(5) *são* (3ª pl.) *cinco camaradas*
É (3ª sing.) *duas partes pru dono e uma pa cada um da gente*[10].

Outro falante de Ericeira, uma mulher de 84 anos em 1982, produziu o seguinte enunciado, em que uma forma verbal singular de oposição saliente de terceira pessoa (*faltou/faltaram*) é usada com um sujeito composto plural:

(6) *mas, minha senhora, pescadas e linguado nunca lá faltô* (sing.) *a eles.*

Ouvimos também gravações de outras partes de Portugal que foram gentilmente cedidas pelos pesquisadores dos projetos *Atlas linguístico-etnográfico de Portugal e da Galiza* (ALEPG) e *Português fundamental*. Aqui encontramos novamente dados variáveis. Em (7), a seguir, listamos alguns exemplos do mesmo tipo que *os pixeru*, ou seja, sintagmas nominais plurais sem marca *-s* de plural nos elementos da segunda posição[11].

(7) a. falante do Distrito da Guarda (Nave de Haver), norte de Portugal:
nabiças pequena
os vivo
b. falante de Alenquer, perto de Lisboa:
três ou quatro mil quilo
c. falante de Pavia, Centro-Sul de Portugal:
umas pouca
uns limõe

10. Segundo Barme (2000: 10), casos desse tipo já são registrados pela tradição gramatical, por que se trata de *sujeito composto*. Relembramos que, para os compostos, a tradição diz que pode haver concordância com o sintagma mais próximo, singular ou plural, ou com ambos os sintagmas, sempre plural (Cunha & Cintra, 1985: 497-498). Então, neste caso, a concordância esperada seria plural. Salientamos ainda que, para se ter uma visão de conjunto dos fenômenos de concordância, devem ser analisados todos os casos envolvidos no processo, variáveis ou invariáveis, previstos ou não previstos. Barme levanta também a hipótese de que esses casos apresentam variação porque são de ordem VS e de verbos inacusativos. Em recente trabalho de Scherre, Naro & Cardoso (2005), verificou-se todavia que, para o português brasileiro, importa mais a posição e a animacidade do que a inacusatividade, embora posição e animacidade sejam aspectos que também envolvem a inacusatividade. Ver também Monguillhot (2001), Monguilhot & Coelho (2002), Souza (2005) e Cardoso (2005).

11. Ver comentários sobre a forma *uns limõe* a seguir.

Um exame da literatura sobre dialetos portugueses revela outros casos de formas sem concordância por todo o país. Em Odeleite, no sul de Portugal, encontramos <<... *condo morria* (3ª sg.) *pessoas de família chigada* ...>> (Cruz, 1991: 159); na Azoia, perto de Sintra, "as borricêras que viero (3ª pl.) onte é que fez (3ª sg.) isto" (Marques, 1968: 61).

Além do uso de sintagmas nominais plurais parcialmente não marcados, é interessante observar que Mira Mateus registrou a forma *só tem as raízes enterrado* (masc. sing.) *na carne* em sua dissertação de mestrado de 1954 inédita (Mira, 1954: 149-150). Neste exemplo, o adjetivo *enterrado* não concorda nem em gênero nem em número com seu núcleo *raízes*[12]. Ela cita também a oração *os nossos agasalhos é* (3ª sg.) *estes*, em que o verbo não concorda com o sujeito. Em verdade, Mira Mateus afirma que "são frequentes na LP [língua popular] as faltas de concordância, consideradas erros do ponto de vista gramatical". Julgamos que o uso do termo "frequente" nos comentários de Mira Mateus (paralelo a Alves, citada antes) é realmente impressionante, tendo em vista que os colegas que encontramos em nossa viagem a Portugal, em comunicações pessoais, foram muito veementes em rejeitar a possibilidade do uso de formas sem concordância em Portugal sob quaisquer circunstâncias.

Como mencionado acima, a variação na concordância no Brasil tem tanto um componente morfológico como um fonológico. Encontramos evidência para a mesma característica em Portugal. Por um lado, formas tais como *faltou* em vez de *faltaram*, como em (6), ou *é* em vez de *são*, em (5), podem somente ser vistas como substituição no nível morfológico. Por outro lado, na forma *uns limõe*, em (7), a terminação singular *-ão* produziu a terminação plural *-ões*, mas sem o *-s* final.

Temos a impressão de que a concordância variável pode ser encontrada em todo o território de Portugal, tanto entre o verbo e o sujeito quanto dentro do sintagma nominal. Não são claras as razões para a falta de referências a esse fenômeno na literatura e para as intuições de nossos colegas portugueses negarem a sua existência. As formas sem concordância são estatisticamente raras, mas

12. Trata-se de um elemento nominal não nuclear à direita do núcleo do SN (ver tabela 3 do capítulo 1).

não encontramos dificuldade em localizar um número razoável delas em apenas alguns dias de audição de fitas gravadas (na companhia de alguns pesquisadores que antes negavam a sua existência). É claro que muito trabalho está por ser feito, a fim de determinar as dimensões geográficas e estruturais da variação atualmente em Portugal, mas sua existência não pode mais ser negada. A variação na concordância não é um fenômeno exclusivamente brasileiro na gramática sincrônica do português moderno.

4. DOCUMENTAÇÃO HISTÓRICA DA CONCORDÂNCIA VARIÁVEL NO PORTUGUÊS EUROPEU

Textos de estágios antigos do português, particularmente aqueles do período anterior ao estabelecimento das normas gramaticais durante o estágio clássico do século XVI, também apresentam ocasionalmente falta de concordância (Mattos e Silva, 1991). Essas ocorrências são normalmente vistas como erros dos escribas ou de impressão pelos pesquisadores modernos, que, quase sem exceção, ao editar os textos para publicação, consideram como seu dever mudar as ocorrências originais de formas verbais singulares para formas plurais em contextos plurais, como prescrevem as normas clássica e moderna.

Em um estudo de oito textos pré-clássicos (Boosco Deleytoso, 1515; Aluarez, 1540; Cintra, 1954; Ferreira, 1980; Lopes, 1968; Magne, 1955; Mattos e Silva, 1971; Mira Mateus, 1970), encontramos mais de 200 ocorrências de formas verbais de terceira pessoa singular em ambientes em que a norma exigiria obrigatoriamente formas plurais de terceira pessoa. A proporção de dados sem concordância varia um pouco de texto para texto, mas normalmente é menos do que 1%. Na versão portuguesa da *Demanda do Santo Graal*, por exemplo, há cerca de 20 dados sem concordância e 4.700 dados com concordância, de tal forma que a falta de concordância neste texto é de aproximadamente 0,4%.

Em (8) a (11) abaixo, apresentamos quatro exemplos extraídos de textos portugueses antigos. Os dois primeiros são de tipos frequentes em nossas fontes diacrônicas; os dois últimos são mais raros:

(8) *mas DAVA* (3ª sg.) *lhe gram torva as portas çarradas* (Mira Mateus, 1970: 244, cxxxix)

(9) *a todos aqueles que se fazem* (3ª pl.) *afora da carreira do pecado e TORNA* (3ª sg.) *a dereita carreira* (Magne, 1955:xxi, 160, 223)

(10) *Entom os parentes OUVE* (3ª sg.) *conselho e confessaron* (3ª pl.) (Mattos e Silva, 1971, 35)

(11) *aqueles que, da gente d'Alexandria, REINOU* (3ª sg.) *no Egipto* (Mira Mateus, 1970: 554).

A forma verbal *dava* em (8) necessitaria apenas da adição de uma nasal final para se tornar formalmente plural. Ela ocorre com um sujeito posposto inanimado. Igualmente, a forma *torna* em (9) apresenta apenas a falta da nasal final, mas com um sujeito anteposto separado do verbo por muitas sílabas de material interveniente. Em ambos os casos, essas circunstâncias estruturais favorecem muito a falta de marca de plural no português moderno do Brasil. Em (10), entretanto, temos uma forma verbal *houve* que é muito diferente de sua forma verbal *houveram*. Ela ocorre com sujeito humano diretamente anteposto. Finalmente, em (11), encontramos outra forma verbal *reinou*, que é completamente diferente da forma verbal plural correspondente *reinaram*, mas com um sujeito humano distante. No Brasil moderno, estes dois últimos contextos não favorecem a falta de concordância, embora ela seja possível. Essas formas são também raras nos textos antigos.

A impressão geral que temos, ao analisar os 235 dados de falta de concordância que coletamos em textos do português medieval, é que eles poderiam ser usados naturalmente hoje mais ou menos nas mesmas proporções relativas, pelo menos no Brasil, desde que o vocabulário fosse modernizado. Para testar essa intuição de forma mais rigorosa, codificamos cada um dos casos sem concordância de acordo com as categorias que sabemos serem estatisticamente válidas hoje no Brasil. Tomamos uma amostra aleatória contendo 639 dados de concordância plural nos mesmos textos e submetemos o conjunto de dados obtidos desta forma ao programa de regra variável Goldvarb — a versão Varbrul para MacIntosh (Pintzuk, 1988; Sankoff, 1988; Rand & Sankoff, 1990). Naturalmente, os resultados das frequências brutas em termos de percentagem de uso do plural superestimam totalmente a frequência de uso da falta de concordância, mas os pesos relativos calculados (com exceção do *input*) são corretos e não mudariam significativamente com o aumento de mais dados plurais com concordância (sobre o tratamento estatístico das variantes raras, ver Sankoff, 1988). Dada essa situação, nas tabelas para os dados dos textos medievais, explicitaremos apenas o número de dados sem concordância encontrados, com os pesos relativos correspondentes.

Um efeito que vimos ser estatisticamente significativo nos dados escritos medievais é bem conhecido na literatura publicada sobre o português falado do Brasil: saliência fônica da oposição singular/plural. No Brasil, o uso mais frequente de formas singulares em contextos plurais ocorre quando esta oposição é realizada por uma diferença menos perceptível na oposição singular/plural (*dava/davam; torna/tornam*). Esta observação básica levou ao estabelecimento de uma análise detalhada da hierarquia da saliência, contendo seis graus, ou níveis, de oposição fônica entre as formas singulares e plurais dos verbos. A versão detalhada da hierarquia da saliência tem se mostrado pertinente na fala de falantes escolarizados e analfabetos do Rio de Janeiro, bem como na de falantes de muitas outras localidades brasileiras. Todavia, a dimensão mais forte dessa hierarquia — acento da desinência — pode ser considerada para reduzi-la a dois níveis apenas (Naro, 1981a: 74): "O primeiro nível contém pares em que os segmentos fonéticos que realizam a oposição são não acentuados em ambos os membros" (oposição menos saliente: *come/comem; ganha/ganham; falava/falavam; faz/fazem*); "o segundo nível contém pares em que estes segmentos são acentuados em pelo menos um dos membros da oposição" (oposição mais saliente: *dá/dão; comeu/comeram; ganhou/ganharam; é/são; disse/disseram*).

A tabela 1 apresenta nossos resultados para os textos portugueses antigos. Nela, a coluna com o rótulo N indica o número de ocorrências de formas sem concordância que encontramos para cada grupo de fatores ou variável independente; a coluna de 'peso relativo' indica os pesos relativos calculados e escolhidos como estatisticamente significativos pelo Varbrul/Goldvarb.

CATEGORIA	N	PESO RELATIVO
- saliente	204	0,33
+ saliente	31	0,75

Tabela 1. Taxa de concordância verbo/sujeito em função da saliência da oposição singular/plural em oito textos portugueses medievais.

Para efeito de comparação, apresentamos na tabela 2 resultados correspondentes para a fala atual de falantes analfabetos e alfabetizados do Rio de Janeiro.

CATEGORIA	FALANTES ANALFABETOS		FALANTES ALFABETIZADOS	
	FREQUÊNCIA DE PLURAL	PESO RELATIVO	FREQUÊNCIA DE PLURAL	PESO RELATIVO
- saliente	972/3.568=27%	0,22	1.549/2.496=62%	0,32
+ saliente	2.030/2.742=74%	0,78	1.820/2.136=85%	0,71

Tabela 2. Taxa de concordância verbo/sujeito em função da saliência da oposição singular/plural para falantes analfabetos (Naro, 1981a) e alfabetizados (Naro & Scherre, 1996.

Os resultados nas tabelas 1 e 2 demonstram que, em textos portugueses antigos, a marca de plural era menos frequentemente usada com formas verbais menos salientes, exatamente como no português moderno do Brasil. Embora as frequências possam variar amplamente nos três casos, os pesos relativos são essencialmente os mesmos e mostram que os fatores que controlavam a variação no português medieval são os mesmos que controlam a variação no Brasil de hoje.

Outro grupo de fatores que é familiar é a posição do sujeito com relação ao verbo, com uso mais frequente das formas verbais singulares em contextos de sujeitos plurais quando os sujeitos estão distantes ou pospostos ao verbo. Codificamos os seguintes fatores para distância de sujeitos antepostos:

1) zero a duas sílabas de material fônico interveniente;
2) três a dez sílabas;
3) mais do que dez sílabas.

Nossos resultados para esta variável são apresentados na tabela 3:

CATEGORIA	N	PESO RELATIVO
0-2 sílabas	27	0,71
3-10 sílabas	33	0,46
>10 sílabas	10	0,19
posposto	42	0,43
zero[13]	123	0,36

Tabela 3. Taxa de concordância verbo/sujeito em função da posição do sujeito em relação ao verbo em oito textos portugueses medievais.

13 . As categorias 'zero' nessas tabelas não são comparáveis porque foram codificadas de forma diferente. Para discussão dos problemas envolvidos ver Scherre & Naro (1991: 25-27).

Na tabela 4, apresentamos os resultados correspondentes para a posição do sujeito na língua falada do Brasil atual. Infelizmente, no caso dessa variável, o *continuum* da distância entre o sujeito e o verbo tem sido categorizado de forma ligeiramente diferente em cada projeto de pesquisa, mas a semelhança do funcionamento da distância é mesmo notável.

CATEGORIA	FREQUÊNCIA DE PLURAL	PESO RELATIVO
FALANTES ANALFABETOS		
0-5 sil	1.802 / 3.680 = 49%	0,71
>5 sil	84/ 254 = 33%	0,41
posposto	59/ 252 = 23%	0,24
zero	1.057/2.124 = 50%	0,65
FALANTES ALFABETIZADOS		
0 sil	1.529/1.857 = 82%	0,61
1-5 sil	778/1.064 = 73%	0,54
>5 sil	61/ 97 = 63%	0,40
posposto	50/ 194 = 26%	0,08
zero distante	220/ 255 = 86%	0,67
zero próximo	731/1.166 = 63%	0,36

Tabela 4. Taxa de concordância verbo/sujeito em função da posição do sujeito em relação ao verbo para falantes analfabetos (Naro, 1981a) e alfabetizados (Naro & Scherre, 1996)

Nos três casos apresentados nas tabelas 3 e 4, é nítido que há menos uso de formas com concordância à medida que o sujeito fica mais distante do verbo ou a ele se pospõe. Todavia, o efeito da categoria posposta não é tão forte nos textos antigos quanto na língua falada moderna, um efeito já observado por Mattos e Silva (1991: 71) para outro tipo de construção.

Outras variáveis igualmente pertinentes tanto para o português antigo quanto para o moderno são menos familiares porque sua importância no português do Brasil foi descoberta recentemente (Scherre & Naro, 1996; 1998). Uma categoria desse tipo é o traço 'humano' do sujeito, com mais uso de marcas de plural para sujeitos plurais humanos. Os resultados dos textos medievais podem ser vistos na tabela 5.

CATEGORIA	N	PESO RELATIVO
humano	148	0,58
não humano	87	0,27

Tabela 5. Taxa de concordância verbo/sujeito em função do traço 'humano' do sujeito em oito textos portugueses medievais.

A tabela 6 exibe os resultados correspondentes para falantes escolarizados do Rio de Janeiro[14].

CATEGORIA	N	PESO RELATIVO
humano	3.017/3.981 = 76%	0,53
não humano	264/ 505 = 52%	0,29

Tabela 6. Taxa de concordância verbo/sujeito em função do traço 'humano' do sujeito para falantes alfabetizados do Rio de Janeiro (Scherre & Naro, 1997).

As tabelas 5 e 6 mostram que nos textos portugueses medievais, exatamente como na língua moderna falada no Brasil, sujeitos humanos plurais são mais prováveis de provocar marca de concordância plural explícita do que sujeitos não humanos[15].

É importante observar que ainda não pudemos testar, nas duas centenas de dados que encontramos nos documentos medievais portugueses, todas as variáveis independentes conhecidas como pertinentes para o português moderno falado do Brasil. Por exemplo, nesses textos simplesmente não encontramos dados suficientes de cadeias tópicas que nos permitissem testar os efeitos do processamento paralelo que são fortes no português do Brasil, no sentido de que, nos casos de concordância plural, formas explicitamente marcadas normalmente conduzem a formas explicitamente marcadas, e formas não explicitamente marcadas conduzem a formas não explicitamente marcadas (Scherre & Naro, 1991; Scherre, 1998). Nesses textos, encontramos poucas cadeias tópicas — a maioria contendo somente duas cláusulas — e nelas há mais verbos plurais não explicitamente marcados ocorrendo como segundo de uma cadeia [ver exemplo (9)] do que verbos plurais não explici-

14. A relevância desta variável não foi percebida na época da pesquisa com os falantes analfabetos.

15. Em trabalho sobre a concordância verbal, com dados da primeira fase do português arcaico, Souza (2005), orientado pela professora Rosa Virgínia de Mattos e Silva, encontrou efeitos similares aos encontrados em nossa pesquisa.

tamente marcados iniciando uma cadeia [ver exemplo (10)], repetidos abaixo como (12a) e (12b):

(12a) *a todos aqueles que se fazem* (3ª pl.) *afora da carreira do pecado e TORNA* (3ª sg.) *a dereita carreira* (Magne, 1955:xxi, 160, 223)

(12b) *Entom os parentes OUVE* (3ª sg.) *conselho e confessaron* (3ª pl.) (Mattos e Silva, 1971, 35)

Outro efeito que não pudemos verificar nos textos antigos é a tendência de o *que* relativo influenciar a diminuição de marcas quando ele se coloca entre o sujeito explícito na oração principal e o verbo dependente, como em (9), repetida apenas a parte relevante, em (12c) com *que* relativo e o verbo dependente em caixa alta:

(12c) *a todos aqueles QUE se FAZEM* (3ª pl.) *afora da carreira do pecado*

Embora esse efeito pareça existir nos dados medievais, tanto em termos de número de dados quanto de pesos relativos, não se obteve significância estatística no nível de 0,05 com os dados disponíveis até o presente momento.

Há alguns efeitos nos dados do português medieval que parecem mais fortes do que nos dados do Brasil, tais como a tendência para as formas do verbo *ser* concordar mais com o predicativo do que com o sujeito. Um exemplo é:

(13) *e as demais das ervas destas mõtanhas e ribeiras HE mangericão* (Aluarez: fl.4b, c.7)

Finalmente, há áreas onde possíveis diferenças entre as variedades moderna e medieval ainda estão por ser testadas. Nos textos antigos, verbos com complementos oracionais e verbos intransitivos raramente apresentam falta de marcas explícitas de plural em ambientes apropriados. Há também um efeito significativo que favorece verbos marcados com objetos plurais, desde que o sujeito seja plural. Não sabemos se esses efeitos são válidos no Brasil porque ainda não os estudamos. De qualquer forma, devemos relembrar que tanto em Portugal quanto no Brasil atual as respectivas línguas faladas e escritas são bastante diferentes entre si. Se encontramos diferenças entre as duas variedades aqui estudadas, devemos ter em mente que estamos tratando de registros distintos bem como de locais diferentes no tempo e espaço.

5. IMPLICAÇÕES

Voltando a nosso ponto de partida, a visão da concordância variável no Brasil como sendo um fenômeno radicalmente não europeu é refutada pelos resultados aqui apresentados, os quais mostram que a concordância variável tanto no português europeu falado hoje quanto no português europeu medieval escrito exibe as mesmas características estruturais fundamentais encontradas no português moderno falado no Brasil. As diferenças são uma questão de grau, não de tipo. O quadro diacrônico geral é a preservação do efeito hierárquico dos fatores condicionantes, acompanhado no Brasil de um aumento do nível da média global de uso da variante não explicitamente marcada no verbo, em contexto de sujeito plural. Nenhuma reestruturação radical, ou mesmo leve, ocorreu no Brasil, uma vez que as estruturas usadas não mudaram. A mudança foi basicamente na frequência global de uso dos tipos disponíveis.

Em termos de frequência global, essa situação é o inverso da que foi encontrada por Oliveira e Silva (1982) para o desenvolvimento histórico do uso do artigo diante de possessivos em sintagmas do tipo o *meu filho Artur*. Do século XV ao XX, o uso do artigo nesse contexto aumentou continuamente na língua escrita de Portugal, começando com cerca de 10% e chegando a aproximadamente 95% nos dias de hoje. Durante todo o curso dessa evolução, os fatores condicionantes não mudaram em Portugal, permanecendo os mesmos que ainda são válidos hoje no Brasil. Entretanto, no Brasil, o nível geral de uso do artigo diante de possessivos permaneceu essencialmente estável, resultando que, nesse ambiente, os artigos são menos usados agora no Brasil do que em Portugal.

Tendo em vista que a evolução do português no Brasil é frequentemente comparada à crioulização, tanto na abordagem clássica quanto na atenuada, mencionadas no início deste capítulo, buscamos identificar uma situação de crioulização clara, fora do Brasil, que pudesse ser considerada semelhante à do Brasil. Em relação a esse aspecto, a dinâmica da nativização da língua portuguesa no Brasil produziu evidentemente o mesmo tipo de resultado que a nativização do Tok Pisin na Nova Guiné, embora as duas situações sejam de fato de natureza amplamente diferente e, em particular, não compartilhem as mesmas circunstâncias de pré-nativização. Como já tivemos ocasião de observar, Sankoff (1980) mostrou que, na Nova Guiné, a nativização do *pidgin* por uma nova geração de crianças, nascidas em famílias em que os pais não falavam o Tok Pisin como língua nativa, não causou nenhuma reestruturação ou quaisquer outras mudanças radicais na gramática das crianças em relação à de seus pais. Pelo contrário, a nova geração de falantes nativos evidenciou "levar adiante tendências que já estavam presentes na língua" (Sankoff & Laberge, 1980: 208). Conforme a terminologia tradicional, os adultos seriam classificados como falantes "pidgins" e seus filhos como falantes "crioulos". Durante a época da pesquisa de Sankoff, a "crioulização", i.e., a nativização do *pidgin* estava em curso.

No sentido de "levar adiante tendências que já estavam presentes" — e somente neste sentido —, vemos um paralelo entre a evolução do português no Brasil e o processo de crioulização na Nova Guiné. De qualquer modo, a história não registra a existência no Brasil de qualquer forma do português, crioulizada ou não, associada exclusivamente a falantes de origem africana ou a falantes de qualquer outra origem étnica. Mesmo sendo verdade que há comunidades rurais isoladas de pessoas negras no estado da Bahia que usam pouca concordância em sua fala (Baxter & Lucchesi, 1993; 1997), a tendência em direção ao uso não frequente de concordância pode ser encontrada em todas as áreas rurais brasileiras (Amaral, 1920; Veado, 1982), de norte a sul, independentemente de serem de predominância europeia, africana, asiática, ameríndia, ou miscigenada na origem e independentemente de terem recebido, ou não, populações significativas de escravos. Além disso, há comunidades rurais isoladas de pessoas brancas na Bahia, como em Mato Grosso (município de Rio de Contas), que apresentam o mesmo tipo de estrutura tipicamente associada à crioulização: uso variável de todos os tipos de concordância, incluindo a de gênero; uso de um segundo *não* no final de uma sentença negativa (dupla negação)[16]; redução do paradigma verbal, ocorrência da chamada preposição polivalente *ni*, entre outros casos (ver Callou, 1998)[17].

16. Esse fenômeno é conhecido como "dupla negação", ainda que existam outras construções de dupla negação nas línguas padrão, tanto do Brasil como de Portugal.

17. Callou (1998) [cf. também Isensee, 1964]), seguindo os passos de Harris (1956), enfatiza a natureza isolada da comunidade branca de Mato Grosso. Naturalmente, existem também comunidades de negros e mestiços na área, mas a mais próxima fica em um vale 1.500m abaixo da área montanhosa onde vive esta comunidade. Toda a documentação histórica encontrada até agora indica que as duas comunidades tiveram muito pouco contato ao longo dos séculos. Em particular, nenhuma comunidade prestou serviços para a outra.

O uso do termo 'crioulização' no Brasil é um equívoco, uma vez que não é possível haver associação do processo com qualquer grupo de substrato particular que pudesse ter influenciado de forma consistente a língua que estava em processo de evolução. Além do mais, não há evidência que indique a existência de um *pidgin* prévio de base portuguesa que pudesse ter contribuído com particularidades estruturais. O termo *nativização*, no sentido aqui usado, i.e., para significar "passagem de uma língua não nativa a língua nativa de uma comunidade de fala" (parágrafo 2), descreve de forma acurada o que realmente aconteceu no Brasil. Dados esses fatos, rejeitamos explicitamente a posição de que o português popular do Brasil é um semicrioulo, tem uma história crioula, ou tem a ele subjacente uma leve crioulização (Silva Neto, 1986; Câmara Jr., 1975; Jeroslow, 1975; Guy, 1989; Holm, 1992; Baxter & Lucchesi, 1993; Ferreira, 1994).

Queremos reenfatizar que, no caso do Brasil, todos os traços estruturais condicionantes da variação da concordância, presentes no atual estágio do processo histórico de evolução, já estavam presentes no seu início. A mudança básica foi na tendência geral da frequência de uso das formas sem concordância. Em termos mais técnicos, as restrições variáveis que governam o uso da concordância não mudaram com o passar do tempo; somente mudou o peso do *input*. Nesse aspecto, o processo é qualitativamente idêntico a uma mudança linguística natural (Kroch, 1989).

Vale a pena mencionar que, além da concordância variável, muitas outras supostas peculiaridades do português do Brasil podem ser facilmente localizadas em Portugal, especialmente nas variedades dialetais documentadas em estudos de geografia linguística. Isto é verdade, em particular, no que diz respeito ao uso de pronomes pessoais do caso reto no lugar de objeto direto (*ele* ao invés de *o*; [Alves, 1993: 180; 189]); ao uso de pronomes oblíquos como nominativos (*mim* em lugar de *eu* na função de sujeito [Cruz, 1991: 153]); ao uso da terceira pessoa reflexiva *se* como pronome reflexivo universal, em detrimento das formas reflexivas de primeira e segunda pessoa [Marques, 1968: 56]); ao uso de *ter* como existencial [Marques, 1968: 58]; ao amplo uso de formas verbais perifrásticas tais como o tempo futuro com o verbo *ir* [Cruz, 1991: 168, Marques, 1968: 58]; à redução generalizada de tempos e modos verbais [Alves, 1993: 183, 190]; à ampla frequência de uso de coordenação e justaposição, com menos uso de subordinações, na sintaxe [Mira, 1954: 144-145, Delgado, 1970:158]; ao uso frequente de expletivos e outros processos de ênfase [Mira, 1954: 165-170, Marques, 1968: 58]; à preferência pelo uso de formas preposicionais relacionadas ao *in* latino e outras mudanças no uso de preposições [Marques, 1968: 60, Cruz, 1991: 176-177]. Ainda não conseguimos identificar nenhuma característica do português do Brasil que não tenha um ancestral claro em Portugal.

Nos dados escritos medievais analisados neste capítulo, formas sem concordância constituem apenas cerca de 1% de todos os casos atestados. Infelizmente não há qualquer maneira de determinar qual teria sido, naquela época, o percentual correspondente na língua falada. De qualquer forma, quando a variação global é muito pequena, pode parecer razoável postular, do ponto de vista de certas perspectivas teóricas, que o mecanismo gramatical de concordância tem caráter categórico e que os dados sem concordância ocorrem por interferências do desempenho na competência. Os traços que controlam a variação de uso da concordância — saliência fônica, distância entre sujeito e verbo e o traço "humano" do sujeito[18] — são definidos de maneira a serem universalmente aplicáveis e independentemente de qualquer característica estrutural particular da língua portuguesa. Por esta razão, o postulado de que há um mecanismo de desempenho que interfere na competência pode talvez ser universal. No entanto, levanta-se um problema quando o percentual atinge níveis superiores a 50%, como em muitas variedades do português brasileiro moderno. Há, nesse caso, algum ganho significativo de compreensão ao se afirmar que a variação é uma questão de desempenho e não de competência? Se há, em qual nível percentual global ocorre a mudança do desempenho para a competência? Tendo em vista o atual estado da arte da teoria linguística, vemos pouco conteúdo empírico nessas ideias, mas, se elas forem adotadas, não se pode deixar de reconhecer que o desempenho, da mesma forma que a competência, é regular e regido por regras.

18. Estes traços são todos interpretados como dimensões de saliência (ver Naro & Scherre, 1999a).

6. CONCLUSÃO

No início deste trabalho, mencionamos duas correntes de pensamento, aparentemente em conflito, quanto à natureza e às origens do português não padrão do Brasil — origem exclusivamente europeia, de um lado, e pidginização/crioulização devida à presença de falantes de línguas africanas ou de outras línguas não europeias, de outro. O quadro geral traçado por nós é mais condizente com o ponto de vista que se baseia na origem europeia, mas também se apoia no efeito catalisador da nativização apontado por Sankoff. Nossa conclusão é que o português moderno do Brasil é o resultado natural da deriva secular inerente na língua trazida de Portugal, indubitavelmente exagerada no Brasil pela exuberância do contato de adultos, falantes de línguas das mais diversas origens, e pela nativização desta língua pelas comunidades formadas por estes falantes. Nossa proposta assim se resume: CONFLUÊNCIA DE MOTIVAÇÕES, com umas mais fortes no início do processo histórico e outras mais relevantes em estágios históricos seguintes.

CAPÍTULO 3

GARIMPANDO AS ORIGENS DO PORTUGUÊS BRASILEIRO: SOBRE TRÊS ESTRUTURAS LINGUÍSTICAS RADICAIS[1]

Maria Marta Pereira Scherre
Anthony Julius Naro

1. INTRODUÇÃO

Já é de amplo conhecimento que, desde o final do século XIX, levanta-se a hipótese de que o português brasileiro não padrão apresenta traços indicadores de uma história crioula (Coelho, 1976: 43-44). Esta hipótese baseia-se em uma série de fatos, entre os quais se destacam:

1. Este capítulo é uma versão um pouco modificada do texto de nossa palestra *Garimpando as origens estruturais do português brasileiro*, proferida no Congresso Internacional — 500 anos de Língua Portuguesa no Brasil, Universidade de Évora, Évora, Portugal, de 8 a 13 de maio de 2000, e do texto publicado na *Papia*, 11, de 2001, pp. 41-50, intitulado "Sobre as origens estruturais do português brasileiro: crioulização ou mudança natural?"

1) as condições da colonização do Brasil, em que entraram em contato falantes adultos de línguas indígenas, africanas e europeias (entre estas últimas, o português, o espanhol, o francês, o holandês, o italiano e o inglês), sem nenhuma língua nativa em comum (Rodrigues, 2000: 2-3; Villata, 1998);

2) as diferenças estruturais entre o português brasileiro e o português europeu, realçadas pela ampla variação na concordância verbal e nominal, especialmente a nominal de número (Coelho, 1967: 43-44), aqui exemplificada em (A), (B), e (C), com dados extraídos do *Corpus Censo*, do Programa de Estudos do Uso da Língua — PEUL (Silva & Scherre, 1996):

(A) Concordância verbo/sujeito
... os pombos BEBEM água... (variante explícita de plural)
...eles BEBEØ, FICAØ cantando... (variante zero de plural)

(B) Concordância entre os elementos do sintagma nominal
... essaS coisaS todaS (variantes explícitas de plural)
... aS portaØ abertaØ [variante explícita e variante(s) zero de plural]

(C) Concordância nos predicativos e particípios passivos
... os meus filhos foram AMAMENTADOS ... (variante explícita de plural)
... os meus filhos foram ALFABETIZADOØ ... (variante zero de plural)

Como já se sabe, esses processos variáveis são regidos por restrições linguísticas, entre as quais se destacam a posição relativa e linear, a saliência fônica, o paralelismo linguístico, a animacidade do sujeito, a presença/ausência de *que* relativo e a presença/ausência de pausa entre sujeito/verbo[2].

As condições sociais aparentemente propícias ao surgimento de línguas crioulas e as diferenças estruturais realçadas pela ampla variação na concordância de número, mais intensamente nas áreas rurais e na fala das pessoas com menos escolarização, parecem irrefutáveis, mas, tendo em vista a exis-

2. Em Scherre (2005: 31-35) e em Scherre & Naro (2006) apresentamos uma lista detalhada dos estudos sobre a concordância nominal e verbal no português brasileiro. Neste livro, só fizemos referências a trabalhos que discutem mais diretamente o tema por nós abordado.

tência de línguas gerais de base indígena, de uso amplo à época colonial, outra condição fundamental para o surgimento de línguas crioulas já estava em parte resolvida: havia um meio comum de comunicação entre os membros da comunidade que se formava.

Mesmo assim, as ORIGENS das diferenças estruturais têm suscitado intensa polêmica. Esse é precisamente o foco de nossa discussão. Em particular, voltamos nossa atenção para a continuidade da identificação, no português europeu não padrão, de traços linguísticos estigmatizados, considerados peculiares ao português brasileiro e associados a supostos processos de crioulização na literatura pertinente (Silva Neto, 1986; Câmara Jr., 1975; Ferreira, 1994; Jeroslow, 1975; Holm, 1992; Guy, 1989; Baxter & Lucchesi, 1997; Baxter, 1998; Mello, 1997). A nosso ver, uma série de fatos refutam a hipótese da crioulização (cf., particularmente, Tarallo, 1993a; Naro & Scherre, 1993; 2000a). Há evidências contundentes da pesquisa sociolinguística laboviana com base em dados do português brasileiro falado por amplas comunidades urbanas e rurais espalhadas por todo o território nacional; da pesquisa quantitativa do português arcaico; da pesquisa sociolinguística e dialetológica de comunidades brasileiras isoladas, de origem africana e de origem europeia; e da pesquisa dialetológica portuguesa europeia.

Neste capítulo, vamos voltar nossa atenção para a apresentação de três estruturas linguísticas radicais, alegadas como prova inequívoca de crioulização no português brasileiro; para o registro de outros nove aspectos estruturais considerados como específicos do português brasileiro; e para considerações de aspectos relevantes da concordância verbal de número.

2. SOBRE TRÊS ESTRUTURAS LINGUÍSTICAS RADICAIS

Nossa busca das origens estruturais do português brasileiro começa por focalizar três estruturas linguísticas radicais, identificadas na fala de uma comunidade isolada brasileira de origem africana, da vila de Helvécia, município de Mucuri, zona fisiográfica do extremo sul da Bahia (Ferreira, 1994: 21; Baxter & Lucchesi, 1997), e interpretadas como indícios claros de crioulização, a saber:

(a) ocorrência de sujeito pronominal de primeira pessoa do singular com verbo de terceira pessoa, do tipo io nasceu para 'eu nasci' ou io tirô para 'eu tirei' (Ferreira, 1994: 30);
(b) variação na concordância de gênero, do tipo *o meu sobrinha* (Baxter & Lucchesi, 1997: 78);
(c) supressão de preposição, do tipo *eu tenho direito distraí um pouco* ou *gosta mata virge* (Baxter & Lucchesi, 1997: 78).

Todavia, como se pode ver no quadro 1, esses três traços são encontrados também no português europeu moderno não padrão. Além do mais, a flutuação na concordância de gênero e a ausência do nexo preposicional também foram observadas por Isensee (1964: 49-50) e Callou (1998: 264-265) na fala de uma comunidade brasileira isolada, de origem europeia, localizada em Mato Grosso, distrito do município de Rio de Contas, igualmente no Estado da Bahia, de "ascendência portuguesa pura" (Callou, 1998: 262; 257-258)[3].

Em resumo, os dados do quadro 1 mostram semelhanças na linguagem de comunidades brasileiras isoladas de origem africana e de origem europeia e de comunidades portuguesas que falam português europeu não padrão, previamente analisadas como traços crioulizantes de origem africana, segundo Ferreira (1994) e Baxter & Lucchesi (1997).

DADOS DO PORTUGUÊS BRASILEIRO DE HELVÉCIA E DE RIO DE CONTAS	DADOS DO PORTUGUÊS EUROPEU NÃO-PADRÃO
[1] 1ª PESSOA COM FORMA VERBAL DE 3ª PESSOA	
"**io foi**", "**io teve**" e "**io tirô**" (Ferreira, 1994: 30)	"**Eu** onte **foi** à Malhada"; "**Eu** na quinta-feira **apanhou** 2 kilos de pólves" (Alves, 1993: 190) "**eu foi; eu pôs; eu pôde; eu teve**" (Mira,1954: 114)

3. Os exemplos do português brasileiro foram colhidos dos textos de Ferreira (1994), Baxter & Lucchesi (1997) e Callou (1998); os do português europeu, de textos da dialetologia portuguesa: Mira (1954), sobre a linguagem popular de Lisboa; Alves (1993), sobre o falar de Ericeira; Marques (1968), sobre o falar da Azoia; Saramaga Delgado (1970), sobre o falar de Baleizão; Cruz (1991), sobre o falar de Odeleite; Ratinho (1959), sobre o falar de Monte Gordo; Peixoto (1968), sobre o falar de Germil.

"io nõ sabi" (Ferreira, 1994: 30)	
	"ê [eu] agora na me **recorda**, na me **lembra**" (Marques, 1968: 57) "Ê[eu] também já nã me **lembra** (Cruz, 1991: 170)
[2] Concordância de gênero	
"**cabelo grossa**; **éla** é muito **saído**" (Ferreira, 1994: 29) "**ó meu sobrinho**; **uma duas arquerim** de terra" (Baxter & Lucchesi, 1997: 78) "**as coisa** muito **barato**; **esse** daqui **é a mulher** dele" (Callou, 1998: 265) "qualquer **uma coisa redondo**; conhece **esse uma** aqui"? (Isensee, 1964: 50).	
	"só tem **as raízes enterrado** na carne" (Mira, 1954: 150) "**A cedrera** é muito **bom** p'ra chás" (Ratinho, 1959: 240)
[3] Supressão de preposição	
"**Gosta mata** virge." "Meu amigo, eu num vô **dizê** o sinhô que não." "**Perguntei o** Pedro, ele disse..." (Baxter & Lucchesi, 1997: 78) "porque eu nunca **gostei nenhuma**" "mandava carta pra mãe mandando **dizer ela** assim" "não **trabalho garimpo**" "**viajando** só **o** dia" (Callou, 1998: 270)	
	"Nunca me **lembrê fazenda**" (Cruz, 1991: 177) "O Senhor Prior **vem** (a) **todos** os interros", (...) "trazentos scudos, foi (a) como **comprei** (no) **ano passado**". (Marques, 1968: 60)

Quadro 1. Três traços considerados crioulizantes no dialeto rural de Helvécia (os negritos e pequenas adaptações nos exemplos são nossos): dados de Helvécia, de Rio de Contas e do português europeu não padrão.

Com relação à oposição entre 1ª e 3ª pessoas verbais, é oportuno mencionar que, em verdade, a língua portuguesa codificada pelas gramáticas normativas — a língua padrão — está repleta de neutralizações entre primeiras e terceiras pessoas, não analisadas como falta de concordância. As neutralizações envolvem todos os verbos regulares no pretérito imperfeito (eu *amava*/ele *amava*), no pretérito mais-que-perfeito (eu *amara*/ele *amara*), todo o modo subjuntivo (que eu *ame*/que ele *ame*; que eu *amasse*/que ele *amasse*; quando eu *amar*/quando ele *amar*). Além do mais, em formas do pretérito perfeito de verbos como *trazer, caber, saber* (eu *trouxe*/ele *trouxe*; eu *coube*/ele *coube*; eu *soube*/ele *soube*), É A EXISTÊNCIA DE FORMAS COM OPOSIÇÃO QUE É ESTIGMATIZADA: *eu truxe/ele troxe* (para o português europeu, cf. Cruz, 1991: 125; Mira, 1954: 115); *eu sube/ele sobe* (para o português europeu, cf. Mira, 1954: 115); *eu cabi/ele cobe*.

Com relação ao gênero, destacamos que o fundamental para a discussão em pauta é que a flutuação de concordância de gênero (ou apenas sua explicitação, sem concordância) é um fenômeno comum a variedades não padrão do português, sejam elas brasileiras ou europeias, sejam elas de comunidades isoladas de origem africana e de origem europeia. Esses dados nos conduzem a novas reflexões. Será que a origem da flutuação da concordância de gênero pode mesmo ser atribuída a processos de crioulização? Será que tal fenômeno revela reestruturação linguística?

Ao falar sobre o tópico *artigos* no falar de Odeleite, Cruz (1991: 151) usa o exemplo *parece-(se) com* ***o mê irmã*** *que tá n'Angola*. Inicialmente, interpretamos esse dado como falta de concordância de gênero. Mas, segundo Baptista (1967: 91), no falar de Escusa, "em virtude da redução do ditongo tónico -<u>ão</u> a -<u>ã</u> (...), a forma <u>irmã</u> é única para o masculino e para o feminino. Apenas o artigo indica o género". Mesmo assim, consideramos oportuno observar que um dos exemplos de variação na concordância de gênero para o português brasileiro envolve uma estrutura com possessivo, mas acompanhado do item lexical *sobrinha*, em *o meu sobrinha* (Baxter & Lucchesi, 1997: 78). Coincidência ou não, ambos os exemplos se referem a grau de parentesco.

No Brasil, a variação da concordância de gênero, evidenciada por estruturas do tipo *cabelo grossa, o meu sobrinha*, tem sido considerada como mais característica da fala de Helvécia (Ferreira, 1994: 29; Baxter & Lucchesi, 1997: 78). Todavia, além dos registros de Callou (1998: 265) e Isensee (1964: 265) — *as coisa muito barato; umas coisa redondo*, Dettoni (2000; 2001 e 2005) evidencia fenômenos semelhantes em uma variedade do português falado na região da Baixada Cuiabana, em Mato Grosso, uma comunidade brasileira não isolada. Entre outros traços, essa variedade do português apresenta concordância variável de gênero, exibindo estruturas como *noite inteiro, cozinheira nosso, aquele argola bonito, uma perna meu, minha mãe era vivo* (Dettoni, 2003: 15). Dettoni (2003) não entra no debate da suposta crioulização. Apresenta uma análise minuciosa que permite entender os processos de variação e mudança, numa perspectiva do seu encaixamento linguístico e social. Focaliza em detalhes a questão do gênero na relação anafórica, com antecedentes femininos, em construções do tipo *MARIA é a palma da minha mão. Se ELE sai daqui quebra uma perna meu; Daí a senhora vem co AQUELE COISA, cua ELE, dá aquela farinha* (Dettoni, 2003: 15; 2005: 53).

Para os propósitos de nossa linha de raciocínio, o que nos chama mais a atenção nos diversos textos é a recorrência dos exemplos apresentados no plano sintagmático, com o elemento nominal à direita da construção (*umas coisa* ***redondo****; uma perna* ***meu****; cozinheira* ***nosso***) suscetível de apresentar ausência de concordância de gênero em frequência maior, um processo análogo ao que acontece com a concordância de número, como vimos no capítulo 1 deste livro, em que elementos mais à esquerda do substantivo favorecem a concordância de número e elementos mais à direita desfavorecem-na. Essa é a posição assumida por Dettoni (2003; 2005). A construção Det+Nome (*aqueles aranha*) é a que apresenta menos variação (Dettoni, 2005: 58; Lucchesi, 1999: 484). Além disso, todos os trabalhos mais antigos sobre a variação da concordância de gênero na fala brasileira apresentam dados com elementos à direita da construção sem concordância de gênero: *essas coisarada* ***bunito*** (Amaral, 1982: 70); *aquele coisa* ***estufado****/mãe* ***meu****/gente* ***novo*** (Rodrigues, 1974: 55); *a salada /de palmitu/ é* ***cru****...* (Careno, 1999: 512). O registro da variação de gênero no português europeu traz duas construções bastante típicas, exatamente com elementos na posição à direita da construção: *só tem as raízes* ***enterrado*** *na carne* (Mira, 1954: 150) e *A cedrera é muito* ***bom*** *p'ra chás* (Ratinho, 1959: 240), construções no mínimo instigantes.

Com relação à flutuação no uso de preposição, sabe-se que esse fenômeno é geral em toda a língua portuguesa, incluindo o português brasileiro padrão (*precisa-se empregados* vs. *precisa-se de empregados*), com motivações linguísticas regulares. É usual no português europeu escrito, em cadernos de classificados datados de julho de 2001, o uso de verbo *precisar* sem a preposição: *precisam-se massagistas* e *precisa-se profissionais* (Serra, 2002: 65). O trabalho brasileiro mais recente sobre esse fenômeno evidencia que os mesmos princípios regem tanto a mudança linguística como a aquisição do português como língua de contato no Alto Xingu (Gomes, 1999: 227).

3. OUTROS NOVE ASPECTOS ESTRUTURAIS CONSIDERADOS COMO ESPECÍFICOS DO PORTUGUÊS BRASILEIRO

Antes de dar continuidade às nossas reflexões que envolvem a concordância de número, listamos e exemplificamos no quadro 2, com dados do português europeu, nove características apresentadas na literatura pertinente como específicas do português brasileiro e como indícios de história crioula (cf. Guy, 1989; Baxter & Lucchesi 1977; Holm, 1992; Baxter, 1998). Como se pode ver pelos exemplos, as nove características também se encontram documentadas no português europeu não padrão moderno.

1. Uso do pronome do caso reto em função de objeto direto
"As 3as pessoas (singular e plural) apresentam as formas:
1° — *Ele, ela, eles, elas*, a par de: *o, a, os, as*, em frases como: (...) <<Bendi *eles* há munto ano>>. <<Mollómos *elas* todas>>. (Alves, 1993: 180; cf., também, p.189)

2. Uso do pronome oblíquo em função de sujeito:
"O pronome pessoal complemento é usado por vezes como função de sujeito":
<<... dá pra *mim* guardari>>. (Cruz, 1991: 153)

"'Mim' é empregado com sujeito em orações infinitivas, que no português padrão se constroem com 'eu'."
"Pra mim fazera" "Pra mim dizera". (Delgado, 1970: 162)

3. Uso de *se* para outras pessoas
"O pronome se aparece a substituir outros pronomes ou a reforçá-los, na primeira e segunda pessoa, talvez por ser usado com mais frequência: "vou s'imbora" (por "vou-me embora"), "vê ali uma coisa que s'intressa de comprar (por "que lhe interessa comprar"), "na s'intendimos" (por "não nos entendemos"), "confessava-m'ses" (por "confessávam-nos")". (Marques, 1968: 56)

4. Alternâncias de preposições, incluindo a preposição *em* no lugar das preposições *a* ou *de*
"Alguns casos de mudança de preposição **com preferência** pelo uso de in:
"aquilo chegou *na* (à) últema miséra. (...) "*tẽ* que cuidar im (de) mim" "se lá fosse in (a) casa ... (...) (Marques, 1968: 60)

5. Uso do verbo *ter* indicando posse e existência
"O verbo ter é usado por haver em frases como: "aqui no nosso sítio tem muntos rapazes...", "tem muntas cachopas que não prestam". "(Marques, 1968: 58)

"tinha muita casa velha." (Marques, 1968: 51)

6. Uso não frequente de formas perifrásticas
".... A conjugação perifrástica é muito frequentemente empregada no falar de Odeleite. Forma-se:
(...) com *ir* e o Infinitivo regido ou não da preposição *a*: (...)
<<Esta cana ago(ra) que vô rachar é prà paredi...>> ...(Cruz, 1991: 168)

"... O futuro e o condicional simples são evitados quase sempre e substituídos pela forma perifrástica ou pelo presente do indicativo: "amanhã tou ou devo tar in Cascais", "amanhã vamos a Sintra". (Marques, 1968: 58)

"... A forma perifrástica é de uso muito frequente e substitui os tempos menos vulgares e mais complexos". (Peixoto, 1968: 145)

7. Redução ampla de modos e tempos verbais
"... O modo conjuntivo ouvi-o muito raramente: *seja* (no presente); *dezer* (no futuro) <<S'eu *dezer* isso>>". (Alves, 1993: 183)
"... O infinitivo pessoal é empregue pelo conjuntivo presente: <<Os rapazes são uns impostores e uns belhacos; nõ se fiar neles>>. (Alves, 1993: 190)

8. Uso frequente de coordenação e justaposição, com pouco uso de subordinação (Mira, 1954: 144-145; Delgado, 1970: 158).

9. Uso frequente de formas expletivas e outros processos de ênfase (Mira, 1954: 165-170; Marques, 1968: 52; Delgado, 1970: 183; Ratinho, 1959: 199; Peixoto, 1968: 204; Cruz, 1991: 184).

Quadro 2. Outros traços linguísticos do português europeu não padrão relevantes para refutar a hipótese da gênese crioula do português brasileiro.

4. SOBRE A CONCORDÂNCIA VARIÁVEL NO PORTUGUÊS EUROPEU NÃO PADRÃO

Voltando ao início da pesquisa variacionista no Brasil, nas décadas de 1970 e 1980, vamos encontrar a hipótese de Naro (1981) de que a variação na concordância de número no português brasileiro indica um processo lento de mudança linguística, caminhando em direção a um sistema sem marcas, acompanhado de um possível contrafluxo na direção de aumento de uso de marcas em certos indivíduos. Naro (1981) localiza as origens do processo de perda de marcas nos ambientes de menor saliência, especialmente nos de menor saliência fônica, em que a diferença morfológica da oposição singular/plural átona pode ser marcada apenas pela nasalização da desinência vocálica, no caso da concordância verbal (*sabe/sabem*; *vende/vendem*). Considera que a origem dessa mudança se localiza no componente fonológico, tendo em vista que os processos de desnasalização da vogal átona final envolvem também nomes (*garagem/garage*) e constituem uma deriva europeia secular. Naro (1981: 93) afirma também que este fenômeno "mais tarde se generalizou para outros ambientes", isto é, atingiu as oposições morfológicas, as mais salientes, tais como *comeu/comeram*, *é/são*, envolvendo toda a oposição desinencial.

Em verdade, Naro (1981a: 90-93), que não tinha conhecimento do trabalho de Mira (1954) sobre o português popular de Lisboa, bem como de outros valiosos trabalhos da dialetologia portuguesa hoje consultados, não precisaria ter ido muito longe na história (ver, também, capítulo 1 deste livro). As palavras de Mira (1954: 149) transcritas no item 3.1 do quadro 3 já evidenciavam a origem da variação da concordância verbal de número, situando-a no componente fonológico. Vejam outros casos variáveis registrados em 3.2 a 3.6 no quadro 3, que permitem situá-la também no componente morfológico.

3.1 A linguagem popular (LP) de Lisboa (Mira, 1954: 149-150; 114; 117):

A) Componente morfológico

"São FREQUENTES (grifos nossos) na LP, as faltas de concordância, consideradas erros do ponto de vista gramatical."

*"os nossos agasalhos **é** estes"*; *"as raízes **enterrado** na carne".*

B) Componente fonológico (p.114)

III — Verbos

(...)

1 — Conjugação simples — CASOS ISOLADOS

6. Formas de primeira pessoa do singular do pret. perf. simples em que se não deu a metafonia:
   eu foi
   eu pôs
   eu pôde

eu fez
eu teve

2 — CASOS GERAIS (grifos nossos) (p.117)

(...)

b) — As formas verbais de terceira pessoa do plural (sobretudo dos verbos da 3ª conjugação) terminadas em vogal nasal ẽ desnasalizam-se:

eles oube (m)
eles sacode (m)

3.2 A linguagem dos pescadores de Ericeira, Joana Lopes Alves, Lisboa, 1993: 190-191:

"A 3.ª pessoa do singular aparece usada pela 3.ª do plural, em frases como: <<*As quenguerelas só **presta** para pescar*>>; (...) << ... corre todos os seus criados...>> (p.190)

É FREQUENTE o uso de singular pelo plural.
<<*Foi há muito ano*>>; <<*andê por munto sito*>>, <<*tenho cinquenta ê um **ano***>>. (p.191)

3.3 O falar de Odeleite, "uma aldeia do sul do país, (...) do Sotavento do Algarve" (Cruz, 1991: 159):

" (...) Se o sujeito é plural e está depois do verbo, este fica FREQUENTEMENTE (grifos nossos) no singular:

<<*É um terreno que se caia em volta pra que nã **entre** lá gados* ..>>
<<... *punhom-se pela cabeça, condo **morria** pessoas de família chigada*>>

" (...) Mesmo quando o sujeito é plural e está antes do verbo, verifica-se, POR VEZES (grifos nossos), o emprego deste no singular:

<< *Duas canas **dá** oito mestras*>>.
<<... *pra ver quais **era** qui a **fazia** rir*...>>.

3.4 O falar da Azoia, povoação próxima de Cabo da Roca, na província de Estremadura — perto de Sintra:

"*tava lá já as criadas*", (...) "as borriceras que viero onte é que fez isto" (...) (Marques, 1968: 61)

"E então o enxame quando vai a voar pelo ar, o enxame vai aqui, tudo junto, e a mestra vai a guiar como daqui àquela parede (dois metros) e as outras vão todas a perseguir aquela. Ela arriou ao chão, apoisou no chão, as outras vai tudo (poisar) em cima dela." (negritos nossos) (Marques, 1968: 38)

3.5 O falar de Baleizão, distrito de Beja, região centro-sul:

"D'pôs veiu o rei e a rainha" Delgado (1970: 224)

3.6 O falar de Monte Gordo, litoral sul de Portugal:

... e c'mós anões envenenou o comeri (Ratinho, 1959: 240)
... Nosso Senhori os faça feliz." (Ratinho, 1959: 240)

Quadro 3. Concordância variável no português europeu não padrão.

Entre os registros do quadro 3, destacamos adicionalmente dois pontos de capital importância para nossa análise, que já se iniciara no Brasil com dados do português arcaico (Mattos e Silva, 1991; Naro & Scherre, 1999a; 2000a; 2000b):

1) O uso da palavra FREQUENTEMENTE no texto de Cruz (1991) para se referir aos casos de concordância variável em que o sujeito ocorre À DIREITA do verbo, e o uso da expressão POR VEZES para se referir aos casos em que o sujeito ocorre À ESQUERDA do verbo, que apontam para a hipótese de ser a POSIÇÃO RELATIVA também uma restrição importante para o entendimento da variação da concordância de número no português europeu. Como já sabemos, sujeito à esquerda do verbo favorece mais variante explícita de plural no verbo do que sujeito à sua direita, tanto no português brasileiro quanto no português arcaico (Naro, 1981a; Scherre & Naro, 1997; Naro & Scherre, 2000a);

2) O uso da expressão CASOS GERAIS do texto de Mira (1954), para se referir aos casos de verbos de 3ª pessoa *eles oube(m), eles sacode(m)*, que sugere ser a OPOSIÇÃO DA SALIÊNCIA FÔNICA um efeito também relevante no entendimento da variação no português europeu. São estes precisamente os casos que Naro & Lemle (1977) e Naro (1981a) classificam como de menor saliência fônica e são os que mais favorecem a variante zero de plural no português brasileiro (Scherre & Naro, 1997). Resultados para a variação identificada no português arcaico indicam de forma semelhante que verbos de oposição mais saliente favorecem mais presença de variante explícita de plural (Naro & Scherre, 2000a; 2000b).

Finalmente, uma pá de cal sobre a suposta origem crioula para a concordância variável de número no português brasileiro tem seu respaldo nas palavras de Lapa (1991: 157-169). Em *A estilística da língua portuguesa*, Lapa dedica 13 páginas ao tópico concordância, onde arrola uma série de casos que, segundo ele, são erros, na visão da gramática normativa. Afirma, todavia, que, do ponto de vista da estilística, são fatos a ser esclarecidos e explicados. Observa, ainda, que há construções consideradas erradas pela gramática normativa que vêm desde o século XIV (1301-1400), nos moldes também demonstrados por Mattos e Silva (1991) e Naro & Scherre (2000a). São de Lapa (1991: 158-159) as seguintes palavras:

> ... os exemplos da língua antiga autorizam as maiores irregularidades da língua moderna. Qualquer dos exemplos de construção irregular por nós apresentados é verdadeiramente inofensivo, se o compararmos às audácias dos escritores bem vernáculos dos séculos XVI e XVII. Vejam-se apenas estas quatro frases, respectivamente, de Heitor Pinto, João de Barros, Francisco de Morais e Fr. Antônio das Chagas:
>
> 1) A formosura de Páris e Helena *foram* a causa da destruição de Troia.
> 2) Os povos destas ilhas *é* de cor baça e de cabelo corredio.
> 3) *Foi* D. Duardos e Férida aposentados no aposento que tinha o seu nome.
> 4) Pouco importa que tenha a casa cheia de pérolas e diamantes, se se não aproveita *delas*.
>
> (...) Que havemos de concluir de tudo isto? Que o que hoje se afigura aos olhos do gramático um erro ou uma impropriedade foi largamente empregado pelos nossos melhores escritores clássicos. Camões, em tudo criador e genial, usou largamente de todas estas liberdades de concordância. ...

Divergimos de Rodrigues Lapa em um único ponto: a descrição e explicação dos fenômenos arrolados não são do campo da estilística, mas, sim, do campo da linguística: há restrições sintáticas, semânticas e discursivas claras que regem a variação da concordância de número, tanto na fala quanto na escrita (Scherre & Naro, 1998; Naro & Scherre, 1999a).

5. CONCLUSÃO

Neste capítulo, retomamos e ampliamos conclusões dos capítulos anteriores: nosso *garimpo estrutural* localiza no português europeu as origens de uma série de traços do português brasileiro, atribuídos por alguns estudiosos a processos de crioulização, em que supostamente o português teria entrado como língua de base, fornecendo a maior parte dos itens lexicais, e diversas línguas africanas, ameríndias, ou ainda de outros tipos, teriam entrado como línguas de substrato, junto com as modificações causadas pela denominada transmissão linguística irregular. Em verdade, os dados que apresentamos neste capítulo são todos do próprio português de origem e mostram que a língua portuguesa no Brasil não necessitava de qualquer influência estrutural vinda de fora para se transformar no português do Brasil. Se tais influências porventura chegaram a agir em algum momento da história do Brasil, elas não deixaram nenhum vestígio na língua, já que não produziram nenhuma estrutura nova ou outro efeito identificável. Portanto, em função dos fatos aqui apresentados, refutamos novamente a posição de que o português brasileiro tenha uma história crioula, seja um semicrioulo ou tenha subjacente uma leve crioulização (Silva Neto, 1986; Câmara Jr., 1975; Jeroslow, 1975; Guy, 1989; Holm, 1992; Ferreira, 1994; Baxter & Lucchesi, 1997; Baxter, 1998; Mello, 1997). Como já tivemos ocasião de expor em outros textos (Naro & Scherre, 1993; 2000a; Scherre e Naro, 2005), consideramos que o uso do termo 'crioulização' no Brasil não tem razão de ser, uma vez que não é possível haver associação do processo com algum grupo étnico particular e não há evidência que indique a existência de um *pidgin* prévio de base lexical portuguesa, semelhante ao Tok Pisin nos adultos da década de 1970 na Nova Guiné (Sankoff & Laberge, 1980: 208). Consideramos ainda mais que a ideia de crioulização leve (Baxter & Lucchesi, 1997) ou mesmo a ideia de semicrioulo (Silva Neto, 1986; Câmara Jr., 1975; Holm, 1992) não acrescenta significado linguístico algum ao arcabouço teórico da crioulização.

Reenfatizamos que, no caso do Brasil, os traços e todas as estruturas do atual estágio do processo histórico de evolução estavam presentes desde o início. Até o momento, com relação à concordância, verificamos que a mudança básica foi na tendência geral da frequência das formas. Na concordância verbal especificamente, as principais restrições variáveis que governam o uso da concordância não mudaram com o passar do tempo; mudou o peso do *input*, ou seja, da frequência global de uso da variante zero, sem dúvida atualmente muito maior no Brasil (Naro & Scherre, 2000a). Nesse aspecto, repetimos, o processo é qualitativamente idêntico a uma mudança linguística natural (Kroch, 1989)[4].

Resta ainda uma questão, levantada por Mello (1997: 41): se as origens vieram do português europeu, numa deriva românica secular, especialmente com relação aos fenômenos de concordância, por que razão essa deriva não se desenvolveu no português europeu? Como veremos no capítulo 6, a nossa resposta repousa essencialmente no contexto social: no Brasil houve ruptura da norma da comunidade de fala com a nativização da língua, o que permitiu maiores graus de liberdade à evolução da variação. Quanto a Portugal, gostaríamos

4. Tarallo (1993a) também argumenta contra a hipótese da origem crioula, evidenciando novos rumos sintáticos que o português brasileiro tomou.

de enfatizar mais uma vez que ainda são desconhecidas a verdadeira extensão e a intensidade da variação na concordância em terras lusitanas, especialmente no português europeu não padrão de épocas passadas. Quanto ao Brasil, gostaríamos de fazer novamente um paralelo parcial com o trabalho de Sankoff (1980). Esta pesquisadora mostrou que, na Nova Guiné, a nativização do *pidgin* por uma nova geração de crianças, nascidas em famílias em que os pais falavam o Tok Pisin apenas como *pidgin*, e não como língua nativa, não causou qualquer reestruturação ou mudanças radicais na gramática das crianças em comparação à gramática de seus pais. Em verdade, segundo Sankoff & Laberge (1980: 208), a nova geração de falantes nativos levou "adiante tendências que já estavam presentes na língua". Portanto, no sentido de "levar adiante tendências que já estavam presentes" — E SOMENTE NESTE SENTIDO , vemos um paralelo entre as mudanças no português brasileiro e o processo de nativização na Nova Guiné. Portanto, o quadro geral que traçamos é mais consistente com o ponto de vista que se baseia na origem europeia, mas também se apoia no efeito catalisador da nativização apontado por Sankoff & Laberge (1980).

Em síntese, o modelo que assumimos para dar conta da mudança que ocorreu no português brasileiro é o da CONFLUÊNCIA DE MOTIVAÇÕES, SEM CRIOULIZAÇÃO PRÉVIA do português, mas levando em conta a existência da *língua geral* (ou das *línguas gerais*) e da *língua de preto* prévias. Retomando nossas palavras já publicadas em Naro & Scherre (1993; 2000a) e expressas nos capítulos 1 e 2 deste livro, nossa conclusão é que o português moderno brasileiro é o resultado natural da deriva secular inerente na língua trazida de Portugal, indubitavelmente exagerada no Brasil pela exuberância do contato de adultos, falantes de línguas das mais diversas origens, e da nativização desta língua pelas comunidades formadas por esses falantes e seus descendentes.

CAPÍTULO 4

AMPLIANDO OS HORIZONTES DO DEBATE SOBRE AS ORIGENS DA CONCORDÂNCIA VARIÁVEL NO PORTUGUÊS BRASILEIRO[1]

MARIA MARTA PEREIRA SCHERRE
ANTHONY JULIUS NARO

1. INTRODUÇÃO

Já é de nosso conhecimento que o Brasil Colonial apresentou condições sociais aparentemente propícias ao surgimento de línguas crioulas clássicas, refreadas, entretanto, pela existência de línguas gerais de base indígena, que atendiam plenamente às necessidades comunicativas dos grupos em contato (Naro & Scherre, 1993;

1. Este capítulo é o resultado de nossa participação no II Encontro de Estudos Diacrônicos do Português (EdiP), na Universidade Estadual Paulista (UNESP), Campus de Araraquara, Faculdade de Ciências Humanas (FCL), Araquara, São Paulo, em agosto de 2001, quando fizemos uma palestra,

Rodrigues, 1996; a sair). Sabemos também que uma das fortes distinções estruturais entre o português brasileiro e o português europeu localiza-se nos fenômenos de concordância explícita plural, amplamente variáveis no português brasileiro e, segundo as intuições de alguns estudiosos, quase invariantes no português europeu. Já relatamos que, desde 1880, este fato linguístico coloca em cena a hipótese de que o português brasileiro possa ter tido uma origem crioula (Coelho, 1967: 43). Embora não haja registro histórico documentado de língua crioula no Brasil, observamos que o debate em torno da questão se reacendeu no século XX, especialmente nos anos 1990. Percorrendo a literatura pertinente, é possível identificar diversas posições a respeito das origens do português brasileiro: mudança natural (Naro, 1981a; Tarallo, 1993a); crioulização clássica (Jeroslow, 1975; Guy, 1989); semicrioulização ou crioulização leve (Holm, 1992; Ferreira, 1994; Baxter & Lucchesi, 1997); confluência de motivações e semicrioulização (Silva Neto, 1986; Câmara Jr., 1975; Mattos e Silva, 2001a; Mello, 1999); mudança natural e confluência de motivações (Naro & Scherre, 1993; 2000a); confluência de motivações com seleção de traços menos marcados e fuga de traços estigmatizados (Mussa, 1991: 231); mudança interna abrupta na gramática dos aprendizes do português como segunda língua, com mudanças graduais para as gerações seguintes, propondo-se conciliar a abordagem histórica, a noção de deriva e a abordagem gerativa (Lobato, 2001).

Sem ignorar a importância do papel da aquisição do português como segunda língua na formação e configuração do português brasileiro, nosso objetivo nesta etapa de nosso *garimpo* é focalizar mais uma vez o papel do português europeu não padrão na gênese das mudanças. Dando continuidade ao trabalho iniciado em 1995 (Naro & Scherre, 2000a; Scherre & Naro, 2005), ampliamos nossa base de consulta: pesquisamos 12 obras da dialetologia portuguesa europeia,

---

com duas partes: *Passado e presente na concordância de número em português: evidências do português arcaico*; *Passado e presente na concordância de número em português: evidências do português europeu moderno*. As reflexões sobre o português arcaico encontram-se no capítulo 2 deste livro. As reflexões sobre o português europeu moderno, escritas em 2001, acabam de sair publicadas no livro *Estudos de linguística histórica do português*, organizado por Massini-Cagliari, Murakawa, Berlinck & Guedes (2005). Na composição deste capítulo, foram feitas algumas mudanças e, para estabelecer maior coesão entre as partes constitutivas de nosso livro, atribuímos um título a este capítulo diferente do título do texto que o gerou.

que cobrem Portugal de norte a sul; de leste a oeste, relacionadas a seguir, com alguns poucos detalhes das áreas e das comunidades observadas, e com as referências bibliográficas completas, a fim de possibilitar uma visão de conjunto da amplitude dos trabalhos dialetológicos.

FONTE DOS DADOS DO PORTUGUÊS EUROPEU NÃO PADRÃO: OBRAS DA DIALETOLOGIA EUROPEIA, EM ORDEM DE DISTRIBUIÇÃO GEOGRÁFICA, DE NORTE A SUL E DE LESTE A OESTE DE PORTUGAL:

GERMIL — **extremo norte de Portugal**: aldeia do distrito de Viana do Castelo e diocese de Braga, depois do Porto, perto de Viana do Castelo.

PEIXOTO, Maria Ermelinda. *Germil — Notas etnográficas e linguagem*. Lisboa: Universidade de Lisboa, Faculdade de Letras, 1968. Dissertação em Licenciatura em Filologia Românica. inédito.

FAFE — **norte de Portugal**: comunidade de lavradores, habitantes do norte do concelho: Várzea Cova, Moreira do Rei, Ribeiros e Estorão, perto de Braga.

SILVA PEREIRA, Maria Palmira da. FAFE — Contribuição para o estudo da linguagem, etnografia e folclore do Concelho. *Revista Portuguesa de Filologia*. Casa do Castelo: Editora Coimbra, 1951. vol. IV.

FAIA — **centro-norte de Portugal**: povoado do concelho de Sernacelhe, distrito de Viseu, diocese de Lamego.

MOURA, Constança da Silva Pires. *FAIA, aldeia do concelho de Sernacelhe — Etnografia, Linguagem e Folclore*. Lisboa: Universidade de Lisboa, Faculdade de Letras, 1960. Dissertação para Licenciatura em Filologia Românica. inédito.

QUADRAZAIS — **centro-leste de Portugal**: aldeia do concelho do Sabugal.

BRAGA, Franklim Costa. Quadrazais — *Etnografia e linguagem*. Dissertação de Licenciatura em Filologia Românica. Lisboa: Universidade de Lisboa, Faculdade de Letras, 1971. inédito.

ERICEIRA — **sudoeste de Portugal**: comunidade de pescadores, a 42 km de Lisboa, a 11 de Mafra e a 22 de Sintra.

ALVES, Joana Lopes. *A linguagem dos pescadores de Ericeira*. Lisboa: Junta Distrital de Lisboa. 1993.

AZOIA — **sudoeste de Portugal**: povoação próxima do Cabo da Roca, integrada na freguesia de Colares, concelho de Sintra, distrito de Lisboa e província da Estremadura.

MARQUES, Maria Casimira Almeida. *O falar da AZOIA*. Lisboa: Universidade de Lisboa, Faculdade de Letras, 1968. Dissertação em Licenciatura em Filologia Românica. inédito.

Lisboa — **sudoeste de Portugal**: dados colhidos da fala de pessoas simples e analfabetas de bairros pobres de Lisboa (Curraleira, perto do Alto de São João, Alfama, Castelo, Bairro Alto, Casal Ventoso, doca do Cais do Sodré e outros).

MIRA, Maria Helena Farmhouse da Graça. *Algumas contribuições para um estudo da fonética, morfologia, sintaxe e léxico da linguagem popular de Lisboa*. Lisboa: Universidade de Lisboa, Faculdade de Letras, 1954. Dissertação em Filologia Românica. inédito.

Escusa — **centro-leste de Portugal**: aldeia a 5 km de Castelo de Vide e a 9 de Marvão, pertencente à freguesia de S. Salvador da Aramanha, concelho de Marvão, distrito de Portalegre.

BAPTISTA, Cândida da Saudade. *O falar de Escusa*. Lisboa: Universidade de Lisboa, Faculdade de Letras, 1967. Dissertação em Filologia Românica. inédito.

Baleizão — **centro-sul de Portugal**: pequena povoação a 13 km do concelho e distrito de Beja.

SARAMAGA DELGADO, Maria Carolina. *O falar de Baleizão*. Lisboa: Universidade de Lisboa, Faculdade de Letras, 1970. Dissertação de Licenciatura de Filologia Românica. inédito.

Odeleite — **sudeste de Portugal, quase fronteira com a Espanha**: aldeia a 14 Km do concelho de Castro Marim, pertencente à freguesia de Odeleite, ao concelho de Castro Marim, à comarca de Vila Real de Santo Antônio e ao distrito de Faro.

CRUZ, Maria Luisa Segura da. *O falar de Odeleite*. Lisboa: Instituto Nacional de Investigação Científica, Centro de Linguística da Universidade de Lisboa. Barbosa & Xavier, Limitada, 1991. Série: Linguística — 16.

Baixo Alentejo e o dialecto barranquenho: sul e sudeste de Portugal.

JOAQUIM DELGADO, Manuel. *A linguagem popular do baixo Alentejo e o dialeto barranquenho (Estudo etnofilológico)*. Edição da Assembleia Distrital de Beja, 1983.

Monte Gordo — **extremo sul de Portugal**: vila de pescadores próxima à Vila Real de Santo Antônio, litoral sul de Portugal

RATINHO, Maria Filipe Mariano. *Monte Gordo — Estudo etnográfico e linguístico*. Lisboa: Universidade de Lisboa: Faculdade de Letras, 1959. Dissertação para Licenciatura em Filologia Românica. inédito.

Neste trabalho, nossa atenção se volta em especial para os seguintes pontos:

1) ampliação de registros de neutralização entre 1ª e 3ª pessoas do singular;
2) identificação sistemática de dois contextos da gênese da variação da concordância verbal entre as 3ªs pessoas do singular e do plural: *sujeito à*

direita do verbo e *oposição singular/plural menos saliente* e considerações gerais sobre outros contextos de variação;

3) ampliação dos registros ainda escassos de concordância nominal variável, apontando também contextos de variação;
4) identificação generalizada de expressões que denotam frequência de variação da concordância no português europeu não padrão;
5) visão de conjunto das palavras de Adolfo Coelho;
6) evidências adicionais: o trabalho de Varejão (2006).

2. CONCORDÂNCIA VERBAL

2.1. *Sobre a neutralização entre 1ª e 3ª pessoas do singular*

A neutralização entre 1ª e 3ª pessoas do singular no presente e no pretérito perfeito do modo indicativo, em contextos específicos e bem delimitados, é registrada em 7 dos 12 trabalhos pesquisados (Peixoto, 1968: 133; Silva Pereira, 1951: 153; Moura, 1960: 147; Alves, 1993: 190; Marques, 1968: 57; Mira, 1954: 114; Cruz, 1991: 170), como se pode ver a seguir[2].

ERICEIRA — **sudoeste de Portugal**: comunidade de pescadores, a 42km de Lisboa, a 11 de Mafra e a 22 de Sintra (Alves, 1993: 190).

> " (...) A 3ª pessoa do singular é empregue, por vezes, pela 1ª pessoa: <<**Eu** onte ***foi*** à Malhada"; <<**Eu** na quinta-feira ***apanhou*** 2 kilos de pólves>> " (Alves, 1993: 190)

AZOIA — **sudoeste de Portugal**: povoação próxima do Cabo da Roca, integrada na freguesia de Colares, concelho de Sintra, distrito de Lisboa e província de Estremadura (Marques, 1968: 57).

> " (...) Tendência para o uso da terceira pessoa, mesmo referindo a acção ao sujeito falante: "ê [eu] **esquece-me, passa-me**"[3], "ê [eu] agora na **me recorda**, na **me lembra**"." (Marques, 1968: 57)

2. Os negritos em todos os exemplos são nossos. As demais formas de salientar passagens dos textos — itálicos e sublinhados, por exemplo — são dos autores. Procuramos manter maximamente possível a formatação, a paragrafação e a indentação usadas pelos autores.

3. Pelo texto de Marques (1968: 57), ao falar da tendência para a reflexivização, vimos que o verbo *passar* tem o sentido de esquecer: <<"a gente passa-se" (esquece)>>.

Odeleite — sudeste de Portugal, quase fronteira com a Espanha: aldeia a 14km do concelho de Castro Marim, pertencente à freguesia de Odeleite, ao concelho de Castro Marim, à comarca de Vila Real de Santo António e ao distrito de Faro (Cruz, 1991: 170).

> " (...) Os verbos *esquecer-se* e *lembrar-se* quando com sujeito da 1ª pessoa do singular empregam-se por vezes na 3ª pessoa:
>
> << [eu] também já nã **me lembra** ...>>
>
> <<Do bendito Lovado nã **m'** **há**-de esquecer>> (...) (Cruz, 1991: 170)

Germil — norte de Portugal: aldeia do distrito de Viana de Castelo e diocese de Braga, depois do Porto, perto de Viana do Castelo (Peixoto, 1968: 133).

> " 1ª e 3ª pessoas do singular
>
> (...) No Pretérito Perfeito do Indicativo é frequente o emprego da 3ª pela 1ª pessoa do singular, em verbos como: ser, ter, fazer, pôr
>
> **eu foi** — por 'eu fui'
> **eu esteve** — por 'eu estive'
> **eu fez** — por 'eu fiz'
> **eu pôs** — por 'eu pus'
>
> O fenómeno inverso é mais raro, mas ainda se regista com certa regularidade no verbo **ser**
>
> **ele fui** — por 'ele foi' (...)" (Peixoto, 1968: 133)

Fafe — norte de Portugal: comunidade de lavradores, habitantes do norte do concelho (Várzea Cova, Moreira do Rei, Ribeiros e Estorãos), perto de Braga (Silva Pereira, 1951: 153).

> (...) "A primeira pessoa do singular do pretérito dos verbos, *ser, estar, ter, fazer, pôr* e *comer* é igual à terceira pessoa do mesmo tempo e número: ***foi, istêbe, têbe, fez, pôs, comeu***.

Em Ribeiros: ***eu istêbe, ele istibe; eu foi, ele fui; eu fez, ele fiz***." (Silva Pereira, 1951: 153)

Faia — centro-norte de Portugal: povoado do concelho de Sernacelhe, distrito de Viseu, diocese de Lamego (Moura, 1960: 147).

> ... "A 1ª e 3ª pessoas do singular dos verbos ser e ir, confundem-se frequentemente:
>
> **eu foi**
> **ele fui**" (Moura, 1960: 147)

LISBOA — **sudoeste de Portugal**: dados colhidos da fala de pessoas simples e analfabetas de bairros pobres de Lisboa (Curraleira, perto do Alto de São João, Alfama, Castelo, bairro Alto, Casal Ventoso, doca do Cais do Sodré e outros) (Mira, 1954: 114).

"III — Verbos (...)

a) — Formas de primeira pessoa do singular do pret. perf. simples em que se não deu a metafonia:

eu foi (...)
eu pôs (...)
eu pôde (...)
eu fêz (...)
eu teve" (Mira, 1954: 114)

Embora a neutralização ocorra com predominância em verbos envolvidos em processos de metafonia, os registros deixam entrever que o processo é mais amplo, atingindo outros verbos da língua, como se pode ver no registro de Alves (1993: 190) para o verbo *apanhar*. Observa-se inclusive o registro regular com verbos que têm um mesmo traço semântico, ilustrado pelos verbos *lembrar, esquecer, recordar* e *passar* (no sentido de *esquecer*). O fenômeno não pode, portanto, ser visto apenas como de caráter fonológico.

Esse tipo de neutralização tem sido também observado na fala de comunidades isoladas brasileiras e é arrolado como um dos argumentos para identificar a existência de crioulização no português brasileiro (Ferreira, 1994: 29-30, Baxter & Lucchesi, 1997: 77) ou para evidenciar a influência de processos de aquisição do português como segunda língua ou como língua estrangeira. Todavia, não se pode deixar de salientar que a neutralização entre 1ª e 3ª pessoas do singular é um fenômeno perfeitamente encaixado na configuração geral do português, incluindo o português padrão (Scherre & Naro, 2001: 42). Os paradigmas verbais da língua portuguesa codificada pelas gramáticas tradicionais — normativas ou não — estão repletos de neutralizações entre 1ªs e 3ªs pessoas do singular, não interpretadas como falta de concordância. As neutralizações envolvem:

A) todos os verbos:

1) no pretérito imperfeito do indicativo (eu *lembrava*/ele *lembrava*; eu *estava*/ele *estava*; eu *fazia*/ele *fazia*; eu *ia*/ele *ia*);

2) no pretérito mais-que-perfeito do indicativo (eu *lembrara*/ele *lembrara*; eu *estivera*/ele *estivera*; eu *fizera*/ele *fizera*; eu *fora*/ele *fora*);
3) no futuro do pretérito do indicativo (eu *lembraria*/ele *lembraria*; eu *estaria*/ ele *estaria*; eu *faria*/ele *faria*; eu *iria*/ele *iria*);
4) no modo subjuntivo (que eu *lembre*/que ele *lembre*; se eu *lembrasse*/se ele *lembrasse*/ quando eu *lembrar*/quando ele *lembrar*; que eu *esteja*/que ele *esteja*; se eu *estivesse*/ se ele *estivesse*/quando eu *estiver*/quando ele *estiver*; que eu *faça*/que ele *faça*; se eu *fizesse*/se ele *fizesse*/quando eu *fizer*/quando ele *fizer*; que eu *vá*/que ele *vá*; se eu *fosse*/se ele *fosse*/quando eu *for*/quando ele *for*).

B) alguns verbos no pretérito perfeito (eu *trouxe*/ele *trouxe*; eu *coube*/ele *coube*; eu *soube*/ele *soube*; eu *disse*/ele *disse*; eu *quis*/ele *quis*).

Importante também se faz observar que, nos casos do pretérito perfeito dos verbos *trazer, caber, saber*, com neutralização na modalidade padrão, É A EXISTÊNCIA DE OPOSIÇÃO QUE É ANALISADA COMO ESTRUTURA ESPECIAL, RUPTURA ESTRUTURAL OU DESVIO DO PADRÃO. Mais contundente ainda é o fato de que a oposição em *eu truxe/ ele troxe; eu sube/ele sobe* pode ser encontrada tanto no Brasil quanto em Portugal. Vejam-se as citações abaixo para o português europeu:

Lisboa — sudoeste de Portugal: dados colhidos da fala de pessoas simples e analfabetas de bairros pobres de Lisboa (Curraleira, perto do Alto de São João, Alfama, Castelo, Bairro Alto, Casal Ventoso, doca do Cais do Sodré e outros) (Mira, 1954: 115).

> "(...) formas influenciadas por outras correspondentes que não pertencem ao mesmo verbo:
> truce (...)
> sube (...)" (Mira, 1954: 115)

Odeleite — sul de Portugal, quase fronteira com a Espanha: aldeia a 14km do concelho de Castro Marim, pertencente à freguesia de Odeleite, ao concelho de Castro Marim, à comarca de Vila Real de Santo Antônio e ao distrito de Faro (Cruz, 1991: 125).

> "TRAZER
> Pretérito Perfeito
> truxe
> (...)
> troxe" (Cruz, 1991: 125)

Em outras palavras, as formas linguísticas de falantes sem prestígio na escala social, distintas do padrão codificado, são interpretadas como ruptura em qualquer circunstância, mesmo quando estão de acordo com o paradigma codificado, que é a presença de oposição entre as formas de 1ª e 3ª pessoas do pretérito perfeito. A ausência de oposição nesses casos, na fala de pessoas sem prestígio social, é rotulada como *falta de concordância de pessoa*, mas a da fala de pessoas com prestígio social é denominada de *neutralização*. Assim, até a denominação de processos linguísticos da mesma natureza pode exibir viés ideológico, mesmo nas palavras dos próprios linguistas.

Pelos registros de Peixoto (1968: 133), Silva Pereira (1951: 153), Moura (1960: 147), em Germil, Fafe e Faia, respectivamente, observa-se também um fato, até onde sabemos, ainda não observado no português brasileiro. Trata-se do uso da forma verbal de primeira pessoa com o pronome de terceira pessoa: *ele fui, ele istibe, ele fiz*.

Focalizemos a seguir dois contextos da gênese da variação na concordância verbal: posição do sujeito em relação ao verbo e natureza da oposição morfofonológica na relação singular/plural.

2.2. *Sobre a posição do sujeito em relação ao verbo*

Com relação à variável posição, nove dos 12 autores pesquisados apresentam exemplos de ausência de concordância plural ou variante zero de plural com SUJEITO À DIREITA DO VERBO no português europeu não padrão: quatro se referem explicitamente ao contexto de variação (Cruz, 1991: 159; Braga, 1971: 172; Marques, 1968: 61; Baptista, 1967: 145); três outros se referem explicitamente ao fenômeno variável (Alves, 1993: 190; Moura, 1960: 157; Ratinho, 1959: 240); os dois restantes apresentam evidências indiretas (Silva Pereira, 1951: 146; Saramaga Delgado, 1970: 224).

DADOS COM VARIANTE ZERO DE PLURAL COM SUJEITO À DIREITA DO VERBO

ODELEITE — sul de Portugal, quase fronteira com a Espanha: aldeia a 14km do concelho de Castro Marim, pertencente à freguesia de Odeleite, ao concelho de Castro Marim, à comarca de Vila Real de Santo Antônio e ao distrito de Faro (Cruz, 1991: 159).

" (...) **Se o sujeito é plural e está depois do verbo,** este fica **frequentemente** no singular:
<<É um terreno que se caia em volta pra que nã **entre** lá **gados**...>>
<<... punhom-se pela cabeça, condo **morria pessoas** de família chigada...>>
<<... às vezes **fic'** ài **poças** fetas por a água>>."
(Cruz, 1991: 159)

QUADRAZAIS — **nordeste de Portugal**: aldeia do concelho do Sabugal (Braga, 1971: 172).

" (...) **Em certas frases em que o sujeito vem no fim**, o verbo vai para o singular mesmo se o sujeito é plural: já **bai** *os* **pães** *feitos*; depois **retalha-se as febras**." (Braga, 1971: 172)

AZOIA — **sudoeste de Portugal**: povoação próxima do Cabo da Roca, integrada na freguesia de Colares, concelho de Sintra, distrito de Lisboa e província de Estremadura (Marques, 1968: 61).

"**tava** lá já as **criadas**", (...) por três motivos: (...); outro, segundo o qual **a concordância varia conforme a posição dos termos no discurso** (...)" (Marques, 1968: 61)

ESCUSA — **sudeste de Portugal**: aldeia a 5km de Castelo de Vide e a 9 de Marvão, pertencente à freguesia de S. Salvador da Aramanha, concelho de Marvão, distrito de Portalegre (Baptista, 1967: 145).

... "**Se o sujeito é do plural e está depois do verbo,** com frequência este fica no singular, se se trata do verbo ser:
7. "A gente sabe lá com' **é** essas **vidas**!"
3. "Assim é qu' **er'** às nossas **brincaderas** todas" (...)[4]
3. "Tã, mas as melhores já as tirarim: foi as que mandarim pa Coimbra"
3. "**É** os **homes** que puxim à carroça..." (Baptista, 1967: 145)

ERICEIRA — **sudoeste de Portugal**: comunidade de pescadores, a 42km de Lisboa, a 11 de Mafra e a 22 de Sintra (Alves, 1993: 190).

"(...) A 3ª pessoa do singular aparece usada pela 3ª do plural, em frases como: (...) << ... ***corre*** todos os seus **criados**...>> (Alves, 1993: 190)

FAIA — **centro-norte de Portugal**: povoado do concelho de Sernacelhe, distrito de Viseu, diocese de Lamego (Moura, 1960: 157).

---

4. Deduzimos que o diacrítico ' indica vogal aberta. Ocorre também com a vogal *o* na mesma página. Ver também Moura (1960: 102,157).

"(...)
Mas nota-se sobretudo essa falta de concordância gramatical entre sujeito e predicado:

'Cando **é quebrantes**'
'Cando **dá** os **ares** às cabras' (...)
'**Foi** os **presos** da cadeia''' (Moura, 1960: 157)

MONTE GORDO — **extremo sul de Portugal**: vila de pescadores próxima à Vila Real de Santo Antônio, litoral sul de Portugal (Ratinho, 1959: 240).

"1- Faltas de concordância do predicado com o sujeito:

Que te **nasça** tantos **bechocos**....
... ensi se **sab**'as **horas**
(...)
... Acondo '**sta** as **menzas** corridas..." (Ratinho, 1959: 240)

FAFE — **norte de Portugal**: comunidade de lavradores, habitantes do norte do concelho (Várzea Cova, Moreira do Rei. Ribeiros e Estorãos), perto de Braga (Silva Pereira, 1951: 146).

"**foi** eu e ó **rapaz** (fui eu e o rapaz)" (Silva Pereira, 1951: 146)

BALEIZÃO — **centro-sul de Portugal**: pequena povoação a 13km do concelho e distrito de Beja (Saramaga Delgado, 1970: 224).

" (...) D'pôs **veiu** o **rei** e a **rainha** (...) " (Saramaga Delgado, 1970: 224) [Exemplos extraídos de textos transcritos]

Os registros de variação com sujeito à esquerda do verbo são igualmente dignos de nota: podem ser vistos também em nove dos 12 textos pesquisados (Cruz, 1991: 159; Alves, 1993: 190; Marques, 1968: 38;61; Mira, 1954: 149-150; Peixoto, 1968: 177; Silva Pereira, 1951: 160-161; Moura, 1960: 15; Ratinho, 1959: 240; Joaquim Delgado, 1983: 246).

DADOS COM VARIANTE ZERO DE PLURAL COM SUJEITO À ESQUERDA DO VERBO

ODELEITE — **sul de Portugal, quase fronteira com a Espanha**: aldeia a 14km do concelho de Castro Marim, pertencente à freguesia de Odeleite, ao concelho de Castro Marim, à comarca de Vila Real de Santo Antônio e ao distrito de Faro (Cruz, 1991: 159).

" (...) Mesmo quando o sujeito é plural e está antes do verbo, verifica-se, por vezes, o emprego deste no singular:

<< Duas **canas dá** oito mestras>>.
<<... pra ver **quais era** qui a **fazia** rir...>>." (Cruz, 1991: 159)

ERICEIRA — **sudoeste de Portugal**: comunidade de pescadores, a 42km de Lisboa, a 11 de Mafra e a 22 de Sintra (Alves, 1993: 190).

" (...) A 3ª pessoa do singular aparece usada pela 3ª do plural, em frases como: <<As **quenguerelas** só ***presta*** para pescar>>" (Alves, 1993: 190)

AZOIA — **sudoeste de Portugal**: povoação próxima do Cabo da Roca, integrada na freguesia de Colares, concelho de Sintra, distrito de Lisboa e província de Estremadura (Marques, 1968: 38;61).

" (..) E então o enxame quando vai a voar pelo ar, o enxame vai aqui, tudo junto, e a mestra vai a guiar como daqui àquela parede (dois metros) e as outras vão todas a perseguir aquela. Ela arriou ao chão, apoisou no chão, as outras **vai** tudo (poisar) em cima dela. (...)" (Marques, 1968: 38) [Exemplos extraídos dos textos transcritos]

(...) "as **borriceras** que viero onte é que fez isto" (...) (Marques, 1968: 61)

LISBOA — **sudoeste de Portugal**: dados colhidos da fala de pessoas simples e analfabetas de bairros pobres de Lisboa (Curraleira, perto do Alto de São João, Alfama, Castelo, bairro Alto, Casal Ventoso, doca do Cais do Sodré e outros) (Mira, 1954: 149-150).

"São frequentes na LP [língua popular], as faltas de concordância, consideradas erros do ponto de vista gramatical."
"os nossos agasalhos é **estes**" (Mira, 1954: 149-150)

GERMIL — **norte de Portugal**: aldeia do distrito de Viana de Castelo e diocese de Braga, depois de Porto, perto de Viana do Castelo (Peixoto, 1968: 177).

"... Tratando-se do verbo 'ser', se o sujeito ou nome predicativo do sujeito estão no plural ou são colectivos, o verbo encontra-se, frequentemente, no singular:
— "A fazenda **é** as cabras e as obelhas"
— "Outros alimais que matamos pa comer, **é** porcos"
— "Ninguém se fia nos homes, qu'os homes **é** fraco gado" " (Peixoto, 1968: 177)

FAFE — **norte de Portugal**: comunidade de lavradores, habitantes do norte do concelho (Várzea Cova, Moreira do Rei. Ribeiros e Estorãos), perto de Braga (Silva Pereira, 1951: 161).

" (...) Quando o sujeito é composto, ouve-se, frequentemente, o verbo singular, talvez para pôr mais em evidência a relação do predicado com cada sujeito em separado:

*O **pai** e a **mãe** nunca **bai** p'r ó rio* (o pai e a mãe nunca vão para o rio)." (Silva Pereira, 1951: 161)

FAIA — **centro-norte de Portugal**: povoado do concelho de Sernacelhe, distrito de Viseu, diocese de Lamego (Moura, 1960: 157).

"**Carangueijos** é do mar" (Moura, 1960: 157)

MONTE GORDO — **extremo sul de Portugal**: vila de pescadores próxima à Vila Real de Santo Antônio, litoral sul de Portugal (Ratinho, 1959: 240).

"1- Faltas de concordância do predicado com o sujeito:

(...)

a) **As redes** vem em branco, log' **é** post'ó lumi...

... e c'mós **anões envenênou** o comeri

(...)

... Aquilo que 'stá ali montenado som as **redis**, pra nõ apodereceri; se nõ '**stevess**'assim, s'**apodrecia** toda, nõ **prestava**." (Ratinho, 1959: 240)

BAIXO ALENTEJO E O DIALECTO BARRANQUENHO: sul e sudeste de Portugal (Joaquim Delgado, 1983: 426).

" (...) Concordância de sujeito composto e de predicado simples: *Uh mê Z irmõi i a minha **tia foi** a Moira; mê **abô** e minha **abó era** de Barrancu*: o predicado concorda com o sujeito mais próximo, contudo, também pode dizer-se: ***forom** a Môira; **erom** de Barrancu'*." (Joaquim Delgado, 1983: 426)

Além dos registros das ocorrências, o que é mais significativo ainda é a forma de Cruz (1991: 159) se expressar a respeito da variável posição: "Se o sujeito é plural e está depois do verbo, este fica **frequentemente** no singular" e "mesmo quando o sujeito é plural e **está antes do verbo**, verifica-se, **por vezes**, o emprego deste no singular".

Portanto, esses fatos constituem evidência clara de que a POSIÇÃO RELATIVA é uma restrição importante para o entendimento da variação da concordância de número no português europeu moderno. Mantendo-se na afirmação de Cruz o advérbio "frequentemente" e substituindo-se o "por vezes" pelo "por muitas vezes", estaríamos diante de uma afirmação europeia para o português europeu moderno que se aplicaria com propriedade ao português brasileiro de muitos tempos. Já é de conhecimento de todos nós que, no português brasileiro, o sujeito à esquerda do verbo favorece de forma robusta mais variante explícita de plural no verbo do que sujeito à sua direita (Naro, 1981;

Scherre & Naro, 1997). Sabemos inclusive que as crianças (e mesmo muitos adultos) têm dificuldade de interpretar o sintagma nominal tradicionalmente classificado como sujeito quando ele se encontra à direita do verbo, em especial se se tratar de uma construção com sujeito singular. Teoriza-se hoje se realmente este tipo de sintagma deve ser analisado como um autêntico sujeito no português brasileiro (cf., por exemplo, Pontes, 1986: 31-77,171-176; Mioto *et alii*, 2004: 162).

2.3. *Sobre a saliência fônica na relação singular/plural da forma verbal*

Os registros de Peixoto (1968: 135-136), com base em dados da comunidade de Germil, no extremo norte de Portugal, são exemplares no que diz respeito a uma das principais origens da ampla variação na concordância de número que se observa no Brasil, nos termos da proposta de Naro & Lemle (1976) e Naro (1981a) para o efeito da saliência fônica na oposição singular/plural da forma verbal.

Peixoto (1968: 135-136) explicita inicialmente a perda da nasalidade em ambientes onde se preserva a marca explícita de plural, produzindo formas como *eles comero, eles amo, eles irio, eles punho, eles come, eles dorme*. Mais do que isto, Peixoto (1968: 135-136) registra também a perda de vogal final, gerando formas como *eles diz, eles faz, eles conduz, eles quer*. No texto de Peixoto (1968), transcrito a seguir, evidencia-se com clareza o ponto inicial da variação e insinuam-se os três primeiros níveis da escala da saliência fônica, explicitada em Naro (1981a: 77) e representada aqui pelas oposições *come/comem, ama/amam* e *faz/fazem*.

Registros semelhantes são também apresentados por Silva Pereira (1951: 160): *Os dois mais bélhos* ***iscrebe****, os oitros não; Cá* ***fico*** *os meus bezerrinhos*." Com relação a este aspecto, enfatizamos o uso da expressão "casos gerais" do texto de Mira (1954: 117), para também se referir aos verbos de terceira conjugação na terceira pessoa do plural: *eles oube(m), eles sacode(m)*.

Germil — norte de Portugal: aldeia do distrito de Viana de Castelo e diocese de Braga, depois de Porto, perto de Viana do Castelo (Peixoto, 1968: 135-136).

"3ª pessoa do plural
A 3ª pessoa do plural é caracterizada pela **desnasalação da sílaba átona final**.
(...) A terminação -am está reduzida a -o em todos os tempos e conjugações:

eles amo	'eles amam'
eles comero	'eles comeram'
eles irio	'eles iriam'
eles punho	'eles punham'

(...) A terminação -em perde a nasalidade, reduzindo-se geralmente ao timbre neutro

eles come	'eles comem'
eles dorme	'eles dormem'

"(...) Perde, além da nasalidade, a própria vogal final, identificando-se com a 3ª. pessoa do singular:

No Futuro do Conjuntivo e Infinitivo flexionado:

tiber 'tiverem'	puser 'puserem'
gostar 'gostarem'	ir 'irem'

Nos verbos, cuja desinência é precedida de z ou r:

eles diz	'eles dizem'
eles faz	'eles fazem'
eles conduz	'eles conduzem'
eles quer	'eles querem' " (Peixoto, 1968: 135-136)

FAFE — **norte de Portugal**: comunidade de lavradores, habitantes do norte do concelho (Várzea Cova, Moreira do Rei, Ribeiros e Estorãos), perto de Braga (Silva Pereira, 1951: 131,153-154,160).

... " c) Na terceira pessoa do plural dos verbos, *-am* soa sempre *u*:

fizero (fizeram) *canto* (cantam) etc.) " (Silva Pereira, 1951: 131)

" (...) Como atrás ficou dito, as formas verbais terminadas em *-a* nasal perdem a nasalidade e passam a *-u*; as que terminam em *-e* nasal soam com *-e* mudo:

éro (eram)	*sabe* (sabem)
cuntábo (cantavam) etc.);	*nace* (nascem) etc.) " (Silva Pereira, 1951: 153-154)

" (...) Em consequência de certos fenómenos fonéticos a que já tive ocasião de me referir nos dois capítulos anteriores, particularmente, **a desnasalização das vogais** *-e* e *-a* finais, nas diversas flexões, e a transformação desta última vogal em *-u*, são vulgaríssimos os casos de silepse. É fenómeno geral:

Os dois mais belhos ***iscrebe****, os oitros não* (os dois mais velhos escrevem, os outros não).
Cá ***fico*** *os meus bezerrinhos* (cá ficam os meus bezerrinhos)." (Silva Pereira, 1951: 160)

LISBOA — **sudoeste de Portugal**: dados colhidos da fala de pessoas simples e analfabetas de bairros pobres de Lisboa (Curraleira, perto do Alto de São João,

Alfama, Castelo, Bairro Alto, Casal Ventoso, doca do Cais do Sodré e outros) (Mira, 1954: 117).

> 2 - Casos gerais (...)
>
> b) — **As formas verbais de terceira pessoa do plural** (sobretudo dos verbos da 3ª conjugação) terminadas em vogal nasal ẽ **desnasalizam-se**:
>
> eles **oube** (m) (...)
>
> eles **sacode** (m) (...) (Mira, 1954: 117)

Estes registros, decididamente, corroboram não apenas o trabalho inicial de Naro & Lemle (1976) — retomado por Naro (1981) —, mas indicam também que a OPOSIÇÃO DA ESCALA DA SALIÊNCIA FÔNICA é um efeito relevante no entendimento da variação no português europeu moderno. Esses primeiros casos são precisamente os que Naro (1981) classifica como de menor saliência fônica e são os que mais favorecem a variante zero de plural no português brasileiro (cf., também, Scherre & Naro, 1997). Os registros focalizados até agora permitem não apenas corroborar a hipótese de que o início da variação localizou-se no nível fonológico, mas permitem também constatar que, ainda em terras europeias, a variação expandiu-se e atingiu, indiretamente, o plano morfológico, em toda a dimensão da escala de saliência proposta — (1) *come/comem* ou *escreve/escrevem*; (2) *presta/prestam* ou *era/eram*; (3) *diz/dizem* ou *quer/querem*; (4) *dá/dá* ou *vai/vão*; (5) *foi/foram*; (6) *envenenou/envenenaram*; *fez/fizeram*; *veio/vieram*; *é/são*. Apresentamos a seguir, de forma mais simplificada, registros europeus de formas verbais com variante zero de plural ao longo de toda a escala da saliência fônica proposta para o português brasileiro:

(1) eles **come** (Peixoto, 1968: 136)
Os dois mais belhos **iscrebe**... (Silva Pereira, 1951: 160)

(2) As quenguerelas só **presta** para pescar (Alves, 1993: 190)
Mê abô e minha abó **era** de Barrancu (Joaquim Delgado, 1983: 426)

(3) eles **diz** ou eles **quer** (Peixoto, 1968: 135-136)

(4) Duas canas **dá** oito mestras (Cruz, 1991: 157)
O pai e a mãe nunca **bai** p'r ó rio (Braga, 1971: 172)

(5) Uh mê Z irmõi i a minha tia **foi** a Moira... (Joaquim Delgado, 1983: 426)

(6) **e c'mós anões** envenênou **o comeri** (Ratinho, 1959: 240)

as borricêras que viero onte é que **fez** isto (Marques, 1968: 61)
D'pôs **veiu** o rei e a rainha (Saramaga Delgado, 1970: 224)
os nossos agasalhos é **estes** (Mira, 1954: 149-150)

Uma observação adicional é oportuna. Ratinho (1959: 426) apresenta o exemplo "... *Aquilo que 'stá ali montenado* ***som*** *as* ***redis****, pra nõ* ***apodereceri****; se nõ '****stevess****'assim, s'****apodrecia*** *toda, nõ* ***prestava*** ", em que se insinua o efeito do paralelismo discursivo desencadeado a partir da forma infinitiva: trata-se de uma série de cinco verbos, o primeiro com plural explícito e os quatro subsequentes com plural zero. O paralelismo sintagmático também se observa na estrutura *s'****apodrecia*** *toda*, em que o item lexical *toda* também se apresenta com plural zero, possivelmente provocado pelo plural zero do verbo *apodrecer*. Fato semelhante ocorre com outro exemplo de Cruz (1991: 159) "... *pra ver* ***quais era*** *qui a* ***fazia*** *rir*... " em que a segunda forma verbal *fazia* com zero plural é precedida de outra forma verbal com zero plural *era*. O efeito do paralelismo discursivo, do paralelismo oracional e do paralelismo sintagmático tem também se mostrado como um efeito importante nos dados do português brasileiro (Scherre & Naro, 1991; Scherre, 1998b). Para fechar este ponto, chamamos a atenção do leitor para o registro de Joaquim Delgado (1983: 426) "***Uh mê Z irmõi i a minha tia foi*** *a Moira;* ***mê abô e minha abó era*** *de Barrancu*..." e para o de Moura (1960: 157) "Se o **iam** visitar **eram** para escarnecerem dele". No registro de Joaquim Delgado, temos um sujeito composto que, embora humano — normalmente desencadeador da forma verbal plural —, desencadeia forma verbal singular, posto que todos os elementos de ambas as estruturas encontram-se gramaticalmente no singular. Inversamente, no exemplo de Moura (1960), a inesperada forma verbal plural *eram* pode ter sido desencadeada pela forma verbal plural precedente *iam*. Em síntese, ambos os casos evocam novamente a hipótese do paralelismo linguístico para o entendimento da variação na concordância verbal em falas europeias.

3. CONCORDÂNCIA NOMINAL

Vimos que, ao longo de toda a extensão territorial de Portugal, registra-se variação na concordância verbal. Os registros de variação na concordância nominal são menos gerais, mas encontram-se em seis das 12 obras, no *corpus* da pesquisa pessoal da professora pesquisadora Maria Luísa Segura da Cruz e em dados da tese de doutorado de Varejão (2006). Embora os dados sejam escassos, é possível vislumbrar os contextos controladores da variação. A variante zero de plural nos elementos nominais dos exemplos do português europeu ocorre também em contextos desfavorecedores da variante explícita de plural nos milhares de exemplos brasileiros: elemento nominal não nuclear à direita do núcleo do sintagma nominal, oposição singular/plural menos saliente, grau diminutivo e marca precedente zero plural.

Registros de ausência de concordância nominal: elemento à direita do núcleo, oposição menos saliente e grau diminutivo

Faia — **centro-norte de Portugal**: povoado do concelho de Sernacelhe, distrito de Viseu, diocese de Lamego (Moura, 1960: 157).

> " (...) Nem sempre se verifica a concordância dos elementos da proposição:
> "Santos **Deus**"
> "Quando éramos **criança**" "(Moura, 1960: 157)

Fafe — **norte de Portugal**: comunidade de lavradores, habitantes do norte do concelho (Várzea Cova, Moreira do Rei. Ribeiros e Estorãos), perto de Braga (Silva Pereira, 1951: 161).

> " (...) A omissão de uma palavra origina, por vezes, desvios sintáticos, como os das frases:
> *Coma dos meus **bolinbos**, que **foi fritinbo** só in azeite.* (Silva Pereira, 1951: 161)

> " (...) São vulgares as hesitações no discernimento das palavras flexivas e inflexivas:
> *Estes todos sõu **melbor bomes*** (...)
> ***Todas** bestidinbas d'**iguais*** (...)
> No primeiro caso, o adjetivo *melbor* foi tratado como palavra invariável; no segundo, deu-se o contrário com o advérbio *igual*." (Silva Pereira, 1951: 161)

Ericeira — sudoeste de Portugal: comunidade de pescadores, a 42km de Lisboa, a 11 de Mafra e a 22 de Sintra (Alves, 1993: 191).

> " (...) É frequente o uso de singular pelo plural. <<Foi há muito ano>>; <<andê por munto sito>>, <<tenho **cinquenta ê um ano**>>." (Alves, 1993: 191)

Lisboa — **sudoeste de Portugal**: dados colhidos da fala de pessoas simples e analfabetas de bairros pobres de Lisboa (Curraleira, perto do Alto de São João,

Alfama, Castelo, Bairro Alto, Casal Ventoso, doca do Cais do Sodré e outros) (Mira, 1954: 149-150).

> "São frequentes na LP [língua popular], as faltas de concordância, consideradas erros do ponto de vista gramatical." (...)
> "só tem as **raízes enterrado** na carne" (...) (Mira, 1954: 149-150)

BALEIZÃO — **centro-sul de Portugal**: pequena povoação a 13km do concelho e distrito de Beja (Saramaga Delgado, 1970: 157).

> ".... **é tud**'muito **agarrado**, **uns ós ôtros**". (Saramaga Delgado, 1970: 157)

MONTE GORDO — **extremo sul de Portugal**: vila de pescadores próxima à Vila Real de Santo Antônio, litoral sul de Portugal (Ratinho, 1959: 240-241)

> "2 — Falta de concordância do adjectivo com o substantivo ou pronome a que se refere:
> A **cedrera** é munto **bom** p'ra chás.
> Calámos **a rede**, depois de 'stá **calado**...
> Nosso Senhori **os** faça **feliz**." (Ratinho, 1959: 240-241)

NAVE DE HAVER, ODELEITE E ALDEIA DE SAMUEL: exemplos de variação no *corpus* da pesquisa pessoal da professora pesquisadora Maria Luísa Segura da Cruz[5]:

1) Informante do sexo masculino, analfabeto, de 65 anos, do Distrito da Guarda — Nave de Haver, fronteira com a Espanha, mais ao Norte (fora da área de queda do -s):

> " (...) E para a gente quando são pequenitos, quando se conhecem que botam os grelos pequenitos e é uma coisa muito boa (...) para comer a gente, para a gente! Quando são **nabiças pequena**, quando são nabiça(?) (...) É para as vacas, para os burros, para os porcos... para as pessoas estes agora que tenham já as rosas, este já não! Isso só é quando são pequenitos, quando são assim para a gente é que são bons, o mais não senhor. (...) (...) (...) A gente cá semeamos muito pra a gente ter o mantimento para os vivo, para a gente quando é preciso... são machos, são porcos, são cabras, é esta coisa toda, a gente tem que ter tudo..."

2) Informante do sexo masculino, analfabeto, de 88 anos, de Odeleite, sul de Portugal, perto da fronteira da Espanha (na área de queda do -s):

5. Esses dados foram revisados na manhã de 9/10/95 juntamente com a professora pesquisadora Maria Luísa Segura da Cruz, a quem agradecemos imensamente a atenção e a generosidade. Os casos com interrogação indicam dúvida de percepção da marca explícita de plural por parte da professora Maria Luísa.

(...) Tenho uma neta... que é engenhera... (Ent.: ah, sim?) Esta tá muito bem colocada (...) Ela é engenhera e ele... é engenhero também (...) (...) Engenhero de construção civili... Ela é engenhera... Eles são **engenhero** de construção civili (...) (...) (...) Tiveram aí, todos. Teve... Teve a mãe, o pai, e os netos. Neta é que não veio. (...) (...) (...) (...) (...) (...) Mas esta nossa praia aqui de Monte Gordo é mais limpa. E... É milhori. E pelo menos os estrangeiros. E nem só os estrangero(?) mesmo os portugueses dizim que esta praia aqui é milhori (...) (...)(...) (...) (...) (...)(...) (...) É tudo pessoal que não é... Aqui é todos... filhos da terra. (...) (...) (...) Há o Chico Simão. Dos que tã lá a fora. Não sei se há mais algum.

3) Informante do sexo feminino, analfabeta, de 82 anos, da Aldeia de Samuel, Distrito de Coimbra, norte de Portugal:

(...) Isso é nas camisadas. As camisadas é do milho. No meu tempo (...) (...) Aquele que encontrasse ia dar uma aperto de mão aos otus todo (hes.) ao rancho.

Dos 15 casos de ausência de concordância nominal acima apresentados, 14 encontram-se na posição mais à direita, 11 deles à direita do núcleo nominal. Apenas o adjetivo *melhor*, em *melhor homes* (Silva Pereira, 1951: 161), encontra-se à esquerda do núcleo, contexto que desfavorece a variante zero de plural no português brasileiro. Além disso, 12 elementos apresentam oposição singular/plural menos saliente, tipo *ano/anos*; *enterrado/enterrados*. Dois elementos — o substantivo Deus e o adjetivo *feliz* — encontram-se no meio da escala da saliência para a concordância nominal: *Deus/Deuses* e *feliz/felizes*. A oposição que envolve o adjetivo *melhor* — *melhor/melhores* —, apenas um caso, encontra-se no nível de saliência mais para o topo da escala (para detalhes, cf. Naro & Scherre, 1999b). Portanto, apenas o caso de *melhor*, em *melhor homes*, apresenta menos chance de receber marca zero de plural no português brasileiro.

A construção *Coma dos meus bolinhos, que* ***foi fritinho*** *só in azeite* (Silva Pereira, 1951: 161), que exibe variante zero de plural tanto na forma verbal *foi* quanto na forma nominal diminutiva *fritinho* em posição de predicativo, ilustra um contexto de variação ÓTIMO: a forma *fritinho* pertence a um grupo de baixa saliência fônica (*fritinho/fritinhos*), está no diminutivo e ocupa a posição mais à direita na estrutura. Além disso, esta forma é precedida de uma forma verbal também com variante zero de plural, que, pela força do paralelismo linguístico no nível sintagmático, conduz de maneira contundente a outro zero plural, em dados do português brasileiro [Scherre & Naro, 1991; Scherre (1991;

1998b)]. Interessante também é o fato de que a construção que contém o adjetivo *fritinho* exibe uma configuração sintática com o *que* relativo. Esse tipo de construção, na modalidade falada do português brasileiro, tem se evidenciado como um contexto favorecedor da variante zero de plural nos verbos, pela obliteração da relação verbo/sujeito (Naro & Scherre, 1996; Naro & Scherre, 2003c).

O paralelismo linguístico no plano do sintagma também poderia ser evocado para dar conta da inesperada variante explícita de plural no advérbio *igual* na construção *Todas bestidinhas d'iguais* (Silva Pereira, 1951: 161), precedido de duas formas com plural explícito. O contexto que envolve o dado ".... **é tud**'muito ***agarrado***, *uns ós otros*" (Saramaga Delgado, 1970: 157) merece destaque. Envolve-se nesta construção a presença do elemento *tudo* que, como as formas não marcadas *todo ou toda*, exerce função quase categórica no sentido de inibir plurais nos elementos nominais a ele subsequentes, como em *agarrado*, também por força do paralelismo linguístico no plano do sintagma (Scherre, 1991; 1998b; 2001).

4. SOBRE O USO REITERADO DE EXPRESSÕES QUE DENOTAM FREQUÊNCIA DE VARIAÇÃO DA CONCORDÂNCIA NO PORTUGUÊS EUROPEU NÃO PADRÃO

Em alguns pontos de nosso texto, fizemos alusão ao uso de palavras e expressões que denotam frequência de variação da concordância pelos diversos pesquisadores. Para que possamos ter uma visão de conjunto da frequência de uso destas expressões, relacionamos a seguir todas as passagens relevantes:

GERMIL — **norte de Portugal**: aldeia do distrito de Viana do Castelo e diocese de Braga, depois do Porto, perto de Viana do Castelo (Peixoto, 1968: 133).

> " 1ª e 3ª pessoas do singular
> (...) No Pretérito Perfeito do Indicativo é **frequente** o emprego da 3ª pela 1ª pessoa do singular, em verbos como: ser, ter, fazer, pôr
>
> **eu foi** por 'eu fui'
> **eu esteve** por 'eu estive'
> **eu fez** por 'eu fiz'
> **eu pôs** por 'eu pus'

O fenômeno inverso é mais raro, mas ainda se regista com **certa regularidade** no verbo ser

ele fui por 'ele foi' (...)" (Peixoto, 1968: 133)

FAFE — **norte de Portugal**: comunidade de lavradores, habitantes do norte do concelho (Várzea Cova, Moreira do Rei. Ribeiros e Estorãos), perto de Braga (Silva Pereira, 1951: 160-161).

" (...) Em consequência de certos fenómenos fonéticos a que já tive ocasião de me referir nos dois capítulos anteriores, particularmente, a desnasalização das vogais *-e* e *-a* finais, nas diversas flexões, e a transformação desta última vogal em *-u*, **são vulgaríssimos os casos de silepse. É fenômeno geral**:

*Os dois mais belhos **iscrebe**, os oitros não* (os dois mais velhos escrevem, os outros não).
*Cá **fico** os meus bezerrinhos* (cá ficam os meus bezerrinhos)." (Silva Pereira, 1951: 160)

" (...) Quando o sujeito é composto, ouve-se, **frequentemente**, o verbo singular, talvez para pôr mais em evidência a relação do predicado com cada sujeito em separado:
*O **pai** e a **mãe** nunca **bai** p'r ó rio* (o pai e a mãe nunca vão para o rio)." (Silva Pereira, 1951: 161)

" (...) São **vulgares** as hesitações no discernimento das palavras flexivas e inflexivas:
*Estes todos sõu **melhor homes*** (...)
Todas** bestidinhas d'**iguais (...)" (Silva Pereira, 1951: 161)

FAIA — **centro-norte de Portugal**: povoado do concelho de Sernacelhe, distrito de Viseu, diocese de Lamego (Moura, 1960: 147).

... "A 1ª e 3ª pessoas do singular dos verbos ser e ir confundem-se **frequentemente**:
eu foi
ele fui" (Moura, 1960: 147)

ERICEIRA — **sudoeste de Portugal**: comunidade de pescadores, a 42km de Lisboa, a 11 de Mafra e a 22 de Sintra (Alves, 1993: 191).

" (...) É **frequente** o uso de singular pelo plural. <<Foi há muito ano>>; <<andê por munto sito>>, <<tenho cinquenta ê um ano>>. " (Alves, 1993: 191)

LISBOA — **sudoeste de Portugal**: dados colhidos da fala de pessoas simples e analfabetas de bairros pobres de Lisboa (Curraleira, perto do Alto de São João, Alfama, Castelo, Bairro Alto, Casal Ventoso, doca do Cais do Sodré e outros) (Mira, 1954: 117,149-150).

III — VERBOS
(...)
"2 — **Casos gerais** (...)
b) — As formas verbais de terceira pessoa do plural (sobretudo dos verbos da 3ª conjugação) terminadas em vogal nasal ẽ desnasalizam-se:
eles oube (m) (...)
eles sacode (m) (...) " (Mira, 1954: 117)

III — CONCORDÂNCIA
(...)
"**São frequentes** na LP [língua popular], as faltas de concordância, consideradas erros do ponto de vista gramatical. (...)
"os nossos agasalhos **é** estes" (...)
"só tem as raízes **enterrado** na carne" (...) "(Mira, 1954: 149-150).

ESCUSA — **sudeste de Portugal**: aldeia a 5km de Castelo de Vide e a 9 de Marvão, pertencente à freguesia de S. Salvador da Aramanha, concelho de Marvão, distrito de Portalegre (Baptista, 1967: 145).

... "Se o sujeito é do plural e está DEPOIS do verbo, **com frequência** este fica no singular, se se trata do verbo ser:
3. "A gente sabe lá com' **é** essas vidas!
4. "Tã, mas as melhores já as tirarim: **foi** as que mandarim pa Coimbra" (Baptista, 1967: 145)

ODELEITE — **sul de Portugal**, quase fronteira com a Espanha: aldeia a 14km do concelho de Castro Marim, pertencente à freguesia de Odeleite, ao concelho de Castro Marim, à comarca de Vila Real de Santo Antônio e ao distrito de Faro (Cruz, 1991: 159).

" (...) Se o sujeito é plural e está depois do verbo, este fica **frequentemente** no singular:
<<É um terreno que se caia em volta pra que nã **entre** lá gados ..>>
<<... punhom-se pela cabeça, condo **morria** pessoas de família chigada>> "
<<... às vezes **fic'** ài poças fêtas por a água>>." (Cruz, 1991: 159)

Como se pode ver, sete dos 12 autores pesquisados usam 11 vezes termos que denotam frequência de ocorrência da variação, seja para se referirem à neutralização entre 1ª e 3ª pessoas, seja para se referirem a casos sem concordância verbal plural em oposições fônicas menos salientes, seja para se referirem aos casos sem concordância verbal plural com sujeito à direita do verbo, seja para se referirem à própria escassa ausência de concordância nominal plural (Peixoto, 1968: 133-136; Silva Pereira, 1951: 160-161; Alves, 1993: 191; Mira, 1954: 149;117; Baptista, 1967: 145; Cruz, 1991: 159). Estamos chamando a atenção para este fato, não por supormos que a variação da concordância de número no português europeu possa chegar a níveis percentuais globais comparáveis ao que ocorre no Brasil, especialmente na fala de pessoas menos escolarizadas, mas, sim, por considerarmos que o uso generalizado de termos que denotam frequência nos trabalhos que temos lido chega a ser intrigante e, minimamente, aguça a curiosidade de qualquer pesquisador. Este fato aponta para a necessidade de se verificar a extensão da variação em terras europeias. Em 1995, tivemos a oportunidade de ouvir fitas de falantes portugueses nas dependências do Centro Linguístico da Universidade de Lisboa e a frequência global de uso da variante zero de plural nos pareceu indiscutivelmente baixa.

5. SOBRE AS PALAVRAS DE ADOLFO COELHO

Atribui-se a Adolfo Coelho, nos idos de 1880, a primeira referência ao português brasileiro como uma língua portadora de características de línguas crioulas. No item I de *Os dialectos românicos ou neolatinos da África, Ásia e América*, versão republicada em 1967, à p. 43, no subitem 5, "O português no Brasil", especificamente sobre a concordância de número nominal, encontramos de fato as seguintes palavras:

> Diversas particularidades características dos dialectos crioulos repetem-se no Brasil; tal é a tendência para a supressão das formas do plural, manifestada aqui, que, quando se seguem artigo e substantivo, adjectivo e substantivo etc. que deviam concordar, só um toma o sinal de plural. Assim na cantiga nº 20: dois gintem = dois vinténs. Ouve-se com frequência *os homen* por *os homens*; *as muyé* por *as mulheres*; *duas boa pessoa* por *duas boas pessoas*; *casas grande* por *casas grandes* (...)

Todavia, no item III, Novas Notas Suplementares, a propósito de uma série de características vistas como específicas do português brasileiro, incluindo-se entre elas a ausência de concordância verbal, Coelho (1967: 170-171) afirma também o seguinte:

> Não são peculiares ao Brasil, ao contrário, construções como as seguintes, notadas pelo sr. L. de Vasconcelos:
>
> Sete **frades** se **afogou**
>
> Cantos, I, 48.

> E meus **olhos** não te **vê**
>
> Ibid., I, 188.
>
> Às quais juntarei:
>
> Não falando **doutras tantas**
> Que **ficou** atrás p'ra vir
>
> Ibid., I, 6.
>
> As **lágrimas** eram tantas
> Que pela mesa **corria**
>
> Ibid., I, 12.
>
> **Era homens** e **mulheres**
>
> Ibid., I, 51.
>
> Nos cantos populares portugueses **encontram-se numerosos exemplos de construções semelhantes** (...). (Coelho, 1967: 170-171).

Em se tratando da concordância nominal, não há dúvida de que Adolfo Coelho atribui a ela uma tendência crioulizante, como se pode ver novamente na p. 170, quando discorda da interpretação de Sílvio Romero de que "o povo não guarda os plurais, quando assim exige a rima" ou "quando assim exige o metro" (apud Coelho, 1967: 170). Já pudemos inclusive observar que, a depender dos objetivos, os interessados no tema fazem referência às ponderações de Adolfo Coelho apenas sobre a concordância nominal, especialmente as reimpressas na p. 43 (cf. Baxter & Lucchesi, 1997: 67). Consideramos, portanto, oportuno discutir a dupla posição de Adolfo Coelho, à luz de alguns resultados da pesquisa sociolinguística brasileira, para a concordância nominal e para a concordância verbal.

As pesquisas até o momento conhecidas têm mostrado que as variáveis posição relativa e oposição de saliência fônica funcionam de forma semelhante para o entendimento da concordância de número, quer verbal quer nominal (cf. Scherre & Naro, 1997, por exemplo). A análise dos dados em função da posição relativa evidencia que a posição à esquerda atua no sentido de favorecer a presença de marcas. No caso da concordância verbal, se o sujeito estiver à esquerda do verbo, favorece-se mais concordância explícita. No caso da concordância nominal, os elementos mais à esquerda evidenciam mais marcas explícitas de plural. Sujeito à direita do verbo e elementos nominais mais à direita mostram-se, por sua vez, favorecedores das variantes zero de plural. A análise da saliência fônica demonstra que tendem a apresentar mais plural explícito os elementos verbais ou nominais que apresentarem maior saliência fônica na relação singular/plural e, inversamente, menos plural explícito os que apresentarem menor saliência fônica nesta relação. A análise do paralelismo linguístico indica também que os dois fenômenos apresentam comportamento similar: só para ilustrar, sujeito com todas as marcas explícitas de plural desencadeia mais marcas explícitas de plural nos verbos correspondentes, assim como duas ou mais marcas explícitas de plural nos elementos do sintagma nominal desencadeiam mais marcas explícitas de plural no elemento nominal subsequente. Também inversamente, zeros plurais precedentes tendem a desencadear zeros plurais subsequentes, tanto na concordância nominal quanto na concordância verbal. Em outras palavras, os dois fenômenos no português brasileiro são regidos por forças semelhantes. Então, tratá-los como tendo origens distintas significa, a nosso ver, perder generalizações linguísticas importantes, o que, sem dúvida, não constitui objetivo da pesquisa linguística. É a busca incessante da explicação dos fenômenos linguísticos que constitui a tarefa de todos nós.

6. EVIDÊNCIAS ADICIONAIS: O TRABALHO DE VAREJÃO (2006)

Em recente tese de doutorado defendida na UFRJ, com dados do português europeu dialetal das décadas de 1980 e 1990, extraídos do *Corpus* Dialetal com Anotação Sintática — CORDIAL-SIN, Varejão (2006: 109-112; 136-150; anexo 2; anexo 3) encontra 9% de não concordância verbal: 223 casos, num total de 2520 casos analisados, um percentual até acima do que supúnhamos, mesmo em se tratando da fala de pessoas com pouca ou nenhuma escolarização.

A análise e os dados que Varejão (2006: 137) apresenta indicam que a posição do sintagma nominal à direita (depois) do verbo é o aspecto mais importante no processo de não concordância verbal. Além disso, sua análise e os dados arrolados no anexo 3 apontam também para a relevância do papel do *que* relativo, do paralelismo linguístico, da animacidade, enfim de diversos fatores que têm sido evidenciados como fundamentais no entendimento dos fenômenos de concordância variável no português brasileiro e no português arcaico. Os dados sem concordância analisados por Varejão (2006), alguns também sem concordância nominal, de número e gênero, são mesmo interessantes e, ignorados alguns outros aspectos, muitos deles poderiam ser intuídos como o português brasileiro mais genuíno.

Exemplos extraídos do anexo 3 da tese de Varejão (2006) permitem ilustrar diversos contextos de variação[6]: *Já morreu o mais velho e morreu minha mãe. Já* ***morreu*** *dois* (p. 2); ***veio*** *todos, e os filhos e a família toda à procura dele* (p. 2); *e* ***nasceu*** *na praia essas macieiras...* (p. 3); ***Está*** *umas pessoas a berrar* (p. 2); *As que tinha sido tratadas, que já* ***tinha*** *sido semeadas (...) mal* ***aparece*** *umas ervazitas* (p. 6); *Esses problemas que* ***dá vai*** *enfraquecendo [a pesca]* (p. 3); *Porque eu sei que essas muitas variedades de cedros* ***veio*** *quando* ***veio*** *os serviços florestais* (p. 10); *Os paus é que* ***ia*** *arrastando aquilo* (p. 5); *nem todos* ***pode*** *estudar, nem todos* ***pode*** *trabalhar na terra* (p. 2); *as pessoas* ***vinha tudo*** *aos ranchos* (p. 11); *E aqui* ***era*** *quase três pessoas (...), mas* ***era*** *três pessoas para botar as teias* (p. 11); *Os bolos* ***é*** *mais* ***pequeno*** (p. 2); *Queimou tudo, os cachos* ***ficou tudo queimado*** (p. 11); *Havia tanoeiros a fazer as vasilhas, que* ***era feito*** *à mão* (p. 9); *Dessas charretes que* ***era puxado*** *só...* ***Era*** *para pessoas.*

Com base nas informações dos itens 3.3.2 e 3.3.2.4 e da tabela XVI do trabalho de Varejão (2006), é possível reconstituir os efeitos percentuais da variável posição para os sujeito explícitos, reproduzidos abaixo em termos de concordância verbal:

POSIÇÃO DO SUJEITO	PERCENTUAL DE CONCORDÂNCIA
Sujeito anteposto ao verbo	1.918/ 2.011 = 95%
Sujeito posposto ao verbo	93/ 345 = 66%
Total	2.147/ 2.355 = 91%

O total de concordância verbal nos dados coletados por Varejão (2006) é da ordem de 91%, mas se o sujeito estiver posposto, há uma diminuição de concordância da ordem de 25 pontos percentuais. Isto evidencia que a posição depois do verbo também nos dados do português europeu popular tem o papel claro de diminuir a concordância verbal.

6. Numeramos as páginas do anexo 3 da tese de Varejão (2006) para facilitar as referências.

7. CONCLUSÃO

Os fatos observados nas 12 obras da dialetologia europeia e na tese de Varejão (2006) constituem evidências adicionais e inequívocas para situar no português europeu não padrão a GÊNESE, OU A FONTE ORIGINAL, da ampla variação da concordância que ocorre em solo brasileiro. Em outras palavras, os dados linguísticos primários recebidos pelos falantes não nativos, com seus contextos de variação, vieram com os portugueses, em toda a sua diversidade dialetal. Estudiosos do português brasileiro mostram com clareza que veio para o Brasil um microcosmo português, de todas as regiões de Portugal e de diversas classes sociais (cf. Silva Neto, 1986: 581-587). No Brasil, não há evidência de ruptura linguística, no sentido de que, no processo de aquisição do português como primeira ou como segunda língua, novas estruturas foram criadas a partir de línguas de outros povos ou surgiram de algum processo de simplificação de estruturas. As evidências apresentadas neste capítulo — algumas delas já explicitadas em outros textos (Naro & Scherre, 2000a; Scherre & Naro, 2001) e nos capítulos 2 e 3 deste livro — mostram que o português europeu não padrão é suficiente para dar conta da gênese do português brasileiro, não existindo justificativa para buscar outras fontes mais distantes. Segundo Mufwene (2000: 70), as "pesquisas das últimas décadas têm mostrado também de forma cada vez mais óbvia que MUITOS TRAÇOS ASSOCIADOS ÀS [LÍNGUAS] CRIOULAS TÊM SIDO SELECIONADOS, embora não conservados integralmente, DAS VARIEDADES NÃO PADRÃO DE SUAS [LÍNGUAS] LEXIFICADORAS (...) ou das línguas de substrato" [grifos nossos][7].

Considerando que as evidências apresentadas neste capítulo reforçam a tese de que a língua portuguesa como falada em Portugal antes da colonização do Brasil, tomada em sua diversidade dialetal e não na sua forma padrão, continha as sementes da variação que mais tarde germinaram e produziram uma vasta floresta no Brasil, rejeitamos a relevância da concepção clássica da pidginização/crioulização como uma mistura de sistemas de tipos estruturais diferentes no desenvolvimento histórico do português brasileiro. Afirmamos que o português brasileiro e o português europeu partilham estruturas semelhantes e que as es-

7. "Research of the past decade and so has also made it more and more obvious that a lot of the features associated with creoles have been selected, though not preserved intact, from the nonstandard varieties of their lexifiers or from the substrate language" (Mufwene, 2000: 70).

truturas variáveis de uso comum no Brasil também podem ser encontradas em Portugal, com menos intensidade, tanto hoje quanto antes da colonização do Brasil. Como já tivemos oportunidade de expor (Naro & Scherre, 2000a: 249 e no capítulo 2 deste livro), o que aconteceu no Brasil foi "levar adiante tendências que já estavam presentes na língua"[8]. Estas são as palavras de Gillian Sankoff e Suzane Laberge (1980: 208), ao descrever o efeito da crioulização no Tok Pisin da Nova Guiné, no sentido clássico da aquisição linguística por uma nova geração de falantes nativos a partir do *pidgin* de seus pais, falado apenas como sistema não nativo. Consideramos que, em ambos os casos, a evolução extraordinária foi facilitada pelo fato de as condições sociais em direção à uniformização e continuidade cultural, normalmente encontradas em sociedades tradicionais, não serem tão fortes sob condições de descontinuidade social.

Na linha do princípio uniformitarista — explicitado em Christy (1983: ix, apud Labov, 1994: 21) — de que "o conhecimento de processos que operaram no passado pode ser inferido pela observação de processos em andamento no presente"[9], estamos usando fatos do presente — os dados do português europeu falado moderno com seus contextos de variação, bem como a análise destes contextos em dados do português brasileiro — para projetar estruturas que certamente ocorreram no passado, ou seja, no português europeu falado antigo. Corroboram esta projeção também os fatos já conhecidos do português arcaico, com relação ao funcionamento das restrições da concordância verbal variável. Os dois contextos da gênese da variação da concordância verbal — *posição relativa do sujeito e saliência fônica da oposição singular/plural* — têm seu funcionamento atestado no português arcaico de forma semelhante à observada no português brasileiro contemporâneo (Mattos e Silva, 1991; Naro & Scherre, 1999a; 2000a; 2000b e Scherre & Naro, 2000)[10].

Nossa interpretação não implica todavia considerar que o português brasileiro e o português europeu trilharam caminhos idênticos ao longo dos 500 anos de jornada. O português brasileiro e o português europeu, com semelhanças

8. "Carrying further tendencies which were already present in the language" (Sankoff & Laberge, 1980: 208).

9. "Knowledge of processes that operated in the past can be inferred by observing ongoing process in the present" [Christy 1983: ix, apud Labov (1994: 21)].

10. Poder-se-ia argumentar que esta projeção, com base nos dados do português arcaico, só é válida para a concordância verbal, tendo em vista que parece não haver variação de concordância nominal nos textos pertinentes, como ponderou Rosa Virgínia Mattos e Silva, nas discussões em uma

inquestionáveis, apresentam diferenças também inquestionáveis, que devem e precisam ser entendidas à luz do contexto linguístico-social que cerca cada uma das comunidades de fala. Aliás, se alguma mudança maior houve, cujas consequências ainda estão por ser avaliadas, poderíamos até dizer que foi em Portugal e foi, de forma visível, no plano da fonologia, distinguindo o português europeu moderno e contemporâneo do português clássico (Carvalho, 1989; Teyssier, 2004: 81; Abaurre & Galves, 1998: 382), o que faz com que o português europeu hoje pareça aos ouvidos dos brasileiros uma língua de natureza bem diferente, quase um português falado por estrangeiros.

Tendo em vista o uso generalizado das expressões "frequente", "frequentemente", "certa regularidade", "fenômeno geral", "casos gerais", e outras tantas da mesma natureza, reafirmamos ser fundamental a realização de pesquisas quantitativas com dados produzidos em circunstâncias reais, seja do português europeu padrão ou não padrão, a fim de que se possa identificar quais são "a verdadeira extensão e a intensidade da variação na concordância em terras lusitanas, especialmente no português europeu não padrão" (Scherre & Naro, 2001: 47), que, diferentemente do que registram os textos pesquisados, julgamos ser hoje de pequena magnitude. Todavia, até Adolfo Coelho (1967: 170-171), ao falar da concordância verbal variável, afirma que nos "cantos populares portugueses encontram-se numerosos exemplos".

Na empreitada de se entender convergências e divergências, o ritmo das duas línguas e o papel dos segmentos fonéticos envolvidos na variante explícita de plural dos nomes — bastante distintos — certamente merecem atenção por parte dos pesquisadores que buscam entender os caminhos diferentes que trilharam, e ainda trilham, o português brasileiro e o português europeu. Para uma visão de conjunto, é necessário entender as rotas das duas línguas com todas as suas multiplicidades e complexidades dialetais. Enfim, estudos do uso da língua em seu contexto social em terras europeias se fazem necessários para que se possam fazer comparações VERDADEIRAMENTE comparáveis: conclusões pertinentes às variedades não padrão do português brasileiro não podem ser adequadamente estabelecidas tomando-se como referência variedades padrão, em especial a variedade padrão escrita literária.

---

mesa-redonda sobre o tema, no II Congresso Nacional da ABRALIN, na Universidade Federal de Santa Catarina — de 25 a 27 de fevereiro de 1999. Mas, a nosso ver, a quase total ausência de variação nominal no português brasileiro escrito em contraste com sua presença maciça no português brasileiro falado permite-nos refutar esta argumentação.

CAPÍTULO 5

SOBRE AS ORIGENS DO PORTUGUÊS BRASILEIRO: GARIMPO FONOLÓGICO

Maria Marta Pereira Scherre
Anthony Julius Naro

1. INTRODUÇÃO

Este capítulo continua o garimpo linguístico iniciado em 1995, cujo objetivo central é localizar traços linguísticos no português europeu não padrão que têm sido considerados exclusivos do português popular brasileiro[1]. Focalizamos, especialmen-

1. As ideias centrais deste capítulo foram apresentadas no congresso de verão da Society for Pidgin and Creole Linguistics (SPLC) de 2003, na Universidade do Havaí, em Honolulu, nos Estados Unidos, realizado no período de 14 a 17 de agosto de 2003, por meio de uma comunicação intitulada "Still Prospecting: More on the Structural Origins of Brazilian Portuguese". Sua primeira versão em português, intitulada "Sobre as origens estruturais do português brasileiro: o garimpo continua", com uma conclusão mais detalhada, que retoma conclusões de textos anteriores, será publicada em 2007, em um livro intitulado *Português em contato*, que está sendo organizado pela professora Ana Maria Carvalho, do Departamento de Espanhol e Português da Universidade do Arizona. Como explicitamos na introdução deste nosso livro, o texto submetido à publicação foi lido

te, alguns traços atribuídos ao contato linguístico com línguas africanas ou com línguas crioulas de substrato africano, nos termos de Holm (1992), com ênfase em traços fonológicos, tendo em vista que os aspectos morfossintáticos já se encontram discutidos nos capítulos 1, 2, 3 e 4. Reafirmamos que o resultado geral de nosso garimpo nos permite inferir que quase todos os traços característicos do português do Brasil, em suas variedades populares faladas atualmente no vasto território nacional, têm sua origem comprovada na fala popular ou não padrão de Portugal. Por essa razão, e baseados em princípios geralmente aceitos de construção de teorias científicas que detalharemos na conclusão deste livro, rejeitamos a hipótese de que tenha havido processos significativos de reestruturação linguística, associados à crioulização prévia, à interferência de substratos, à simplificação ou redução estrutural, ou a qualquer outro mecanismo externo à estrutura da própria língua portuguesa, na formação do português do Brasil. Rejeitamos a hipótese de reestruturação linguística, seja no âmbito da sintaxe ou da morfologia — evidências diretas —, seja no campo da fonologia — evidências adicionais, nos termos de Holm (1992: 47), abaixo explicitados:

> Embora a morfologia e a sintaxe forneçam as pistas mais diretas para a identificação do tipo de reestruturação associado à crioulização prévia (interpretada, naturalmente, à luz de fatores sociolinguísticos relevantes), a fonologia também pode contribuir para o entendimento do grau de continuidade da transmissão linguística, lançando luzes sobre o tipo de contato linguístico que ocorreu[2].

Enfatizamos que nossa posição não implica, todavia, ignorar a existência inquestionável de condições sócio-históricas normalmente propícias ao surgimento de línguas crioulas clássicas em terras hoje brasileiras: multilinguismo generalizado entre falantes adultos que, no início do contato, não partilhavam língua comum, em contexto de colonização e de consequentes relações linguísticas e sociais assimétricas. Também não duvidamos da provável existência durante o processo de aquisição do português por adultos de efeitos diretos de interferência de primeiras línguas em indivíduos ou

pelo professor Alan Baxter. Agradecemos a ele pelas observações e críticas pertinentes, que nos motivaram a fazer algumas mudanças neste capítulo também.

2. "While morphology and syntax provide the most direct clues in identifying the kind of restructuring associated with prior creolization (interpreted, of course, in the light of relevant sociohistorical factors), phonology can also provide insight into the degree of continuity of language transmission, casting light on the kind of language contact that took place" (Holm, 1992: 47).

até em comunidades relativamente isoladas de mesma origem. Entretanto, não se evidenciam atualmente efeitos em longo prazo de tais interferências visivelmente diferentes das estruturas vindas de Portugal. Se houve qualquer efeito de interferência estrutural, tal efeito foi passageiro ou não produziu resultado diferente do *input* europeu. Repetimos que nossa posição implica, sim, estabelecer comparações comparáveis ao examinar as origens estruturais do português do Brasil. Em outros termos, não se pode ignorar que os portugueses que vieram para o Brasil eram originários de todas as regiões de Portugal e pertenciam a diversas classes sociais (Silva Neto 1986: 581-587; Mattos e Silva 2001: 280-283). Consequentemente, o português europeu do período colonial, que serviu como entrada de dados para o português que se formou em território brasileiro, apresentava toda a sua natural diversidade geográfica e social.

Os traços do português europeu não padrão são particularmente interessantes porque, de forma geral, a literatura que assume a hipótese da crioulização do português em terras brasileiras costuma ignorar ou negligenciar essa realidade linguística e, na maior parte das vezes, faz comparações com o português escrito padrão ou com variedades de prestígio do português falado, de Portugal ou do Brasil. Para estabelecer suas conclusões, Holm (1992: 37), por exemplo, compara o português brasileiro popular, caracterizado como "a língua usualmente falada pelos brasileiros de classe baixa com pouca escolarização"[3] com o português brasileiro padrão, caracterizado como "a língua literária usualmente falada pelos brasileiros escolarizados de classe média e alta, particularmente em circunstâncias formais"[4]. Assim fazendo, Holm (1992) está estabelecendo comparações entre objetos incomparáveis, com origens e histórias distintas através de toda a sua existência no Brasil.

Além da neutralização entre a 1ª e a 3ª pessoas verbais e da variação da concordância de número existentes em terras europeias e já explicitadas nos capítulos 3 e 4 deste livro, identificam-se no português europeu não padrão os

3. "The language usually spoken by lower-class Brazilians with little education" (Holm, 1992: 37).
4. "The literary language usually spoken by educated middle and upper class Brazilians, particularly in formal circumstances" (1992: 37).

fenômenos linguísticos listados a seguir, todos citados na literatura como indícios de processos de crioulização do português em terras brasileiras[5]:

1) simplificação do padrão silábico; alternância de [l] e [r]; processos de nasalização e desnasalização (Holm, 1992: 47-49);
2) uso do pronome do caso reto em função de objeto direto (Holm, 1992: 54; Baxter & Lucchesi, 1997: 76); uso do pronome oblíquo em função de sujeito (Holm, 1992: 58); uso do *se* reflexivo para primeira pessoa (Guy, 1989: 237; Baxter & Lucchesi, 1997: 76);
3) alternâncias de preposições, incluindo a preposição *em* no lugar das preposições *a* e *para* (Holm, 1992: 61);
4) uso do verbo *ter* indicando posse e existência (Holm, 1992: 60), uso não frequente de formas perifrásticas e redução ampla de modos e tempos verbais (Holm, 1992: 51-52; Baxter & Lucchesi, 1997: 76);
5) uso frequente de formas expletivas e outros processos de ênfase, como a reduplicação (Holm, 1992: 59).

Os fatos que constam deste capítulo foram também retirados de 12 obras da dialetologia europeia que cobrem o território português de norte a sul e de leste a oeste, relacionadas no capítulo 4 e no anexo 1. Utilizamos ainda o livro de Leite de Vaconcellos (1987/1901), intitulado *Esquisse d'une dialectologie portugaise*. Na parte 2 deste capítulo, vamos nos concentrar nos detalhes fonológicos do item 1, pelas razões já explicitadas e, na parte 3, listamos mais três traços interessantes, que não constam da lista das características atribuídas ao contato linguístico. Na parte 4, apresentamos, as reflexões finais.

2. O GARIMPO DESTE TRABALHO

2.1. *Estrutura silábica* CV

Holm (1992: 47-48) estabelece íntima relação entre processos de simplificação de padrões silábicos no português brasileiro popular e os pressupostos processos de crioulização em terras brasileiras nos seguintes termos:

5. Ver também Zimmermann (1999).

> Há evidência na estrutura silábica do português brasileiro popular de que ele surgiu de uma variedade previamente crioulizada do português que tinha uma forma canônica de CV, uma consoante e uma vogal. Isto é similar a regras fonotáticas de muitas línguas de substrato africano relevantes (por exemplo, iorubá), e não do português padrão. [...] Assim, no português brasileiro popular moderno, encontramos formas como *nego* (cf. português brasileiro padrão *negro*), *voano* (português brasileiro padrão *voando*), *alegue* (português brasileiro padrão *alegre*), *fasidade* (português brasileiro padrão *falsidade*) e *dizê* (português brasileiro padrão *dizer*). Esta última forma, um infinitivo sem /r/, se tornou aceitável mesmo na pronúncia educada.
>
> Consoantes também caem para se amoldar ao padrão silábico CV em crioulos tais como o português crioulo de Helvécia (por exemplo, *siná* do português brasileiro padrão *sinal/cicatriz*, e são-tomense, por exemplo, *kalu* do português *caldo*). Vogais iniciais átonas caem facilmente, a saber, *magina*, no português brasileiro popular, de *imaginar*, no português brasileiro padrão [...]
>
> Em variedades mais arcaicas ou rústicas do português brasileiro popular, as vogais também poderiam ser adicionadas para se amoldarem a padrões CV, seja pela sua inserção entre consoantes em encontros consonantais (por exemplo, *fulô* no português brasileiro popular, de *flor* no português brasileiro padrão), seja pela sua adição depois de uma consoante final (por exemplo, *lapassi* no português brasileiro popular, de *rapaz* no português brasileiro padrão [...]. Os crioulos também têm vogais epentéticas (por exemplo, *kilaru* no português crioulo de Helvécia, de *claro* no português brasileiro padrão, ou *aluki* no são-tomense, de *arco* do português; e vogais paragógicas (por exemplo, *mele* em são-tomense, de *mel* em português)[6].

Todavia, garimpando obras de dialetologia europeia, podemos encontrar em Portugal esses mesmos processos de manutenção da estrutura silábica CV, atribuídos ao contato linguístico por Holm (1992) no caso do português brasi-

6. "There is evidence in the syllabic structure of PBP [Popular Brazilian Portuguese] that it grew out of an earlier creolized variety of Portuguese that had a canonic form of CV, a consonant and vowel. This is similar to the phonotactic rules of many of the relevant African substrate languages (e.g. Yoruba), and not far from that of standard Portuguese. [...] Thus, in modern PBP I found forms such as *nego* 'black person' (cf. SBP [Standard Brazilian Portuguese] *negro*), *voano* 'flying' (SBP *voando*), *alegue* 'happy' (SBP *alegre*), *fasidade* 'falseness' (SBP *falsidade*), and *dizê* 'say' (SBP *dizer*). The last, an infinitive without /r/, has become acceptable even in educated pronunciation.

Consonants were also dropped to achieve a CV syllabic pattern in creoles such as HCP [Helvecia Creole Portuguese], e.g. *siná* 'scar' from SBP *sinal*, and ST [São Tomense], e.g. *kalu* 'stew' from P [Portuguese] *caldo*. Initial unstressed vowels were particularly liable to loss, e.g. PBP *magina* 'imagine' from SBP *imaginar* [...]

In more archaic or rustic varieties of PBP, vowels could also be added to achieve the CV patterns by either inserting them between consonants in a cluster (e.g. *fulô* 'flower' from SBP *flor*) or adding them after a final consonant (e.g. pbp *lapassi* ' boy' from SBP *rapaz*) [...] Creoles also have such epenthetic vowels (e.g HCP *kilaru* 'clear' from SBP *claro*, ou ST *aluki* 'bow' from P *arco*) and paragogic vowels (e.g. ST *mele* from P *mel*) (Holm, 1992: 47-48).

leiro. O quadro 1 apresenta os exemplos de Holm (1992) em comparação aos do português europeu não padrão, os quais foram extraídos das obras de Leite de Vasconcellos (1987/1901), para os *dialetos* continentais; de Peixoto (1968), para o falar de Germil, no extremo norte de Portugal; de Alves (1965), para a linguagem dos pescadores de Ericeira, no sudoeste de Portugal; e de Ratinho (1959), para o falar de Monte Gordo, no extremo sul de Portugal. Neste quadro, listamos exemplos de cinco grandes grupos de processos fonológicos que asseguram a estrutura silábica CV:

1) queda de consoante líquida em grupos consonantais;
2) assimilação de /d/ em /-nd/ e de /b/ em /-mb/;
3) queda de consoante em coda silábica;
4) inserções vocálicas em coda silábica e em grupos consonantais;
6) queda de vogais iniciais.

Processos	Holm (1992)	Leite de Vasconcellos (1987/1901)	Peixoto (1968) Extremo norte de Portugal	Alves (1965) Sudoeste de Portugal	Ratinho (1959) Extremo sul de Portugal
1) Queda de consoante líquida em grupos consonantais	ne**go** (ne**gro**) ale**gue** (ale**gre**)	pró**pio** (pró**prio**)	a**ga**decidos (a**gra**decidos)	pró**pio** (pró**prio**)	pró**pio** (pró**prio**) den**to** (den**tro**) lem**be** (lem**bre**) re**fi**ado (res**fri**ado)
2a) Assimilação de /d/ em /-nd/	voa**no** (voa**ndo**)		acaba**no** (acaba**ndo**) mu**no** (mu**ndo**) fu**no** (fu**ndo**)		
2b) Assimilação de /b/ em /-mb/		i**mo**ra (e**mbo**ra) ta**mém** (ta**mbém**)	i**mo**ra (e**mbo**ra) cu**mo**io (co**mbo**io) ta**mém** (ta**mbém**)		tamei (ta**mbém**)
3) Queda de consoante em coda silábica	**fa**sidade (**fal**sidade) si**ná** (si**nal**) di**zê** (di**zer**)	**di**no (**dig**no) com**prá** (com**prar**)	u**mi**dade (hu**mil**dade) **re**posta (**res**posta) **me**ma (**mes**ma)	**putõ** (**por**tão)	**re**fiado (**res**friado) **ca**cerero (**car**ceireiro) fa**zé** (fa**zer**)
4a) Inserções vocálicas em coda silábica	me**li** (mel)	ma**ri** (mar)	fe**li** (fel) cume**ri** (comer)	ma**li** (mal) calo**ri** (ca**lor**) ca**ra**cunda (**cor**cunda)	fe**li** (fel) mule**ri** (mulher)

4b) Inserções vocálicas em grupos consonantais	**ki**laru (**cl**aro)	**fe**lor (**fl**or) **pe**lantar (**pl**antar)	**gue**loria (**gl**ória)		
5) Quedas vocálicas	magina (**i**magina)	poteca (**hi**poteca) tropesia (**hi**dropisia)	marelo (**a**marelo) sucra (**aç**úcar)	sucra (**aç**úcar)	bençoado (**a**bençoado)

Quadro 1. Exemplos de processos favorecedores da estrutura silábica CV[7].

Se os fenômenos apresentados no quadro1 persistem até hoje no português europeu não padrão, por que razão não existiriam nos dados de entrada que chegaram ao Brasil no período colonial?[8]

---

7. Todos os negritos do texto que denotam ênfase são nossos.

8. Buscando o máximo de fidelidade aos textos originais, transcrevemos as palavras do texto de Leite de Vasconcelos (1987/1901: 76-101) e das demais obras da dialetologia europeia, que, repetimos, revelam a existência de traços supostamente crioulizantes, no português europeu corrente e popular, por nós denominado de não padrão. Omitimos alguns detalhes fonéticos não relevantes para nosso raciocínio.

"Une r devant la consonne initiale du mot suivant disparaît facilement dans le langage courant: *trabalhá' todo o dia* = trabalhar todo o dia" (p. 77).

"En proclise, l'*r* final disparaît devant une consonne dans la prononciation négligée, du moins dans le Centre et dans le Nord: [...] *comprá' caro, po' teu pé, se não fô' muito tarde*. L'*r* final [...] à la pause [il] reçoit une voyelle d'appui, *-e*, *-i* [...], *-a* [...]: *máre*, mári, *mára* 'mar'. L'*r* se dissimila fréquemment dans le parler populaire: *ralo* = raro (forme aussi archaïque), *propio* = *próprio* [...] » (p. 98).

"A Cadaval, on dit *Imurozio* = *Imbrosio* = *Ambrosio*, avec l'intercalation d'un *u*, le *b* ayant été absorbé para la nasale qui précède, de même que dans les mots très usités partout *tamém* = também, *imora* = embora.

Des expressions telles que Santo-Tisso = Santo Tirso (Minho), *cramar* = clamar (Minho), *prantar* = plantar [...] (Beira, etc.), *dino* = digno, appartiennent aussi au langage archaïque" (p. 100).

"Dans *felor* = flor, *gueloria* = gloria, *pelantar* = plantar, les groupes FL, GL, PL sont détruits par l'intercalation d'un *e*" (p. 100).

"Dans les groupes ST, SP, l's disparaît dans ces mots (Estrémadure surtout), en proclise: *tá* = *stá* = está, *péra* = *spera* = espera " (p.101).

"[...] Dans la langage du Sud, l'action de l'accent se fait sentir d'une manière remarquable dans les proparoxytons, qui se réduisent a des paroxytons: *paciença* = paciencia, [...] *tauba* = tábua" (p. 101).

"[...] La langue populaire a une tendance générale, du moins apparente, à éviter les oxytons e les proparoxytons, par l'effet de certaines lois auxquelles obéissent les sons [...]: ainsi *sal* devient sale (*sali*, *sala*); *pátio* devient *páito* dans le Sud; des noms en *-ência* deviennent des noms en *-ença* (dans le Sud) " (p. 76).

"[...] L'*i* initial subit le même sort que l'*e* initial [...]. Des formes isolées: *potéca* = hipoteca (Vimioso), *tropesia* = hidropisia (Minho), *Zabel* = Isabel [...]" (p. 88).

Nas 12 obras da dialetologia europeia pesquisada, podemos encontrar, entre outros, os registros de Alves (1965), para a linguagem dos pescadores de Ericeira, no sudoeste de Portugal; os de Cruz (1991), para o falar de Odeleite, no sudeste; os de Peixoto (1968), para o falar de Germil, no extremo norte, que revelam novamente os fenômenos arrolados por Holm (1992) e interpretados, no caso do português brasileiro, como resultado de contato linguístico com línguas africanas ou com

Independentemente dos casos que envolvem a estrutura silábica CV, a leitura dos trabalhos da dialetologia europeia traz a nossa memória toda uma série de outras pronúncias típicas das áreas rurais do Brasil, mas ainda não registrada na literatura relevante como sendo de origem crioula, como *drumir* (dormir), *barbuleta* (borboleta), *perciso* (preciso), *arve* (árvore), *abobra* (abóbora), *largato* (lagarto), *tauba* (tábua), *alimal* (animal), *inté* (até), *paciênça* (paciência), *precurar* (procurar) e outras mais[9]. A presença de tais fenômenos em Portugal mostra que traços brasileiros alegados crioulos e traços não citados como crioulos têm na verdade uma mesma fonte: a fala popular de Portugal.

---

línguas crioulas de substrato africano. Apresentamos alguns exemplos sem também alguns detalhes fonéticos não relevantes para nosso raciocínio. A ordem das páginas a seguir mantém correspondência com a ordem de apresentação dos exemplos, para facilitar a eventual recorrência do leitor às fontes originais.

Segundo Alves (1965: 168; 165-166; 169, 171; 169-170; 163), no falar de Ericeira, o *r* se realiza como *l* nas palavras 'raridade' e 'raro', resultado de dissimiliação: *ralidade* e *ralu*. O grupo *pl-* conserva-se *planto* na palavra *pranto*. Os grupos *kl-* e *fl-* apresentam a realização da lateral como vibrante em *frutuar* (flutuar) [...] *craustro* (claustro). O grupo *-pr-* perde o segundo elemento na palavra *próprio*, gerando *própio*. Por meio do fenômeno da epêntese, *corcunda* pronuncia-se *caracunda*. Com o acréscimo de uma vogal de apoio final, formam-se *mal*[i] (mal), *sal*[i] (sal), *cumer*[i] (comer), *amor*[i] (amor), *calor*[i] (calor), *pescador*[i] (pescador) etc. Registra-se também a pronúncia *putõ*, alternando com *purtõ*, para a palavra *portão*, *nõ* para *não* e *sõ* para *são*.

Segundo Cruz (1991: 86), no falar de Odeleite, "registam-se alguns casos de aférese" vocálica como em *lavanca* (alavanca), *inda* (ainda), *rancar* (arrancar), *zetona* (azeitona), idênticos ao caso de *magina* por *imagina*, listado por Holm (1992: 47), com base em Couto (1989: 108). Peixoto (1968: 115) registra fenômeno semelhante no falar de Germil, como em *fastar* (afastar), *sucra* (acúcar), *labique* (alambique), *licerso* (alicerce) e *marelo* (amarelo).

Segundo Peixoto (1968: 95-96; 154), "[...] por vezes, no grupo -<u>mb</u>- a bilabial sonora <u>b</u> é assimilada pela nasal", produzindo-se *cuminaçõis* (combinações), *imora* (embora), *cumoio* (comboio). [...]"... fio tamém a stopa". "[...] No grupo -<u>nd</u>-, a dental sonora é também, com muita frequência, assimilada à nasal, provocando a ocorrência de *funu* (fundo); *munu* (mundo), *acabano* (acabando). Segundo a autora, "em Germil, este fenómeno verifica-se com regularidade nas pessoas mais velhas e tende a desaparecer na linguagem dos jovens. É registado igualmente na freguesia de Lavra". Evidenciando a generalidade deste fenômeno, Peixoto (1968: 96) afirma que esta "assimilação, observada por Menéndez Pidal no Aragonês antigo, mantém-se no Catalão, nos dialetos centro-meridionais da Itália, incluindo a maior parte da Sicília, na região pirenaica, Picardia e Valónia". Peixoto (1968: 105; 116) registra também a perda da velarização de /l/ final, com o "desenvolvimento duma vogal paragógica reduzida, um *shuá*, em *felə* (fel), *brasilə* (Brasil), *pernilə* (pernil) e queda consonântica em *umidade* (humildade), *reposta* (resposta), *mema* (mesma) e *babara* (Bárbara).

Segundo Ratinho (1959: 170-172; 175; 178), o <u>r</u> se assimila a outra consoante como em *refiadu* (resfriado), *dentu* (dentro), *lembi* (lembre), *karsereru* (carcereiro); <u>mb</u> se reduz a <u>m</u> e produz *tamẽi* (também); o <u>r</u> cai seguido de uma palavra começada por consoante, como em *fazé* (fazer); o <u>l</u> e o <u>r</u> em final de frase apoiam-se sempre a um <u>i</u> paragógico", como em *feli* (fel), *mali* (mar), *muleri* (mulheres), *faroli* (farol); há queda de vogais iniciais, como em *bençoado* (abençoado) e *garrados* (agarrados); há também simplificação de grupos consonantais, como em *própio* (próprio), *apropiado* (apropriado), *Cotilda* (Clotilda).

9. Para estes registros no português europeu, veja Peixoto [1968: p. 102 (*alimais*); p. 111 (*carcunda*; *barbuleta*); p. 112 (*perciso*; *largato*); p. 116 (*arve*); p. 153 (*inté*); p. 161 (*paciênça*); p. 137 (*precurar*)].

Até mesmo um fenômeno considerado específico do falar da baixada cuiabana (Palma, 2005: 141-144; Souza: 2001), a africada [tš], em vez de uma fricativa [š], em palavras como *chuva*, encontra-se documentado na fala de Germil, por Peixoto (1968: 101-102). Segundo esta autora, a africada palatal surda é registrada regularmente em todas as posições, como se ilustra nas palavras ['tšuiβa] (chuva), ['bitšu] (bicho), ['tšaβə] (chave). A africada palatal sonora, embora "mais rara", encontra-se, segundo a autora, em [a'džũ^{n}tu] (ajuntamento) e [lã^{m}pedžar] (relampejar). É notável a frequência dessa produção na fala de Germil, que no Brasil só se observa de forma mais generalizada no falar cuiabano[10]. Ao longo do texto de Peixoto (1968), com farta exemplificação, pode-se colher frases do tipo:

"Pode ir quim quijer" (p. 130)

"Atirou co tacho qu'a mulher le deu" (p. 131)

"Ino de carreira, tchega à hora" (p. 148)

"O bitchinho come o que come a gente" (p. 176)

"Todos oube tchamar, qu'a gente tchama arto" (p. 176)

Consideramos também bastante interessante encontrar o registro no português europeu dialetal de pronúncias como *lesmia* (lesma), *arfacia* (alface), *largatia* (lagarta), *feria* (fera), *bluzia* (blusa), *solia* (sola), *ciclônio* (ciclone), ou seja, a "epêntese de i, em sílaba terminada em a ou e", que, segundo Peixoto (1968: 113), "com muita frequência se regista". Essa pronúncia encontra-se intensivamente adotada na televisão brasileira pelo personagem humorístico seu Creysson, no programa *Casseta & Planeta* da Rede Globo de Televisão, um dos programas humorísticos mais críticos e mais irreverentes da televisão brasileira dos últimos tempos. Isso se reflete de forma ímpar também na publicação em 2002 do livro igualmente irreverente *Seu Creysson — vídia i óbria*. Pronúncia do tipo *blusia* é, todavia, a nosso ver, considerada estranha ao português brasileiro, em quaisquer de suas variedades naturais. Passemos agora aos processos denominados por Holm (1992: 48) de "alternância de [l] e[r]".

---

10. Para detalhes sobre aspectos fonético-fonológicos do falar da baixada cuiabana, ver o minucioso trabalho de Almeida (2005). Segundo este autor, seus resultados revelam que "a resistência do 'mito' da conservação de traços presentes em períodos passados, de fato, se confirma" (p. 90).

2.2. *Alternância entre as líquidas [l] e [r]*

Mesmo considerando que a alternância entre [l] e [r] em "sultão/ surtão" e "branco/blanco", especialmente depois de consoante, faça parte de uma tendência histórica, Holm (1992: 49) afirma, todavia, que "parece provável que o português brasileiro popular seja também resultado de influência crioula. Em diversas línguas de substrato africano, [l] e [r] são alofones do mesmo fonema"[11]. Os fatos sintetizados no quadro 2, com dados do português europeu dialetal, revelam, novamente, a fragilidade desta hipótese[12]:

PROCESSOS	HOLM (1992)	LEITE DE VASCONCELLOS (1989/1901)	PEIXOTO (1968) EXTREMO NORTE DE PORTUGAL	ALVES (1965) SUDOESTE DE PORTUGAL	RATINHO (1959) EXTREMO SUL DE PORTUGAL
1) [l] por [r] em posição pré-vocálica	lapassi (rapaz) lato (rato)		pelingrino (peregrino)	ralidade (raridade) ralu (raro)	qargulejo (gargarejo)
2a) [l] por [r] em grupos consonantais	esclavo (escravo)			planto (pranto)	saclário (sacrário)
2b) [l] por [r] em coda silábica			almazaim (armazém)		almairus (armários)
a) [r] por [l] em grupos consonantais				frutuar (flutuar) crausto (claustro)	nebrina (neblina)
3b) [r] por [l] em coda silábica	surtão (sultão)	azur (azul) carcar (calcar)	farta (fallta) arfasia (alface)	purmões (pulmões)	

Quadro 2. Alternância entre as líquidas [l] e [r].

11. "It seems likely that the PBP alternation is also the result of creole influence. In a number of the African substrate languages [l] and [r] are allophones of the same phoneme."

12. Eis as referências dos fatos recolhidos dos estudos dialetológicos no português europeu não padrão, sem, repetimos, alguns detalhes fonéticos não relevantes para nosso raciocínio:

Leite de Vasconcellos (1987/1901: 96): azur ~ azul; carcar ~ calcar; Ansermo ~ Anselmo.

Peixoto (1968: 104-105): "A vibrante r é, com frequência, representada pela lateral alveolar l, em virtude da instabilidade articulatória das líquidas:" (...) *almônica* (harmônica), *pelingrino* (peregrino), *almazaim* (armazém); "Em final de sílaba, no interior do vocábulo, o l está representado pela vibrante r:, [como em *farta* (falta), *arma* (alma), *parma* (palma), *cardo* (caldo), *descarso* (descalso), *artar* (altar)]." À p. 111, encontramos também o registro de *alimalY* (com *shuá* final) para *animal*.

2.3. *Nasalização, desnasalização, redução de ditongo e escala da saliência*

Com relação à nasalização e à desnasalização, os fenômenos também são por demais semelhantes, desde as suas formas consideradas menos usuais até as formas mais usuais, seja no plano estritamente fonético-fonológico, seja na relação entre o plano fonético-fonológico e o plano morfossintático.

Segundo relatam Peixoto (1968: 61; 72; 77) e Alves (1993/1965: 154; 153), ocorre tanto a nasalização em palavras como *igreja* e *educar* — pronunciadas *ĩŋgreja* e *ĩndukar* — quanto a desnasalização em palavras como *homem* e *ordem* — pronunciadas *omə* e *ordə* — nos falares de Germil e de Ericeira.

Além do mais, observamos nos registros dialetológicos a alternância entre o ditongo nasal *-ão* e o monotongo nasal *õ* em Ericeira (Alves, 1993: 163), em palavras como *não* e *são*, realizadas como *nõ* e *sõ*. Esse fato apresenta interesse particular, tendo em vista que as produções *nõ* (não) e *kórasõ* (coração), em Helvécia, são consideradas como características particulares e atribuídas a processos de crioulização, diferentemente de outros fatos fonéticos que essa comunidade partilha com outras áreas dialetais brasileiras (Ferreira, 1994: 27). A redução de ditongo observada na pronúncia reduzida dos possessivos, como *me* por *meu*, também foi considerada por Ferreira (1994: 32) como traços específicos de Helvécia e igualmente de natureza crioulizante. Todavia, a redução de *meu, teu, seu* a, respectivamente, *mê, tê, sê*, é bem documentada no português europeu não padrão (Leite de Vasconcellos (1987/1901: 109), Cruz (1991: 110), Alves (1993: 181). Vejam exemplos da redução do ditongo no quadro 3.

Alves (1965: 166; 168): 1) os grupos *kl-*, *fl-* apresentam o seu segundo elemento trocado na fricativa vibrante *r*, nas palavras: *frutuar* (flutuar) [...] *krausto* [...] (claustro); 2) a lateral velar sonora *l* [passa a] vibrante simples *r* quando seguido da sibilante pré-dorsodental surda *s* ou da bilabial nasal *m*, nas palavras: *kõvursa* (convulsa), *purmõiš* (pulmões)"; 3) "Nas palavras: *ralidade* (raridade), *ralu* (raro), o *l* aparece, como resultado de dissimilação."

Ratinho (1959: 169-170): "l e r permutam frequentemente:" *almairus* (armários); *garguležo* (gargarejo); [...] *nebrina* (neblina); *sakláiro* (sacrário).

Tipos	Alves (1993: 163) Sudoeste de Portugal	Ferreira (1994: 27;32) Brasil: extremo sul da Bahia
Ditongo nasal	nõ (não) e sõ (são) putõ ou purtõ (portão)	Nõ é istrela nõ? (Não é estrela não?) setõ (sertão) kórasõ (coração)
Ditongo oral nos pronomes possessivos	mê (meu), teu (tê), sê (seu)	...mê irmão é... (...meu irmão é...)

Quadro 3. Sobre a redução de ditongos.

Voltando nossa atenção para os fenômenos de desnasalização e suas consequências para a variação na concordância verbo/sujeito, é fundamental observar que todos os fatos realmente indicam que sua origem se deu na fonologia, com posterior expansão para a morfologia, diferentemente do que registra ou prevê Holm (1992: 48):

> Sabe-se também que "desnasalização" (isto é, a falta de nasalização na indicação da terceira pessoa plural na flexão verbal) teve um efeito profundo na morfologia do português brasileiro popular (...). Tem sido demonstrado que este fenômeno tem motivação fonológica e sintática, mas, assumindo que a variação maciça das flexões verbais nasalizadas e não nasalizadas se desenvolveu historicamente como parte de um padrão geral de descrioulização, este fenômeno — **embora completamente morfossintático na origem** — poderia ter se transformado em uma regra apenas fonológica para a mesma alternância nas vogais nasalizadas não morfêmicas. (ênfases nossas)[13].

Todavia, todas as obras do português europeu não padrão pesquisadas apontam de forma clara para o contrário, ou seja, para o fato de que o **fenômeno é completamente fonológico na origem diacrônica** (Naro, 1981; Naro & Scherre, 2000a; Scherre & Naro, 2005). O texto de Peixoto (1968: 135-136) é exemplar. Apresenta grande parte da escala da saliência fônica proposta por Naro (1981), com motivações de ordem fonológica, como se pode ver no quadro 4.

---

13. It is known that 'denasalization' (i.e. the lack of nasalization indicating a third-person plural verb inflection) has had a profound effect on PBP morphology (...). It remains to be demonstrated that this phenomenon is motivated phonologically as wel as syntactically, but it stands to reason that if massive variation of nasalized and non-nasalized verbal inflections developed historically as a part of a general pattern of decreolization, this phenomenon — **although completely morphosyntactic in origin** — could well have led to a purely phonological rule for the same alternation in non-infletional nasalized vowels" (Holm, 1992: 48).

"3ª pessoa do plural
A 3ª pessoa do plural é caracterizada pela desnasalação da sílaba átona final. [...] A terminação -am está reduzida a -o em todos os tempos e conjugações:

eles amo	'eles amam'
eles comero	'eles comeram'
eles irio	'eles iriam'
eles punho	'eles punham'

[...] A terminação -em perde a nasalidade, reduzindo-se geralmente ao timbre neutro:

eles come	'eles comem'
eles dorme	'eles dormem'

[...] Perde, além da nasalidade, a própria vogal final, identificando-se com a 3ª pessoa do singular:

7. No Futuro do Conjuntivo e Infinitivo flexionado:

tiber	'tiverem'	puser	'puserem'
gostar	'gostarem'	ir	'irem'

8. Nos verbos, cuja desinência é precedida de z ou r:

eles diz	'eles dizem'
eles faz	'eles fazem'
eles conduz	'eles conduzem'
eles quer	'eles querem' "

Quadro 4. Sobre o caráter fonológico da desnasalização: registros da fala de Germil — extremo norte de Portugal (Peixoto, 1968: 135-136).

Retomando as palavras de Scherre & Naro (2005), reafirmamos que os registros focalizados até agora permitem não apenas corroborar a hipótese de Naro (1981) de que o início da variação localizou-se no nível fonológico, mas permitem também constatar que, ainda em terras europeias, a variação se expandiu e atingiu, indiretamente, o plano morfológico, em toda a dimensão da escala de saliência fônica proposta — [1] *come/comem* ou *escreve/escrevem*; [2] *presta/prestam* ou *era/eram*; [3] *diz/dizem* ou *quer/querem*; [4] *dá/dá* ou *vai/vão*; [5] *foi/foram*; [6] *envenenou/envenenaram*; *fez/fizeram*; *veio/vieram*; *é/são*.

[1] Eles **come** (Peixoto, 1968: 136)
Os dois mais belhos **iscrebe**... (Silva Pereira, 1951: 160)
[2] As quenguerelas só **presta** para pescar (Alves, 1993: 190)
Mê abo e minha abô **era** de Barrancu (Joaquim Delgado, 1983: 426)
[3] eles **diz** ou eles **quer** (Peixoto, 1968: 135-136)

[4] Duas canas **dá** oito mestras (Cruz, 1991: 159)
O pai e a mãe nunca **bai** p'r ó rio (Silva Pereira 1951: 161)
[5] Uh mê Z irmõi i a minha tia **foi** a Moira... (Joaquim Delgado, 1983: 426)
[6] E c'mós anões **envenenou** o comeri (Ratinho, 1959: 240)
As borriceras que viero onte é que **fez** isto (Marques, 1968: 61)
D'pôs **veiu** o rei e a rainha (Saramaga Delgado, 1970: 224)
Os nossos agasalhos **é** estes (Mira, 1954: 149)

Quadro 5. Evidências da escala da saliência fônica de Naro (1981) em dados do portguês europeu não padrão.

Os exemplos do quadro 5, colhidos dos registros da dialetologia europeia, de norte a sul e de leste a oeste, revelam que formas verbais sem concordância explícita distribuem-se ao longo de toda a escala da saliência fônica proposta por Naro (1981) para o português brasileiro, embora em proporções de uso sabidamente diferentes do que é encontrado no português brasileiro. Relembramos que, em trabalho recente, Varejão (2006: 137) verifica um percentual de 9% de ausência de concordância verbal em dados do português não padrão da década de 80 do século XX.

3. GARIMPANDO ALÉM DOS TRAÇOS SUPOSTAMENTE CRIOULIZANTES

Não queremos minimizar nossas origens africanas. Disso, muito nos orgulhamos. Somos todos uma síntese da ampla e profunda miscigenação que ocorreu em terras brasileiras. Certamente esta miscigenação ocorreu também no plano linguístico, inegavelmente no plano lexical de forma ampla. Sugerimos apenas que se observem os fatos, ou seja, no que diz respeito às origens estruturais do português brasileiro, é fundamental que se atribua o verdadeiro papel a quem de direito. Exceto a palatalização de -t, -d diante de -i, sem qualquer registro para o português europeu, mas existente no quimbundo e também em muitas outras línguas, africanas ou não, os traços linguísticos que têm sido atribuídos às línguas africanas são predominantemente das falas menos prestigiadas. Ignora-se sistematicamente que características apontadas neste trabalho, e tantas outras também consideradas não padrão, permeiam igualmente a fala de comunidades brasileiras e portuguesas. Quem conhece a fala da área rural brasileira pode vê-la consistentemente nos registros da dialetologia europeia. Assim, para além da pesquisa de interesse crioulizante, registramos três outras características do português europeu não padrão encontradas no português popular brasileiro, a saber, a ruptura de concordância gramatical com a expressão *a gente*, o uso de formas verbais do tipo *cantemos* e as formas superlativas perifrásticas do tipo *mais grande* ou *mais pequeno*, como se pode ver a seguir:

1) Variação da concordância com a expressão a *gente* (Nascimento, 1987; Saramaga Delgado, 1970: 157, 159; ver, também, Peixoto, 1968: 172; Moura, 1960: 154; Braga, 1971: 169; 171; Mira, 1954: 150; Cruz, 1991: 158; Baptista, 1967: 145; Ratinho, 1959: 240)

"leve-nos até onde a gente estiver disposta a ir"
"a gente, embora não fosse cozinheiro, mas ia-se adaptando"
"a gente já sai de casa de, das, dos senhores fartas de trabalhar"
"a gente ficamos, ao fim de anos, estragados" (Nascimento, 1987)
"A genti vamos cedo..."; "A genti jentemos às oito" (Saramaga Delgado, 1970: 157, 159)

2) Formas do tipo *cantemos*

"[...] Nos verbos da 1ª conjugação, a 1ª pessoa do plural do presente do indicativo termina em -emos em vez de -amos: andemos, falemos" (Braga, 1971: 145)

"[...] Por analogia com os verbos da 2ª conjugação, os verbos da 1ª conjugação, na 1ª pessoa do plural do Presente do Indicativo, apresentam frequentemente a terminação -emos em vez de *-amos*:
chamemos, enjoelhemos, arrangemos" (Cruz, 1991: 117)

3a) Superlativo perifrástico do tipo mais grande ou mais pequeno

"[...] O comparativo dos adjectivos forma-se analiticamente, antepondo ao adjectivo mais, menos e tão, havendo mesmo preferência pelas formas analíticas de alguns comparativos que em português padrão são sintéticas: mai mau (pior); mai bô (melhor); mai grande (maior); mai pequeno (menor). " (Braga, 1971: 137)

"[...] Das formas sintéticas de comparativo, o falar de Odeleite utiliza frequentemente *maior* (ou *maióri*) e *melhor* (ou *melhóri*) que substituem quase completamente as formas analíticas correspondentes:
<< tenh' uma cadera melhor cà tua >>
[...]
[...] Quanto a *menor* e *pior*, raramente são utilizados, empregando-se habitualmente as formas analíticas *mais pequeno* e *más mau* ou *mai ruim*. " (Cruz, 1991: 104)

"[...] O mesmo processo se verifica com os adjectivos grande e pequeno, [em Germil]:
"o lobo é mais grainde qu'a raposa"
"o moço mãis piqueno é muito espanhol" (Peixoto, 1968: 125)

3b) Reforço das formas sintéticas melhor e pior, por meio dos advérbios mais e muito (Peixoto, 1968: 126):
" As formas sintéticas melhor e pior, quando aparecem, são geralmente reforçadas com o advérbio mãis e munto.
"A m'nha mulher stá mãis milhor, qu'inté foi ó munho"
"Tupei a sinhora munto milhor"
"S'ele morre, é qu' é mais pior"

4. REFLEXÕES FINAIS

Dando continuidade a nosso trabalho, apresentamos neste capítulo evidências de que uma série de características fonológicas atribuídas por Holm (1992) ao contato linguístico têm sua origem primeira no português europeu dialetal. Quase todas as características fonológicas por ele arroladas têm registros nos trabalhos da dialetologia portuguesa em terras lusitanas. Arrolamos também outros traços que, embora não considerados pelos crioulistas, são comuns ao português europeu dialetal e ao português brasileiro considerado não padrão.

Nosso estudo chama, portanto, a atenção especialmente para um fato que tem sido negligenciado pelos estudiosos que buscam influências de estruturas de línguas africanas no português do Brasil, a saber, a análise mais detida de traços linguísticos do português europeu que veio para o Brasil, com toda a sua diversidade sociogeográfica. Holm (1992: 62) conclui seu texto afirmando que o português brasileiro (para ele um semicrioulo) surgiu do contato entre o português europeu regional e coloquial não crioulo e um crioulo português vindo de São Tomé, mas em momento algum canaliza sua pesquisa para a identificação de traços do português europeu coloquial ainda presentes no português brasileiro. Toda a sua argumentação, enfatizamos, vai no sentido de caracterizar os traços não padrão do português brasileiro como sendo resultado do contato linguístico. Nem a possibilidade de influência indígena é levantada[14].

14. Lobato (2006: 70-71) aponta semelhanças entre o português brasileiro, o tupi e a língua geral paulista, mas, paradoxalmente, assume que "a semelhança é puramente acidental, porque foi consequência do processo de aprendizagem em idade adulta e não de influência estrutural direta de uma língua sobre outra".

O resultado do garimpo que estamos realizando nos permite, assim, mais uma vez, refutar a hipótese de que um conjunto significativo de características usuais no português brasileiro contemporâneo, especialmente no português brasileiro não padrão, tenha origem em características estruturais, transferidas via crioulização, leve ou profunda, das línguas africanas, das línguas ameríndias, ou de quaisquer outras línguas estruturalmente diferentes da língua portuguesa. Permite-nos, além disso, enfatizar que, para finalidades diacrônicas, a comparação legítima é a que se estabelece entre o português brasileiro popular e o português europeu popular, eliminando assim a necessidade de apelar para supostos mecanismos de simplificação ou de aprendizado imperfeito para explicar estruturas já existentes na própria língua portuguesa, vindas de Portugal, nas suas variantes populares. Permite-nos finalmente reafirmar que a língua portuguesa já veio para o Brasil com suas características inapropriadamente denominadas de crioulizantes, que aqui floresceram, regadas por condições sociais generosas, como uma norma linguística mais branda e flexível, criada no contexto da existência de multilinguismo generalizado e da aquisição do português como segunda língua[15].

15. A professora e pesquisadora Perpétua Gonçalves, da Universidade Eduardo Mondlane, tem desenvolvido diversos estudos sobre a formação do português de Moçambique. Em recente minicurso ministrado na Universidade de Brasília, em outubro de 2006, ela apresentou dois estudos de caso no estágio atual da gramática dessa variedade do português. Em um deles, a autora evidencia a "sobregeneralização por exposição a evidências positivas"; em outro, ela apresenta a interferência de uma língua banto específica. Um diálogo futuro com os trabalhos dessa pesquisadora pode render bons frutos. Algumas de suas ideias podem ser vistas na *Revista da ABRALIN*, vol. 4, 2005.

CAPÍTULO 6

O CONCEITO DE TRANSMISSÃO LINGUÍSTICA IRREGULAR E AS ORIGENS ESTRUTURAIS DO PORTUGUÊS BRASILEIRO[1]

ANTHONY JULIUS NARO

MARIA MARTA PEREIRA SCHERRE

1. O CONCEITO DE 'TRANSMISSÃO LINGUÍSTICA IRREGULAR'

Para entender a noção de 'transmissão linguística irregular' faz-se necessário compreender primeiro o que seria o caso normal, ou 'transmissão linguística regular'.

1. A base deste capítulo é o texto de Naro & Scherre (2003b), publicado no livro *Português brasileiro — contato linguístico, heterogeneidade e história*, sob organização de Roncarati & Abraçado. Mantivemos o mesmo título — "O conceito de transmissão linguística irregular e as origens estruturais do português brasileiro: um tema em debate" — porque, embora com mudanças na redação, este capítulo contém as ideias mestras do texto publicado. Sobre o conceito de 'transmissão linguística irregular', ver Baxter & Lucchesi (1997), Lucchesi (2003) e outras publicações destes dois autores.

Durante a fase de inspiração gerativa dos estudos diacrônicos, reinou o modelo geracional, de acordo com o qual a fala dos pais seria a entrada para o processo de aquisição dos filhos. Esta fala seria 'degenerada', isto é, cheia de erros de *performance*, falsos começos e outros desvios da plena gramaticalidade, e ainda esparsa, i.e., sem evidências suficientes para possibilitar a fixação de uma gramática completa a partir do sistema linguístico dos próprios pais ou também para fundamentar uma análise completa desse sistema linguístico. As crianças supririam essas supostas deficiências nos dados usados na construção de suas gramáticas através do uso da faculdade da linguagem, um dispositivo mental inato contendo as estruturas linguísticas universais. As gramáticas da nova geração, por sua vez, poderiam não corresponder exatamente às gramáticas da geração anterior, justamente por causa da natureza insuficiente das amostras de fala disponíveis às crianças. A mudança linguística seria constituída por quaisquer diferenças porventura existentes entre as gramáticas das duas gerações[2].

Hoje se sabe que o modelo geracional apresenta vários problemas. Em primeiro lugar, a fala dos pais é, de fato, quase irrelevante para a aquisição, que se processa principalmente entre as próprias crianças quando elas chegam à fase da socialização. É bem verdade que as primeiras palavras podem vir da língua dos pais (principalmente da mãe), mas elas são rapidamente esquecidas quando a criança entra em contato com outras crianças. No caso de uma família de imigrantes, por exemplo, tipicamente os filhos adquirem a língua da comunidade dominante e se comunicam com os pais usando a nova língua. Nessa situação, é relativamente raro os filhos usarem a língua dos pais e, quando o fazem, é com dificuldade e sem dominar a plena funcionalidade de todas as estruturas dessa língua[3].

Em segundo lugar, sabe-se através de pesquisas empíricas que a fala cotidiana não é caótica. Tanto a fala natural de adultos quanto a fala natural de crianças se mostram bastante de acordo com os padrões ideais de gramaticalidade intuídos pelos linguistas. De maneira geral, nas amostras do português falado que

2. Esse modelo está formulado de maneira explícita em King (1969: 85) e tem como ponto de partida Halle (1962). Embora menos explícito em relação ao papel central das gerações sucessivas, o modelo continua praticamente inalterado trinta anos depois em Lightfoot (1999: 79).

3. Weinreich, Labov & Herzog (1968: 144-150) discutem a inadequação do modelo geracional antes mesmo da publicação de King (1969).

constam dos bancos de dados do Programa de Estudos Sobre o Uso da Língua (PEUL)[4], a taxa de desvios da gramaticalidade intuída não ultrapassa a faixa de 10% a 15% e pode chegar a menos de 2%[5].

A transmissão linguística regular, então, processa-se entre crianças, a partir da fase de socialização, na base de uma amostra de fala suscetível de uma análise ordenada. Portanto, conclui-se que a 'transmissão linguística IR-regular', para merecer tal rótulo, teria que se dar entre adultos e/ou com base em fala não suscetível de uma análise ordenada, talvez por ser caótica, ou por ser em quantidade insuficiente, ou ainda por outras razões. Todavia, a aquisição linguística processada entre crianças para criar sua primeira língua não comporta noções de caos ou insuficiência porque a comunicação entre elas é sempre plenamente funcional. O estímulo ou modelo vindo de outra criança não pode ser considerado pobre ou defeituoso porque preenche a função de permitir a comunicação.

A primeira possibilidade acima listada, a criação de um sistema linguístico por adultos, é o que se conhece como 'pidginização'. O *pidgin* costuma surgir a partir de um contato entre grupos populacionais para propósitos bem definidos e delimitados, tais como trocas comerciais ou trabalho forçado em uma plantação, em um contexto em que as pessoas não dispõem de outro meio verbal comum de comunicação. Normalmente, o léxico do *pidgin* se baseia na língua do grupo socialmente dominante, mas, pelo menos no início do processo, as estruturas empregadas podem variar de falante para falante, de acordo com seus conhecimentos linguísticos anteriores e a experiência colhida em suas interações com outros falantes na situação de contato. O grupo dominado é muitas vezes étnica

---

4. Para detalhes sobre esse banco de dados — o *corpus Censo* —, ver Oliveira e Silva (1996c).

5. Lightfoot (1999:60) parte do pressuposto gerativista de que a criança adquire uma língua independentemente da pobreza de estímulos e considera que, mesmo que apenas 5% de expressões ouvidas apresentassem algum tipo de má-formação, estas expressões não teriam qualquer indicação para a criança de que são malformadas e não se sabe como elas influenciaram a generalização do conjunto de construções gramaticais de uma língua. Imagina-se que a referência à taxa de 5% deve-se ao fato de Labov (1975: 203) afirmar que, embora vários estudos empíricos tenham evidenciado que cerca de 75% das construções observadas sejam bem formadas, quando se aplicam "regras de elipses e certas regras universais de editoração para dar conta de gaguejos e falsos começos, o percentual de orações malformadas cai para menos do que 2%". Naro & Scherre (1996) mostram de forma interessante que as construções que apresentam algum tipo de "disfluência" não interferem no uso da concordância verbal. Mostram também que as variáveis independentes atuam da mesma forma nos dados com alguma "disfluência" e nos dados sem nenhuma "disfluência".

e culturalmente heterogêneo, ou porque a atividade econômica desenvolvida pelo grupo dominante atrai pessoas de origens diversas ou porque este grupo obriga (ou obrigava) pessoas de diferentes procedências ao trabalho forçado. Com o tempo, mantendo-se o contato, o contexto de interação vai aumentando e a funcionalidade do *pidgin* acompanha essa evolução com a criação de estruturas mais estáveis e o aumento do léxico. Também com o decorrer do tempo, por força de processos naturais, vão nascendo crianças. Podemos imaginar que, se as condições sociais e comunicativas forem propícias, essas crianças podem se valer do *pidgin* para a base do processo de aquisição de sua primeira língua. Neste caso, a condição para a 'transmissão linguística irregular' não seria mais preenchida, já que os agentes do processo de aquisição são crianças e não mais adultos, e o novo sistema linguístico é tradicionalmente chamado de 'língua crioula' e não de '*pidgin*'. As estruturas linguísticas universais armazenadas na faculdade da linguagem, não disponíveis aos adultos participantes da pidginização, poderiam entrar em ação nesse momento para criar uma nova estruturação, diferente da estrutura (ou do caos) do *pidgin*. A confirmação da possibilidade da existência de diferenças linguísticas significativas entre a fase *pidgin* estabilizada e a fase crioula inicial, possivelmente devido ao uso da faculdade da linguagem durante o processo de aquisição do crioulo, exige pesquisa empírica, e não existe, hoje em dia, uma opinião uniforme a esse respeito entre os especialistas. Todavia, considerando que a crioulização realmente ocorre através da nativização de um *pidgin*, e não através da expansão funcional do próprio *pidgin*, as circunstâncias linguísticas enfrentadas pela geração anterior, quaisquer que tenham sido, se tornam irrelevantes para a evolução posterior, no sentido de que a gramática crioula que se estabelece é a GRAMÁTICA DE UMA LÍNGUA NATURAL, diferente da gramática de uma outra língua natural só, e unicamente só, por sua história. Embora seja geralmente aceito o fato de que uma língua crioula é uma língua natural, há ainda controvérsia com relação a esse aspecto. McWhorter (1998), mesmo severamente criticado, reivindica uma caracterização sincrônica para as línguas crioulas, e a crioulística clássica, paradoxalmente, fala com naturalidade de processos linguísticos de DESCRIOULIZAÇÃO, aplicados a línguas crioulas reconhecidas como tais[6].

6. Para detalhes sobre pidgnização e crioulização em bibliografia portuguesa, ver, por exemplo, Naro (1973), Couto (1996), Baxter & Lucchesi (1997).

É interessante notar que a aquisição de uma segunda língua por adultos, seja através de ensino formal em sala de aula, seja através de mecanismos informais durante o curso normal da vida cotidiana, também constitui 'transmissão linguística irregular', já que os agentes do processo, diferentemente do caso de 'transmissão linguística regular', são adultos e não crianças. Neste caso, porém, está presente um fator importante: uma norma que se constitui em alvo consciente. Aqui o termo 'norma' não se refere a um conjunto de regras normativas, a exemplo do bom uso, mas ao fato de certas estruturas se constituírem em alvos, possivelmente até conscientes, por serem consideradas usuais, comuns, naturais, normais, enquanto outras são vistas como não usuais, raras, estranhas ou inexistentes no uso linguístico. Por exemplo, se algum falante disser 'I no go' no contexto do inglês, pode-se dizer que houve um desvio da norma, e que a forma normal ou usual é 'I do not go'. Da mesma forma, se alguém falar em português 'Eu bateu' ou 'Eu amo de você' ou 'Eu gosto você', estas estruturas serão também consideradas como desvios da norma e o normal seria 'Eu bati', 'Eu amo você' e 'Eu gosto de você'. Assim, o falante estaria sujeito a correção explícita e poderia fazer tentativas conscientes de chegar à norma, o que provavelmente não aconteceria no caso de pidginização, onde a única restrição importante é a comunicação efetiva. Entretanto, com o decorrer do tempo, os *pidgins* tendem a se estabilizar e também desenvolvem suas normas informais. De fato, temos manuais, e até gramáticas, que se propõem a caracterizar e ensinar diversos *pidgins*, como o da Nova Guiné. A norma informal, e na maior parte das vezes não codificada, corresponde à estabilização do *pidgin*.

Vê-se que a 'transmissão linguística irregular', em si, não é determinante para a evolução linguística — o que determina o grau de reestruturação da língua transmitida é a configuração de fatores sociais, extralinguísticos, ESPECIALMENTE A ATUAÇÃO DE UMA NORMA, no sentido delimitado acima, e a premência da comunicação, agindo em sentidos contrários. Tais fatores é que determinarão até que ponto possíveis divergências poderão se estabelecer. A força da norma, ou a de outros fatores sociais que possam conduzir à uniformidade, pode variar muito de lugar para lugar, de momento para momento e, de maneira geral, com o contexto social, favorecendo, ou desfavorecendo, a admissão de estruturas novas na língua transmitida. O que distingue o tipo mais radical de 'transmissão linguística irregular', presente na pidginização e caracterizado por maiores diferenças em relação ao modelo do dominador, é a existência de maiores graus de liberdade propiciada pela situação social.

Em verdade, a 'transmissão linguística irregular' é um processo atestado em larga escala na história humana e costuma acontecer com qualquer movimento populacional ou de conquista significativa. Temos exemplos não apenas na expansão comercial europeia e na posterior colonização que se iniciou no século XV, e que resultou nas línguas tradicionalmente rotuladas como crioulos, a exemplo do francês no Haiti ou no oceano Índico; o inglês na Jamaica, na Papua-Nova Guiné, ou na China; o português na Guiné-Bissau, na Índia, em Cabo Verde. A romanização da Europa, a expansão das línguas banto e germânicas no sul da África, por exemplo, também constituem exemplos legítimos da 'transmissão linguística irregular'. É até possível que a 'transmissão linguística regular' seja o caso marcado ao longo da história, valendo integralmente apenas para lugarejos isolados situados no topo de uma montanha enorme. O termo 'irregular', DE CLARA CONOTAÇÃO NEGATIVA, dá a impressão falsa de se tratar de um fenômeno anormal, errático, imprevisível. O termo mais apropriado para rotular a aquisição de uma nova língua por uma comunidade seria 'NATIVIZAÇÃO', já que, em algumas circunstâncias, o que costuma acontecer de fato é que uma língua vinda de fora se torna a língua nativa da comunidade, que perde parcial ou totalmente a plena funcionalidade de suas línguas maternas anteriores.

Em situações de contato com outras línguas, os falantes da língua dominante poderão modificar as formas normalmente empregadas em sua língua por diversas razões, principalmente por achar que assim procedendo facilitarão o processo de comunicação. As modificações da norma assim introduzidas podem ter por base tradições culturalmente transmitidas sobre a maneira mais apropriada de falar com estrangeiros, ou com crianças, ou com pessoas categorizadas como inferiores etc.[7] Dessa forma, na fala dos próprios dominadores pode estar uma fonte da suposta, ou mesmo real, 'erosão' gramatical, encontrada nos *pidgins* ou nas línguas crioulas. Não são necessariamente as pessoas em condições de inferioridade, nas relações assimétricas entre colonizador-

7. Ver Ferguson (1971).

-colonizado, que *simplificam* a gramática; os dados primários por elas recebidos podem apresentar-se variavelmente desprovidos de marcas morfológicas que pressupostamente ocorrem em abundância nas línguas lexificadoras, estando presentes sem dúvida nas modalidades escritas ou idealizadas dessas línguas, mas talvez ausentes variavelmente na fala real[8]. É também possível que tais mudanças provenham do uso mais ou menos consciente de estratégias independentes de simplificação, tais como 'expressar cada elemento semântico através de um único elemento fonético'[9]. Outra fonte poderia ser constituída por tentativas por parte dos falantes dominadores de imitar a fala, real ou imaginada, do grupo social dominado. Qualquer que seja a causa, O EFEITO É O DE ENFRAQUECER A NORMA ORIGINAL[10].

Um fator importante para a tipologia da norma é a procedência social e geográfica da camada da população dominante que constitui o veículo de transferência da língua do dominador. Seria irreal supor, sobretudo para o caso das línguas europeias a partir do século XV, que a língua padrão da capital, pautada por regras normativas ideais operacionalizadas na língua escrita, teria sido transferida às populações ultramarinas. Pelo contrário, são os dialetos populares e rurais, nas suas variedades faladas, que certamente formaram a base da transferência. Portanto, qualquer comparação de uma língua ultramarina nativizada com a forma inicial padrão da metrópole tem que ser considerada suspeita e equivocada.

É oportuno relembrar que, segundo Mufwene (2000: 70), "muitos traços associados com as línguas crioulas têm sido selecionados, embora não conservados integralmente, das variedades não padrão de suas línguas lexificadoras (...) "[11]. No mesmo texto, Mufwene (2000: 75) especifica que "muitas das cha-

8. A própria ideia de simplificação envolvendo as línguas crioulas é discutível. Ver DeGraff (2001) a respeito da intensa polêmica sobre a suposta simplificação morfológica do crioulo haitiano.

9. Essa estratégia se encontra formulada em Naro (1978). Ela de fato foi confirmada nos depoimentos dos Villas Bôas, em estudo feito por Emmerich (1991) sobre o português como língua de contato no Alto Xingu.

10. Esse fenômeno é de fato previsível em qualquer língua natural no decorrer do tempo, possivelmente em velocidade temporal variável, por causa das condições sócio-históricas de cada comunidade de fala.

11. "Research of the past decade and so has also made it more and more obvious that a lot of the features associated with creoles have been selected, though not preserved intact, from the nonstandard varieties of their lexifiers (...)" (Mufwene, 2000: 70).

madas inovações se originaram de modelos disponíveis na língua lexificadora", entendida como "a união, no sentido da teoria dos conjuntos, de variedades não padrão". Em outras palavras, na tentativa de chegar a uma compreensão justa do processo de formação das variedades nativizadas, devemos levar em conta todo o leque de variação — geográfica, social, e de outros tipos — presente na língua que fornece a base lexical.

A segunda possibilidade lógica acima descrita para a 'transmissão linguística irregular' seria a aquisição linguística com base em fala não suscetível de uma análise ordenada. Algo parecido pode ter acontecido no Havaí. Lá existiam seis grandes comunidades étnicas que levavam sua vida cotidiana dentro do próprio grupo e usavam o *pidgin*, de base lexical inglesa, apenas para comunicação eventual com indivíduos dos outros grupos. Em tal situação todos os falantes possuíam uma primeira língua plenamente funcional, além do *pidgin*, e a estruturação do *pidgin* era moldada pela primeira língua de cada um dos falantes envolvidos no processo comunicativo. As estruturas usadas no *pidgin* não eram as mesmas para um falante do chinês e um falante do filipino, por exemplo. Se essa situação continuasse durante a fase de aquisição por crianças, e se as crianças tivessem de fato acesso à fala de outras comunidades que não a sua própria e, finalmente, se elas não soubessem distinguir as diferentes comunidades, teríamos um exemplo hipotético de uma amostra caótica. Entretanto, muitos estudiosos acreditam que o *pidgin* do Havaí estabilizou-se antes da criação do crioulo, devido a um aumento significativo das interações intercomunitárias. Nos casos mais típicos de contato, os falantes do grupo dominado pertencem a grupos étnicos extremamente diversificados, em número muito superior aos seis grupos do Havaí, impossibilitando a formação dos grandes blocos linguísticos como os lá existentes. Por essa razão, nessas circunstâncias mais típicas, a comunicação por meio do *pidgin* expande sua funcionalidade mais facilmente, e sua estabilização se dá de maneira mais completa, com o consequente nivelamento dos efeitos da transferência de estruturas de outras línguas.

Os universais linguísticos, que podem entrar em cena na fase da crioulização através da faculdade da linguagem, podem também atuar em uma situação caótica durante o estágio *pidgin*: da confusão de estruturas existentes, os falantes teriam em comum apenas os aspectos universais e, assim, só eles poderiam resistir ao uso para se estabilizarem.

2. SOBRE A POSSIBILIDADE DA 'TRANSMISSÃO LINGUÍSTICA IRREGULAR' NO BRASIL

Vamos agora examinar a possibilidade de ter havido um processo de 'transmissão linguística irregular' com a língua portuguesa, em suas variedades populares, no Brasil. Do ponto de vista do longo prazo, a resposta sem dúvida parece ser positiva. De fato, a grande maioria dos antepassados dos atuais falantes brasileiros do português tinha outra língua materna, fosse o tupi, o ewé, o francês, o holandês, o espanhol, o italiano, o alemão, o árabe ou o japonês, para mencionar apenas umas poucas possibilidades. Para a comunidade como um todo, houve uma descontinuidade: o português substituiu outras línguas maternas no processo que denominamos NATIVIZAÇÃO. No nível do indivíduo, também é lícito pressupor que deve ter havido aquisição da língua portuguesa por adultos, em larga escala, durante os cinco séculos de existência do Brasil, assim caracterizando a 'transmissão linguística irregular'.

Outra fonte de 'transmissão linguística irregular' seria a existência de um estágio de caos verbal, possivelmente causado pela presença de línguas estruturalmente diversificadas no setor dominado, mas não temos quaisquer evidências para sugerir que isto tenha acontecido em algum momento. De fato, no Brasil, parece que não houve a formação de um pequeno número de grandes blocos étnico-linguísticos, com línguas mutuamente inteligíveis dentro de cada bloco, o que teria favorecido a sobrevivência de interferências estruturais, como no início da fase *pidgin* no Havaí.

Como já vimos, a 'transmissão linguística irregular', em si, não garante qualquer efeito estrutural particular na língua transmitida. Portanto, a pergunta linguisticamente significativa não diz respeito a esse aspecto relativamente trivial, óbvio, mas aos fatores sociais porventura atuantes durante o processo de transmissão. No caso do Brasil, as condições sociais foram propícias a uma fase de pidginização da língua portuguesa? Se houve um *pidgin* de base lexical portuguesa, quais eram seus elementos estruturais formadores? Houve simplificação por parte dos falantes do português? A situação extralinguística permitiu a estabilização de interferências estruturais de outras línguas? Se for o caso, quais seriam elas? Deu-se a crioulização (ou a nativização) na base de fala pidginizada? Entrou em cena a faculdade da linguagem? Algum universal chegou a dominar um estágio caótico ou influenciou durante a aquisição? Quais eram as variações presentes nos dialetos dos colonos europeus?[12]

O fato é que não temos como responder com segurança a todas estas perguntas por uma razão intransponível: trata-se de épocas pretéritas, para as quais não existe documentação histórica adequada. Contudo, parece bastante improvável que tenha existido uma situação de *pidgin* de base lexical portuguesa estável no Brasil porque, na época mais crítica para o suposto processo de crioulização — séculos XVI e XVII —, já existia a língua geral de base lexical tupi, que era capaz de preencher as necessidades comunicativas mais prementes de forma plenamente satisfatória. O uso da língua geral é largamente atestado na documentação histórica relativa ao Brasil, que sequer menciona qualquer versão simplificada do português em uso para fins de comunicação[13]. Na ausência da pidginização estabilizada, a maioria das outras perguntas anteriormente formuladas se torna irrelevante. Entretanto, se houvesse um *pidgin*, a diversidade linguística reinante, contendo, além de línguas ameríndias e europeias, línguas africanas de várias famílias completamente distintas e sem quaisquer semelhanças estruturais entre si, teria desfavorecido a estabilidade de efeitos estruturais de qualquer língua em particular. A simplificação da língua portuguesa por parte dos portugueses no Brasil, por outro lado, parece bastante provável, visto que é atestada para contatos com africanos e árabes em Portugal e nas expedições náuticas à África desde pelo menos meados do século XV e pode remontar à antiga língua franca usada nas Cruzadas[14].

---

12. Uma busca de resposta a esta última pergunta é, de fato, nosso principal foco de interesse no conjunto dos textos que compõem este livro.

13. Segundo Rodrigues (1996: 10), as três línguas gerais sul-americanas — a língua geral paulista, a língua geral amazônica e o guarani crioulo —, que "se constituíram em condições de contato linguístico comuns a elas, (...) se distinguem nitidamente daquelas em que se formaram os *pidgins* e as línguas crioulas". Continuando, afirma que "não houve, em nenhum momento, interrupção na transmissão dessas línguas, isto é, não ocorreu mudança de língua (*language shift*) nos descendentes mestiços dos europeus e das índias tupi-guaranis...". Rodrigues (no prelo: 1) reafirma que, no Brasil, duas línguas "eram faladas ao longo de quase toda a costa atlântica onde primeiro se estabeleceram os portugueses, o *tupi* no litoral paulista e o *tupinambá* do Rio de Janeiro até a desembocadura do rio Amazonas. Essa situação *sui generis* prevalecente ao longo da costa favoreceu consideravelmente a comunicação dos portugueses com os *tupinambá* e os *tupi* (a língua aprendida em um ponto da costa podia servir em quase todos os outros ao longo desta), mas também desfavoreceu a implantação da língua europeia como meio geral de comunicação e não deu ocasião ao surgimento de *pidgins* e crioulos".

14. Esse fato se encontra documentado em Naro (1978).

A evidência de que realmente dispomos se resume aos dados relativos ao estado atual da língua portuguesa no Brasil, que pode ser comparado com o estágio atestado nos documentos existentes da época anterior à colonização. Estes documentos, naturalmente, atestam a variedade padrão, sem variações dialetais ou populares, mas faz-se necessário levar em conta que, pelo menos até meados do século XVI, a norma codificada não estava tão bem estabelecida em Portugal como no período seguinte, às vezes considerado clássico. Por essa razão, podemos tentar surpreender indícios de variações populares ou dialetais nos documentos escritos anteriores ao período clássico e é, de fato, o que temos feito e apresentado de forma crescente e insistente nos nossos diversos textos. Outro caminho para tentar suprir a ausência de documentação histórica seria através de um estudo do conjunto de variações dialetais atuais. A hipótese uniformitarista nos autoriza a pressupor que o leque de variações, se não as próprias variantes, era semelhante em outros tempos[15].

Dois traços da língua portuguesa atual falada no Brasil se destacam para a sua caracterização e individualização, em relação a outras variantes geográficas da língua:

(1) o uso menos frequente das concordâncias variáveis de número (verbo/sujeito, entre os elementos do sintagma nominal, predicativo/sujeito) e

(2) o uso mais frequente de pronomes na função de sujeito.

A diminuição dos mecanismos de concordância é fato comum nos *pidgins* e crioulos; o uso aumentado do pronome sujeito não o é. Pelo contrário,

---

15. Sobre a hipótese uniformitarista, ver Labov (1975: 160-182; 1994: 21). Para o entendimento da concordância de número variável no português brasileiro, Naro & Scherre (2000a; 2000b) evidenciam que restrições que atuam hoje já atuavam no português medieval. Naro & Scherre (2000a) e Scherre & Naro (2001; 2005) apresentam o registro de restrições semelhantes no português europeu não padrão moderno. Para detalhes, ver capítulos 2, 3 e 4 deste livro. Para a discussão a respeito da variação que envolve os pronomes possessivos e o preenchimento da posição de sujeito, na mesma linha do princípio uniformitarista, há, respectivamente, o trabalho de Oliveira e Silva (1982; 1996a: 122-124) e o de Duarte (1998: 191-197). Duarte demonstra que as variáveis animacidade e correferencialidade têm exatamente o mesmo comportamento no português brasileiro e no português europeu em termos de pesos relativos; a variável elementos entre o sujeito e o verbo (denominada por ela de *estrutura de CP*) evidencia efeito parcialmente semelhante nos dois sistemas.

a situação normal não marcada é a encontrada no Haiti, onde o crioulo francês dispensa o uso de pronomes sujeito, enquanto o francês europeu exige sua presença[16].

Do ponto de vista formal, parece lógico supor que a presença do sujeito aumente para compensar a perda das marcas correspondentes no verbo. Entretanto, a realidade do uso natural no português falado no Brasil é outra. Os dados quantitativos examinados a seguir se referem à distribuição de formas com e sem sujeito explícito em uma amostra de fala de 17 analfabetos do Rio de Janeiro, cujos detalhes da análise encontram-se em Naro (1981b). Vamos estudar justamente a presença ou ausência do sujeito explícito plural da terceira pessoa em função da presença ou ausência de marcas explícitas de plural no verbo. Entretanto, como temos observado em outros capítulos deste livro, as marcas verbais explícitas de plural, por sua vez, se fazem presentes com mais frequência quando a diferença entre as formas singular e plural é maior, ou mais saliente. Assim, o uso real da forma verbal plural é mais frequente no par com oposição altamente saliente *falaram/falou* que no par *falam/fala*, com baixa saliência fônica (para detalhes sobre o efeito da saliência, ver capítulo 2 deste livro).

Primeiro, vamos considerar o nível de alta saliência, começando com o caso em que o verbo exibe uma marca explícita de plural, como em falaram. O sujeito pode estar presente ou não, com variação entre *eles falaram* e *falaram*[17]. Neste caso, a forma mais frequente é *eles falaram* (846/1.424=59% de uso no *corpus* sob estudo), com a presença tanto do sujeito plural eles como da desinência plural *-aram*. A variante *falaram* sem o sujeito plural eles constitui o complemento e é, portanto, menos frequente (578/1.424=41%). Para a forma verbal sem marca explícita de plural, como em *falou* — sempre com referência plural — temos variação entre *eles falou* e *falou* no *corpus* de língua falada do Rio de Janeiro sob estudo. Neste

16. Ver DeGraff (1992).

17. Não se trata aqui de sujeito indeterminado do tipo *falaram mal de mim naquele lugar*. A construção com sujeito zero tem sempre um sujeito explícito em outra construção no discurso precedente. Entretanto, nos dados dessa amostra estão incluídos todos os sujeitos explícitos e todos os zeros correspondentes da terceira pessoa gramatical. Portanto, a variação aqui engloba também os tipos os *meninos falaram* contra *falaram, todos chegaram* contra *chegaram*, e até casos raros de *vocês venham embora* contra *venham embora*. Em outra amostra, tratada a seguir, limitaremos os dados considerados apenas ao tipo pronominal *eles falaram/eles fala* contra *falaram/fala*.

caso também a forma mais frequente, de acordo com a tendência à realização do sujeito explícito no português do Brasil, é a que conta com o sujeito explícito *eles falou* (251/470=53%), contra a forma sem sujeito *falou* (219/470=47%). Assim, contrariamente à expectativa, a tendência a usar sujeito é até mais forte quando existe marca de plural no verbo (=59%) do que quando esta marca plural se faz ausente (=53%), embora a diferença percentual seja relativamente modesta. De qualquer maneira, fica evidente que a falta da desinência plural no verbo não é um fator favorecedor da realização do sujeito plural, já que o sujeito plural aparece com mais frequência junto com os verbos já formalmente marcados para plural.

Vamos agora passar a considerar o nível de baixa saliência, também começando com o caso em que o verbo exibe uma marca explícita de plural, como em *falam*. Aqui também o sujeito pode estar presente ou não, com variação entre *eles falam* e *falam*. Neste caso, a forma mais frequente é *eles falam* (698/935=75%), com a presença tanto do sujeito plural eles como da desinência plural *-am*. A variante *falam* sem o sujeito plural *eles* é menos frequente (237/935=25%). Para a forma verbal sem marca explícita de plural, mas com referência plural, como em *fala*, temos as duas formas em competição *eles fala* e *fala*. De acordo com as tendências vistas acima, a forma mais frequente é a que exibe o sujeito explícito *eles fala* (1.554/2.380=65%), contra a forma sem sujeito *fala* (826/2.380=35%). Assim, ao contrário da hipótese baseada na estrutura abstrata, a tendência a usar sujeito explícito plural é mais forte com marca explícita de plural no verbo (=75%) do que sem esta marca (=65%), com uma diferença percentual maior do que no nível de alta saliência.

Em outras palavras, observou-se que é mais fácil ocorrer a ausência do sujeito quando existe um conflito entre a sua marcação formal — no plural — e a marcação formal do verbo — no singular. Ou, ainda, no uso natural o sujeito plural e a marca plural no verbo tendem a co-ocorrer, em consonância com uma tendência geral que pode ser formulada como "marcas levam a marcas" e "zeros levam a zeros"[18]. Concluímos, então, que se trata de dois processos indepen-

18. Poplack (1980) foi a primeira estudiosa a explicitar essa tendência, no nível sintagmático, para o espanhol de Porto Rico. No nível discursivo, ainda sem o rótulo de paralelismo discursivo, a primeira pessoa a falar dessa tendência foi Omena (1978). Para mais detalhes sobre esse efeito na

dentes: o uso mais frequente do sujeito não se correlaciona diretamente ao uso menos frequente das desinências verbais.

O uso de sujeitos explícitos da 3ª pessoal do plural nesta amostra pode ser medido pela média global. Para o nível de baixa saliência temos: 698+1.554 / 935+2.380 = 2.252 / 3.115 = 69%; para o nível de alta saliência temos: 846+251 / 1.424+470 = 1.097 / 1.894 = 58%. O fato de o sujeito explícito aparecer com mais frequência no nível de baixa saliência sugere que ele era sentido inconscientemente, na época da gravação da amostra, como um traço não plenamente de acordo com o padrão normativo, tal como a própria variante sem desinência explícita de plural, também mais frequente no nível de baixa saliência. O fato da diferença percentual a favor do sujeito explícito ser maior no nível de baixa saliência fortalece essa conclusão. Sabe-se que nas escolas o ensino nas aulas de redação tenta modificar o uso dito 'excessivo' de pronomes pelos alunos.

Examinemos o mesmo fenômeno no *Corpus* Censo, gravado na década de 1980 e contendo 64 falantes alfabetizados. De novo, estudamos todos os verbos com sujeitos plurais de terceira pessoa de plural, tanto com marca formal de plural no verbo (*eles falaram* ou *falam*), como sem esta marca (*eles falou* ou *fala*), e determinamos a taxa de sujeito pronominal, explícito ou zero, para cada tipo de construção. Dessa vez, entretanto, vamos usar a técnica da regra variável, um instrumental estatístico mais poderoso que a simples distribuição, para levar em conta o efeito dos níveis de saliência, incluindo a saliência como um grupo de fatores em nossos cálculos. A variação sob estudo será a presença do sujeito em função da presença da desinência verbal. Os resultados dessa análise podem ser vistos na tabela 1.

FATORES	FREQUÊNCIA DE SUJEITO EXPLÍCITO	PESO RELATIVO
Verbo com plural explícito	1.054/ 1.439 = 73%	0,55
Verbo sem plural explícito	214/ 375 = 57%	0,31
Total	1.268/ 1.814 = 70%	

Tabela 1. Efeito da marca de plural no verbo no preenchimento do sujeito pronominal de 3ª pessoa: dados de 64 falantes do Rio de Janeiro (*Corpus Censo*).

concordância de número, ver também Scherre & Naro (1991; 1993) e Scherre (1988; 1991; 2001); para detalhes sobre o efeito do paralelismo em diversos subsistemas linguísticos e em línguas diversas, ver Scherre (1998).

Para os verbos com marca plural explícita, o sujeito pronominal está presente (*eles falaram*) em 73% das ocorrências e ausente (*falaram*) em 27%, como consta na tabela 1. No caso de verbos sem marca de plural explícita, o sujeito pronominal está presente (*eles falou*) em 57% das ocorrências, e ausente (*falou*) em 43%[19]. Fica assim evidenciado que o sujeito explícito é menos usado quando falta a marca no verbo (57%) do que quando esta marca está presente (73%). Assim, o sujeito e a desinência se repetem redundantemente e, do ponto de vista formal, desnecessariamente. É justamente quando o sujeito explícito teria o papel formal de estabelecer as ligações estruturais próprias perdidas que ele se faz ausente com frequência mais alta.

Em outras palavras, a percentagem global de sujeito explícito é de 70%: com verbos com marca explícita de plural, o uso de sujeito explícito sobe para 73%; com verbos sem marca explícita de plural, esse uso cai para 57%. A percentagem global de sujeito pronominal zero, por sua vez, é de 30%: com verbos com marca explícita de plural, o uso de sujeito pronominal zero desce para 27% (seria esperado aumentar sob a hipótese da recomposição das marcas formais); com verbos sem marca explícita de plural, o uso de sujeito pronominal zero sobe para 43% (seria esperado diminuir sob a mesma hipótese).

Concluímos que, nos casos de sujeito de terceira pessoal plural, a desinência verbal realmente usada influi na possibilidade de realização do sujeito pronominal, mas o faz em sentido contrário ao que seria esperado se a presença do sujeito explícito fosse motivada pela fraqueza oposicional do paradigma. É exatamente essa tendência contrária que os pesos relativos indicam: verbo sem plural explícito desfavorece sujeito pronominal explícito (0,31) e, complementarmente, favorece sujeito pronominal zero (0,69); verbo com plural explícito favorece sujeito pronominal explícito (0,55) e desfavorece sujeito pronominal zero (0,45). A diferença entre o efeito dos fatores não é nada desprezível: exatamente 0,24 (0,55-0,31).

Olhando o fenômeno de outro ponto de vista, Duarte (comunicação pessoal) examinou a ocorrência de sujeitos explícitos em outra amostra de falantes do Rio

---

19. Os resultados numéricos referentes ao *Corpus* Censo são mais exatos do que os da amostra de falantes analfabetos porque para o Censo pudemos eliminar dos dados todos os casos de sujeitos consistindo de sintagmas nominais plenos e todos os casos de neutralização fonológica do tipo eles sabe, onde existe uma quase identidade fonológica com *ele sabe*, o que pode ter levado a um viés no levantamento de dados.

de Janeiro. Para verbos da 3ª pessoa do plural, Duarte separou as formas verbais em que não existe uma oposição no nível morfofonológico entre singular e plural (exemplo: *ele tem / eles têm*, onde a diferença é meramente ortográfica) dos verbos em que tal oposição se verifica (exemplo: *ele fala / eles falam*). Quando existe uma marca morfofonológica da oposição, seria esperada menos presença de sujeitos, já que a sua ausência seria licenciada pela marca verbal. Duarte verificou que tal expectativa não corresponde à realidade: a taxa de presença de sujeitos é praticamente idêntica nos dois casos. Esse fato reforça a dissociação entre o fenômeno de diminuição no uso de desinências verbais distintivas e o aumento no uso de pronomes sujeito.

Paredes Silva (2003), analisando o preenchimento da posição de sujeito na fala de 16 pessoas gravadas na década de 1980 e regravadas em 2000 pelo PEUL (uma amostra denominada de Recontato), observa que aumento de sujeito expresso e diminuição de concordância verbal no intervalo de aproximadamente vinte anos que separa as duas gravações não andam necessariamente juntos: embora haja falantes que aumentaram níveis de concordância verbal e diminuíram taxas de sujeito expresso, há outros falantes que aumentaram a concordância e aumentaram também as taxas de sujeito expresso[20].

Em síntese, qualquer que tenha sido a causa diacrônica do uso mais frequente de sujeitos pronominais explícitos, apenas a concordância variável é candidata a ter tido origem no processo de 'transmissão linguística irregular', visto que o sujeito explícito categórico não é característica comum nos sistemas *pidgin* ou crioulo, não costuma aparecer nas listas de suas propriedades definidoras mais básicas, ou prototípicas, e não apresenta a correlação esperada com a ausência de concordância verbal explícita ou de morfema explícito. Além disso, o tipo não marcado nas línguas do mundo parece ser justamente o sujeito nulo[21]. Já que os *pidgins* e as línguas crioulas são considerados os

20. Paredes Silva (2003) faz uma breve comparação entre os resultados de sua análise sobre o preenchimento da posição de sujeito e a análise da concordância de número, levada a cabo por Naro & Scherre (2003). Estes dois textos fazem parte de um livro organizado por Conceição Paiva e Eugênia Duarte, sob o título *Mudança linguística em tempo real*.

21. Em termos gerativistas, o valor não marcado do parâmetro *pro-drop*, no que diz respeito à explicitação ou não do sujeito, é o sujeito nulo e não o sujeito preenchido. Ver Muysken & Veenstra (1995: 133). Entretanto, Roberts (1997: 17; 2001: 309-313) lista a existência de sujeito preenchido (ou "no referential null subjects") como uma das características de línguas crioulas. Fica evidente que a

menos marcados, no sentido de características universais, seria de se esperar o sujeito nulo, e não o sujeito realizado, como consequência do processo de 'transmissão linguística irregular'. Por essas razões, a redução no uso do sujeito nulo no Brasil não pode ser vista como um caso de expansão de uma gramática crioulizante. Além do mais, nesse aspecto em particular, o que se observa hoje é um distanciamento cada vez maior do que é denominado língua-alvo que, no caso específico, é o português europeu, com predominância de sujeito nulo[22].

Interessante também é o fato da grande distinção que se dá entre Portugal e Brasil com relação ao uso do pronome *você* e do pronome *tu*. Perguntamos a diversos colegas portugueses a respeito do escasso uso do pronome *você* explícito mesmo em textos escritos. Eles nos disseram que, embora o uso do *você* já seja encontrado entre jovens, o seu uso se dá em dois contextos bem restritos: para se marcar fortemente discurso assimétrico na relação superior/subordinado; e para marcar excentricidade na fala das pessoas de classe média alta. No mais, usa-se o pronome tu entre iguais ou em relação de intimidade, ou usa-se o nome da pessoa ou ausência de pronome com a forma verbal de terceira pessoa para relações entre desconhecidos ou com pouco grau de familiaridade[23]. Sabe-se que o pronome *você, ocê* ou *cê* no Brasil remonta à forma de tratamento indireto que era *vossa mercê*, cuja generalização de uso perdeu em grande parte qualquer relação de distanciamento, princi-

---

questão é, no mínimo, polêmica entre os gerativistas. Entre os crioulistas, são comuns afirmações de tendências do tipo "as línguas crioulas evitam formas não acentuadas, inclusive clíticos" ou "as línguas crioulas preferem formas plenamente acentuadas, inclusive sujeitos pronominais", mas não afirmações do tipo "as línguas crioulas exigem sujeitos pronominais explícitos". Essa questão assume hoje papel importante na literatura crioulística por causa da pressuposta correlação entre morfologia verbal explícita (ou rica) e sujeito nulo, uma correlação também controvertida (ver Duarte, 1995: 56).

22. Sobre essa questão, ver detalhes em Tarallo (1993a; 1993b) nos textos "Sobre a alegada origem crioula no português brasileiro: mudanças sintáticas aleatórias" e "Diagnosticando uma gramática brasileira: o português d'aquém-mar ao final do século XIX", no livro *Português Brasileiro — uma viagem diacrônica*, organizado por Ian Roberts e Mary A. Kato. Ver também, nesse mesmo livro, os textos de Duarte (1993), "Do pronome nulo ao pronome pleno: a trajetória do sujeito no português do Brasil", e o de Ian Roberts (1993), "O português brasileiro no contexto das línguas românicas".

23. Fizemos essa pergunta a colegas portugueses (e também a colegas moçambicanos), porque, em 1995, tivemos dificuldade inicial de estabelecer diálogo com uma pesquisadora portuguesa, que repetia insistentemente o seu nome, quando usávamos o pronome *você*. O diálogo só se deu sem interrupção quando passamos a usar o nome da pesquisadora, referência estranha para nós, brasileiros. No Brasil, o uso do nome da pessoa em vez do pronome *você* de forma mais sistemática só se dá em diálogos de adultos com crianças, muitas vezes em tom de repreensão.

palmente em áreas geográficas como Minas Gerais e Goiás, onde não se usa o pronome *tu*. Sabe-se também que a inserção do *você* de forma generalizada no Brasil provocou uma série de outras alterações, no mínimo, no sistema verbal e no sistema pronominal. Portanto, parece-nos perfeitamente razoável supor que a ausência de concordância verbal em construções com o *tu* tenha a ver com a inserção generalizada de *você* no sistema, mas não há qualquer evidência de que esse fato tenha se dado por causa de contato linguístico ou por transmissão linguística irregular. O que se perdeu no Brasil foi a relativa gramaticalização do traço [+-distanciamento], ainda marcado no português europeu e também no português angolano ou moçambicano nas formas verbais e nas formas pronominais, incluindo-se nessa questão as formas verbais do imperativo, com forte associação com o contexto discursivo das pessoas do discurso em terras lusitanas, mas com enfraquecimento ou diluição desta relação em terras brasileiras[24].

Resta ainda verificar no Brasil o que desencadeou a ausência de concordância com o pronome *nós*, gerando estruturas do tipo *nós fala*. Além da questão do efeito do tempo verbal envolvida no processo, consideramos legítimo levantar a hipótese de que a inserção de *a gente* no sistema pronominal, com preferência pela concordância *a gente fala*, quando *a gente* está adjacente ao verbo, possa ter provocado, indiretamente, o uso de *nós fala* (sobre o tema, cf. Naro, Görsky & Fernandes, 1999; Lopes, 2003; Mattos, 2003).

Sabe-se também que a concordância entre sujeito e verbo na terceira pessoa do plural já era variável nos textos pré-clássicos, anteriores à presença da língua portuguesa no Brasil. Essa circunstância evidencia que a denominada "falta" de concordância não é um fenômeno exclusivamente brasileiro. Exemplos típicos da fase arcaica da língua portuguesa em Portugal são[25]:

(1) *mas DAVA* (3ª sg.) *lhe gram torva as portas çarradas* Vida e Feitos de Júlio César, p. 244, cxxxix

24. Sobre essas questões, ver, por exemplo, Faraco (1982; 1986), Menon (1994: 232), Oliveira e Silva (1996b) e Faulstich (2001).

25. Esses exemplos são tirados de Naro & Scherre (2000a: 242), onde podem ser encontrados todos os detalhes bibliográficos. Ver, ainda, capítulo 2 e anexo 1 deste livro.

(2) *a todos aqueles que se fazem* (3ª pl.) *afora da carreira do pecado e TORNA* (3ª sg.) *a dereita carreira* A Demanda do Santo Graal, xxi, 160, p. 223

(3) *Entom os parentes OUVE* (3a sg.) *conselho e confessaron* (3ª pl.) Os Diálogos de São Gregório, 1.24.23 (35)

(4) *aqueles que, da gente d'Alexandria, REINOU* (3ª sg.) *no Egipto*. Vida e Feitos de Júlio César, p. 554, 1.12

Mais contundente ainda é o fato de que as restrições variáveis que controlam os contextos em que a variação ocorria na escrita anterior a meados do século XVI são as mesmas válidas hoje em dia no português falado do Brasil para todas as restrições suscetíveis de testes empíricos nos dados reais antigos[26]. Nos dois casos, sujeitos próximos ao verbo (como em 3) determinam o uso mais frequente da marca de plural no verbo correspondente, enquanto sujeitos distantes (em 4) ou pospostos (em 1) têm o efeito contrário. Do mesmo modo, sujeitos humanos favorecem a concordância mais que sujeitos não humanos (em 1). E ocorrências de verbos que possuem uma forma plural bem diferente da forma singular (em 3 — *houve/houveram* e em 4 — *reinou/reinaram*) têm incidências mais altas do uso do plural. Dado que as restrições variáveis estruturais que controlam a variação na concordância verbal atuam da mesma forma na fala brasileira e na escrita arcaica, os dois casos de variação são qualitativamente iguais. Além de agirem no mesmo sentido, as restrições são igualmente fortes nos dois casos[27]. Em outras palavras, a variação antiga na escrita portuguesa e a variação atual na fala brasileira são iguais em termos qualitativos e exi-

26. Como temos apenas 235 ocorrências de verbos não marcados nos textos arcaicos, todos com sujeitos plenamente marcados e poucos dentro de uma cadeia tópica, não pudemos testar todas as restrições variáveis válidas para o português atual falado do Brasil, para o qual dispomos de milhares de dados bem distribuídos pelos contextos condicionadores relevantes. Entretanto, o que podemos afirmar com certeza absoluta é que os fatores estruturais que controlam os dois casos de variação são virtualmente idênticos à medida que os dados disponíveis são suficientes para permitir a execução de testes estatísticos rigorosos. Ver Scherre & Naro (2001; 2005) e capítulos 2 e 4 deste livro para a identificação de contextos de variação no português europeu não padrão moderno.

27. Em termos técnicos, as restrições variáveis são igualmente polarizadas. Por exemplo, no caso dos textos arcaicos, os verbos que possuem uma forma plural muito diferente da forma singular receberam peso ponderado de 0,75 a favor da realização da concordância, mas, para os verbos que possuem uma forma plural pouco diferente da forma singular, esse peso ficou em apenas 0,33, com uma diferença de 0,42 (= 0,75 - 0,33). Para falantes brasileiros alfabetizados, os pesos correspondentes são 0,71 e 0,32, com uma diferença de 0,39 (= 0,71 - 0,32). Como se vê, os efeitos numéricos, expressos em termos de pesos relativos, são virtualmente idênticos. Ver detalhes da análise no capítulo 2 deste livro.

bem igual grau de sistematicidade. Não obstante esses fatos empiricamente provados, existe uma grande diferença em termos percentuais: a frequência média de uso de formas explicitamente não marcadas é muito mais alta na variedade falada brasileira do que na variedade escrita antiga. Entretanto, o que encontramos nos documentos é apenas uma fraca infiltração da fala na escrita. Não temos como saber qual teria sido a frequência média na língua antiga falada em Portugal. Mas, por mais baixa que tenha sido, tendo em vista os fortes resultados estatísticos obtidos com o número reduzido de dados encontrados na documentação existente, seria puro obscurantismo insistir em que a variação antiga teria sido menos sistemática, ou qualitativamente diferente da variação moderna.

Na língua padrão moderna de Portugal, exatamente como na do Brasil, os mecanismos de concordância são vistos como quase categóricos. Entretanto, a concordância verbal exibe áreas bem amplas de variação, mesmo no português europeu contemporâneo escrito padrão: apenas os casos de sujeito com um só núcleo localizado perto do verbo e sem adjunto plural são os de registro verdadeiramente categórico no uso real de Portugal. Com sujeito de núcleo singular e adjunto plural temos usos do tipo "*A* MELHORIA *das condições femininas em Portugal* PRENDEM-SE *ainda com a adopção generalizada das propostas da União Europeia*", em que o verbo concorda não com o núcleo singular melhoria, mas com o adjunto plural *condições*[28] ou "*Acordo teórico apenas, pois, na prática,* A FORMULAÇÃO *de regras capazes de salvaguardar esse princípio* VARIAM *de autor para autor*"[29], em que, da mesma forma, o verbo não concorda com o núcleo singular *formulação*, mas com o adjunto plural regras. Com sujeito distante temos "*A questão é tanto mais preocupante quando se sabe que* AS AJUDAS *compensatórias por hectare, mecanismo introduzido a partir da reforma da PAC,* SURGE *hoje como condicionante fundamental da evolução do rendimento dos agricultores*[30]. No exemplo citado, o verbo *surge* está no singular, apesar de se referir ao núcleo do sujeito plural *ajudas*. Com relação ao português moderno falado, o uso

---

28. *Correio da Manhã*, 25/9/1995, p. 19, c.4, "Conferência das mulheres preconiza acção rápida".

29. Maria Leonor Carvalhão Buescu, in: Duarte Nunes Leão, *Ortografia e origem da língua portuguesa*: Lisboa: Imprensa Nacional, Casa da Moeda, 1983, p. 19.

30. *Correio da Manhã*, 25/9/1995, p. 14, c.5, "Bruxelas quer reduzir ajuda aos agricultores".

da concordância é também variável nos dialetos populares do continente europeu. Temos o fenômeno documentado de norte a sul e de leste a oeste, passando por Lisboa, a capital. Exemplos são: *Coma dos meus bolinhos, que* FOI FRITINHO *só in azeite;* MELHOR *homes* (Fafe, Silva Pereira 1951:161); ... *das duas pedras que* TÁ *no meio do lanço; tenho cinquenta e um* ANO (Ericeira, Alves 1993: 190); *as borriceras que viero onte é que* FEZ *isto* (Azoia, Marques 1968: 61); *os nossos agasalhos* É *estes* (Lisboa, Mira 1954: 149); *os dois mais belhos* ISCREBE (Fafe, Silva Pereira, 1951: 160); *condo* MORRIA *pessoas de família chegada* (Odeleite, Cruz 1991: 159); *Nosso Senhori* OS *faça* FELIZ (Monte Gordo, Ratinho 1959: 241)[31]. A distribuição, ampla e geograficamente equilibrada, mostra que o fenômeno não é apenas um exotismo, estranho à estrutura da língua. Tal como para a língua arcaica, não sabemos qual é o nível médio da frequência de uso da concordância variável no português popular moderno ou contemporâneo de Portugal, mas seguramente é muito mais baixo que no Brasil. A variação na concordância representa uma deriva latente, de longo prazo, documentada até mesmo antes da fase clássica do latim e das línguas europeias que o precederam. Tal variação não transbordou em Portugal, por razões que ainda estão por se explicar, tendo em vista a mudança radical de ritmo que lá se processou a partir de meados do século XVIII e que faz com que o português europeu não seja mais sentido auditivamente como uma língua românica.

Além do fenômeno da concordância de número variável, considera-se que muitas outras características da língua falada popular do Brasil guardam semelhança com traços comuns em *pidgins* e crioulos. Embora essas línguas não apresentem nenhum traço exclusivo, a presença de um conjunto de traços característicos em determinada língua pode levar a crer que se trata de um crioulo, ou pelo menos de uma língua com traços crioulizantes. Entretanto, esses mesmos fenômenos, supostamente apenas brasileiros, também

31. Esses exemplos são tirados de Scherre & Naro (2001), capítulo 4 deste livro. Para análise e mais exemplos sobre o português arcaico e também sobre o português brasileiro escrito contemporâneo, ver Naro & Scherre (1999a; 2000a; 2000b), Scherre & Naro (2000; 1998); Scherre (1994; 2005) e os três primeiros capítulos deste livro. Para mais exemplos sobre o português europeu escrito padrão, ver Peres & Móia (1995). Para exemplos de escritores clássicos, ver Lapa (1991: 157-169).

se fazem presentes nos dialetos portugueses da Europa. Podemos citar, entre outros, os seguintes[32].

Essa lista foi tirada de Naro & Scherre (2000a) e Scherre & Naro (2001) e consta dos capítulos 1 e 2 deste livro, onde também são arrolados os seguintes fatos do português dialetal:

1) primeira pessoa realizada variavelmente com a forma verbal de terceira pessoa (ex: "Eu na quinta-feira *apanhou* 2 kilos de polves" (Alves 1993: 190); " [eu] também já nã me lembra" (Cruz, 1991: 170);
2) concordância variável de gênero (ex: "só tem as raízes *enterrado* na carne" (Mira 1954: 150); "A cedrera é muito *bom* p'ra chás" (Ratinho 1959: 240);
3) supressão variável de preposição (ex: "O Senhor Prior vem todos os interros", onde falta a preposição *a* (Marques, 1968: 60); "Nunca me lembrê fazenda" (Cruz, 1991: 177));
4) redução ampla de modos e tempos verbais, inclusive do subjuntivo: "O modo conjuntivo ouvi-o muito raramente ... O infinito pessoal é empregue pelo conjuntivo presente: 'Os rapazes são uns impostores e uns belhacos; nõ se *fiar* neles'" (Alves, 1993: 183; 190). Documenta-se, ainda, que o uso do indicativo, onde hoje se espera o subjuntivo, pode ser encontrado em Pe. Antônio Vieira, em estruturas do tipo "É possível que os peixes *ajudam* à salvação dos homens, e os homens *lançam* ao mar os ministros da salvação?" (Lapa, 1991: 153)[33].

Todos esses exemplos dos dialetos atuais de Portugal permite concluir, valendo-nos da hipótese uniformitarista, que variações do mesmo tipo devem ter estado presentes também nos dialetos europeus antigos.

---

32. Essa lista foi tirada de Naro & Scherre (2000a) e Scherre & Naro (2001) e consta dos capítulos 1 e 2 deste livro, onde também são arrolados os seguintes fatos do português dialetal:

— uso do pronome do caso reto em função de objeto direto;
— uso do pronome oblíquo em função de sujeito;
— uso de *se* para outras pessoas;
— alternâncias de preposições, incluindo a preposição *em* no lugar das preposições *a* ou *de*;
— uso do verbo *ter* indicando posse e existência e
— uso não frequente de futuro e de condicional nas formas morfêmicas.

33. A esse respeito, ver o trabalho de Rocha (1997), que analisa a variação sistemática da alternância indicativo vs. subjuntivo em orações subordinadas substantivas no português brasileiro.

Os textos arcaicos confirmam essa conclusão sem sombra de dúvida, e vão além: sua análise quantitativa mostra que a variação antiga em Portugal era regida pelos mesmos fatores estruturais que a regem hoje no Brasil. No tocante a essas variações, de falsa aparência crioula, os dois estados da língua — a arcaica de Portugal e a moderna do Brasil — se mostram semelhantes em praticamente tudo, menos em um detalhe saliente: a frequência global, ou, em termos técnicos, o *input* da variação. De fato, embora não tenhamos hoje em nossas pesquisas dados estatísticos para Portugal, como já afirmamos, parece-nos que o nível de variação em terras europeias deve ser bem mais baixo do que em terras brasileiras, i.e., as formas não explicitamente marcadas devem aparecer menos frequentemente nos contextos marcados. Em parte essa impressão talvez se deva ao fato de que a variação no Brasil pode atingir, em larga escala, também a fala de pessoas de níveis sociais de prestígio, o que parece não acontecer em Portugal[34], embora os textos da dialetologia portuguesa, além de registrar contextos de variação válidos para o português brasileiro, usem de forma bastante sistemática o adjetivo *frequente*, o advérbio *frequentemente* ou outras expressões semelhantes, para se referirem à ausência de concordância de número verbo/sujeito, em especial nos contextos menos marcados[35]. Em recente trabalho sobre o português europeu dialetal da década de 1980, Varejão (2006) evidencia que a presença de concordância verbal em falantes com pouca ou nenhuma escolarização é da ordem de 90%.

3. CONCLUSÃO

Fica evidente, pelos exemplos arrolados das fases antiga e moderna da língua portuguesa em suas variedades europeias, que no Brasil não existem

34. A única área de variação maciça na fala de Portugal envolve o uso de *a gente*, que pode levar o verbo variavelmente para a 3ª pessoa do singular (*a gente fala*) ou para a 1ª pessoa do plural (*a gente falamos*), em ampla variação de número e gênero, tanto em dialetos rurais como na fala das cidades.

35. Sobre o uso de palavras ou expressões que denotam a frequência de uso da concordância no português europeu, ver Peixoto (1968: 133), Silva Pereira (1951: 160-161), Moura (1960: 147), Alves (1993: 191), Mira (1954: 149; 117), Baptista (1967: 145) e Cruz (1991: 159). Ver detalhes no quarto capítulo deste livro. Ver também no capítulo 4 o registro recente de Varejão (2006), posterior a nosso trabalho.

características estruturais novas induzidas pelo contato entre línguas ou pela nativização do português entre os segmentos de falantes de outras línguas e seus descendentes. Praticamente todas as estruturas alegadas como exclusivamente brasileiras têm sua existência confirmada em dialetos rurais ou não padrão de Portugal. A diferença entre as formas da língua falada nos dois países diz respeito à frequência do uso e à distribuição social das variantes não padrão e não à sua própria existência. O denominado processo de "transmissão linguística irregular", por nós rebatizado positivamente de NATIVIZAÇÃO, não desencadeou aqui processos novos de variação e mudança, apenas ampliou fenômenos já (e ainda) existentes por lá. Em outras palavras, pelo menos em relação aos exemplos arrolados, não se verifica a existência de estruturas novas ou próprias do português brasileiro que teriam resultado de processos de "transmissão linguística irregular", mas sim de estruturas previamente existentes cuja frequência e distribuição foram aumentadas durante tal processo, passando de um estágio de variação de pequenas proporções para a variação mais ampla, sem dúvida devido à falta quase total de uma norma estável e geralmente aceita durante o período da aquisição e/ou aprendizado do português como primeira e segunda língua no Brasil. Ainda não existe, repetimos, um conjunto de estruturas do português brasileiro que possa ser relacionado historicamente ao contato entre línguas que marca os dois primeiros séculos da história sociolinguística do Brasil. O que pode ser relacionado à história sociolinguística do Brasil é o espraiamento de estruturas e variações, e não a sua criação.

O processo de "transmissão linguística irregular" no Brasil, então, teve como entrada, ou estágio inicial, um estado da língua portuguesa em que já existiam as estruturas variantes, vistas hoje em dia, erroneamente, como exclusivamente brasileiras. Aqui, insistimos, essas variações tomaram dimensões bem maiores e mais extensivas na sociedade. Entretanto, não houve qualquer modificação na tipologia estrutural da língua. Em outras palavras, nenhuma estrutura nova foi criada pela "transmissão linguística irregular" — ela simplesmente alterou, para cima, a frequência de certas estruturas variantes já existentes nos dialetos de menor prestígio social e que entravam apenas tangencialmente nas formas mais prestigiadas da língua, como a concordância de número. Estruturas outras, sem prestígio social evidente, mantiveram taxas constantes relativas à época da colonização, como o uso de artigo diante de possessivo, ou diminuíram as taxas de uso, como a ocorrência do sujeito nulo. Desnecessário (mas imperioso) seria dizer mais uma vez que nossa interpretação não implica considerar que Brasil e Portugal trilharam os mesmos caminhos linguísticos ao longo de 500 anos de jornada. O português brasileiro e o português europeu, com semelhanças inquestionáveis, apresentam diferenças também inquestionáveis, que devem e precisam ser entendidas à luz do contexto linguístico-social que cerca cada uma das comunidades de fala.

CAPÍTULO 7

PREENCHIMENTO DO SUJEITO PRONOMINAL E CONCORDÂNCIA VARIÁVEL NO PORTUGUÊS BRASILEIRO

ANTHONY JULIUS NARO
MARIA MARTA PEREIRA SCHERRE

1. INTRODUÇÃO

Nos textos de Naro & Scherre (2000a; 2003a) e em Scherre & Naro (2001; 2005), retomados nos capítulos 2, 3 e 4 deste livro, apresentamos evidências linguísticas de que o estágio inicial da língua portuguesa vinda de Portugal, depois aqui nativizada, incluía virtualmente todas as construções classificadas como de origem crioula, equivocadamente assumidas na literatura como sendo exclusivamente brasileiras (Guy, 1989; Holm, 1992; Baxter & Lucchesi, 1997). Temos argumentado que nenhum traço estrutural novo foi criado durante o processo de nativização, que apenas testemunha o aumento na frequência e na ampliação social de algumas estruturas explicitamente estigmatizadas, tais como a concordância variável de número, já existentes em variedades do português europeu sem prestígio social, embora pareçam não ter ocorrido na fala de pessoas de maior prestígio social. Outras estruturas variáveis, não marcadas em termos de prestígio social, mantiveram as mesmas taxas de uso desde o período colonial, como o uso do artigo diante de possessivo, documentado por Oliveira e Silva (1996a), ou diminuíram em frequência de ocorrência, como o uso do sujeito nulo, analisado por Duarte (1993; 1995; 1998).

Chegamos às conclusões explicitadas nos trabalhos e nos capítulos já citados, pela análise de materiais medievais escritos, que contêm traços da variação do período anterior à introdução da codificação gramatical normativa portuguesa em meados do século XVI, bem como pela análise da variação existente no português europeu falado por pessoas pouco ou não escolarizadas em áreas urbanas e rurais[1]. Tendo como base o princípio uniformitarista, citado em Labov (1994: 21)[2] e reforçado pela evidência dos textos antigos, deduzimos que a variação na concordância já existia no português, antes de ser trazido para o Brasil. Diversos pesquisadores, em especial Holm (1992), apresentam argumentação, também equivocada, ao compararem variedades populares do português brasileiro com o português europeu codificado a partir do século XVI, porque comparam objetos incomparáveis. Um contraste como o estabelecido em:

Português europeu padrão	Português brasileiro pressuposto
Eu amo	Eu ama
Ele/Ela ama	Ele/Ela ama
Nós amamos	Nós ama
Eles/Elas amam	Eles/Elas ama

tem pouco significado linguístico para o debate em questão, por três razões:

(1) as formas populares são variáveis e as variedades populares do português brasileiro admitem também as formas padrão variavelmente, enquanto as formas do padrão codificado são quase invariantes;

1. A relação dos oito textos medievais pesquisados encontra-se no anexo 1; no anexo 2, encontra-se a relação das 12 obras da dialetologia europeia pesquisadas.

2. Labov (1994: 21), citando (Christy, 1983), explicita que "o conhecimento dos processos que operaram no passado pode ser inferido pela observação dos processos em andamento no presente."

(2) as formas populares variáveis existiam e existem em Portugal, e não apenas no Brasil, embora não com a mesma frequência de uso ou de amplitude social;
(3) não há razão alguma para supor que os colonizadores em geral — pessoas simples e sem escolarização (marinheiros, comerciantes etc.) — falassem o português próximo ao padrão de prestígio (Silva Neto, 1986a: 42-47; Silva Neto, 1986b: 581-587; Mattos e Silva, 2001b: 280-282).

Não temos como saber a extensão da variação existente no século XVI e mesmo antes dele; só sabemos, seguramente, que a variação existiu, e deve ter existido em quantidade suficiente para ser percebida e, posteriormente, eliminada da língua escrita normatizada que encontramos nos documentos clássicos. Basta observar que os pesquisadores da dialetologia portuguesa, a partir da década de 1950, classificam como "frequente" o uso das variantes não padrão da concordância verbal, embora a amplitude deste termo seja completamente indefinida nos textos destes pesquisadores (Peixoto, 1968: 133; Silva Pereira, 1951: 161; Moura, 1960: 147; Alves, 1993: 191; Mira, 1954: 149-150; Baptista, 1967: 145; Cruz, 1991: 159; Coelho, 1967: 170-171; para detalhes, ver Scherre & Naro, 2005 e capítulo 4 deste livro).

Reiteramos que dois traços do português brasileiro atual, em particular, que parecem ser bem diferentes do português falado em Portugal, são citados na literatura linguística pertinente como característicos e específicos do português brasileiro. Estes traços são:

(1) uso menos frequente, no Brasil do que em Portugal, de concordância de número morfologicamente explícita (concordância verbal, concordância no sintagma nominal e concordância nos predicativos);
(2) uso menos frequente, no Brasil do que em Portugal, de sujeitos nulos, com consequente aumento no uso de pronomes sujeitos morfologicamente explícitos.

Recentemente, Lucchesi (2003: 279-281-282) atribuiu esses dois traços à "expansão de uma gramática crioulizante no espaço do português brasileiro ", devido ao alegado processo de uma redução gramatical causada por transmissão linguística irregular. Neste capítulo, vamos fazer especificamente uma série de reflexões a respeito do preenchimento ou não preenchimento do sujeito pronominal, em especial o de 3ª pessoa do plural, e sua correlação com a presença ou ausência de morfema de plural no verbo.

Para o caso dos verbos com sujeitos pronominais de 3ª pessoa do plural analisados neste texto, a interação dos dois traços especificados acima produz quatro possibilidades estruturais, apresentadas no quadro 1:

	PRESENÇA DE CONCORDÂNCIA EXPLÍCITA	AUSÊNCIA DE CONCORDÂNCIA EXPLÍCITA
Sujeito realizado	*eles falaram/eles falam*	*eles falou/eles fala*
Sujeito nulo	*falaram/falam*	*falou/fala*

Quadro 1. Formas variantes para sujeito pronominal de 3ª pessoa plural, explícito ou nulo, com ou sem concordância.

Em nossos dados, todas as formas do quadro 1, especialmente as formas com sujeito nulo, expressam referência plural definida (referência não arbitrária), explícita ou não explicitamente marcada na forma superficial pela desinência verbal. A explicitação do plural pode ocorrer apenas no sujeito eles, antes ou depois do verbo na mesma cláusula, ou em outra cláusula no discurso precedente, do próprio falante ou do interlocutor.

Exemplos das possibilidades apresentadas no quadro 1, usados na fala, extraídos do *Corpus* Censo (Oliveira e Silva, 1996c), podem ser vistos em (1), (2), (3) e (4), a seguir:

1) Sujeito explícito — presença de concordância explícita:
   a. ***ELES*** nunca ***brigARAM*** ...). (JUP 0250)
   b. Nós temos uns amigos holandeses, que ELES **vinhAM** para passar aqui três dias, (...). (...). (HEL 2729)

2) Sujeito explícito — ausência de concordância explícita:
   a. ***ELES falOU***: *aonde você mora?* (ANA 2197)
   b. ***ELES procuraØ*** (...) (JUP 00302)

3) Sujeito nulo — presença de concordância explícita:
   a. (...) *Aqui den'da minha casa nunca vi um tumulto deles dois, sabe?* ***Ø Nunca brigaRU, Ø nunca se aborreceRU*** (JUP 0251 e 0252);
   b. Nós temos uns amigos holandeses (...). ***Ø*** *Num* ***iAM*** *imbora nunca* (HEL 2731)

4) Sujeito nulo — ausência de concordância explícita:
   a. *Nós temos uns amigos holandeses* (...) ***Ø ficavaØ*** *abancados aqui quinze, vinte dias.* (...) (HEL 2730)
   b. *Eles procuraØ*, (...) *e aí* ***Ø procuraØ***. *E aí* ***Ø desceØ*** *de novo. Num* ***Ø achôØ*** *ninguém* (JUP 00302-00319)

Pesquisas anteriores têm evidenciado que a saliência fônica dos segmentos que atualizam a oposição singular/plural é relevante para o uso de marca explícita de plural no verbo. Em contextos plurais, oposições mais salientes, do tipo encontrado em *falou/falaram* (desinência acentuada com mudanças morfofonêmicas evidentes na relação singular/ plural) tendem a apresentar formas plurais explicitamente marcadas com maior frequência do que oposições menos salientes, como *fala/falam*; *falava/ falavam* (desinência não acentuada, com poucas mudanças morfofonêmicas na oposição singular/plural) (Naro, 1981a; Naro & Scherre, 1996; Scherre & Naro, 1997; Naro & Scherre, 1999b). Incluímos todos os níveis de saliência fônica em nossos dados e controlamos seu efeito por meio da inclusão de um grupo de fatores independentes em nossos cálculos. Portanto, em nosso texto, estamos tomando como referência verbos regulares com pretérito perfeito (mais saliente) e com o presente (menos saliente) apenas como exemplificação.

Outro aspecto relevante para o uso da marca de plural é a sequência das formas no discurso, envolvendo cláusulas em série com o mesmo sujeito ou com sujeito do mesmo campo semântico: formas verbais precedidas de outras formas verbais com marca explícita de plural exibem mais frequentemente marcas explícitas de plural; formas verbais precedidas de outras formas verbais sem marca explícita de plural exibem mais ausência de marca explícita de plural. Formas verbais isoladas ou primeiras de uma série tendem a apresentar comportamento intermediário (Scherre & Naro, 1991: 27). Para os propósitos deste texto, reinterpretamos esta variável em termos da continuidade tópica: formas verbais (com ou sem marca de plural) em série representam a continuidade da mesma referência, enquanto formas verbais isoladas ou primeiras de uma série representam descontinuidade de referência em relação ao contexto precedente.

De um ponto de vista formal, parece lógico assumir que, em estruturas com verbo sem morfema de plural explícito, isto é, sem concordância, o uso de sujeito explícito aumentaria necessariamente, a fim de compensar a perda de informação semântica e de ligação formal que seriam fornecidas pela marca correspondente no verbo. Esta é a linha de raciocínio adotada por Chomsky nas palestras de Pisa em 1979 e tem sido adotada por muitos estudiosos desde esta época, entre os quais se inclui Lucchesi (2003: 284)[3]. Como veremos a seguir, a realidade do uso natural do português brasileiro não confirma essa visão abstrata da realidade linguística. Antes, porém, cumpre observar que essa abordagem teórica formal não leva em conta o fato de que a comunicação linguística é altamente redundante, tanto em termos de conteúdo pragmático quanto em termos de codificação formal. Por essa razão, o desgaste estrutural não implica necessariamente compensações formais.

O sujeito sintático de uma construção, por exemplo, pode ser identificado no uso real por diversos meios. Em uma oração como *João plantou árvores*, a marca formal de plural *-s* no objeto direto expresso pela forma *árvores* entra em conflito com a desinência singular *-ou* da forma verbal *plantou*, que, por sua vez, apresenta harmonia formal, ou seja, concorda com o sujeito singular *João*. Do ponto de vista estrutural, essas circunstâncias são suficientes para estabelecer a ligação formal entre o sujeito e o verbo correspondente. Entretanto, esta ligação é também estabelecida com sucesso por uma série de outros mecanismos não sintáticos. Primeiro, somente *João*, e não *árvores*, é capaz de exercer o ato de plantar. Segundo, a posição inicial de *João* indica este sintagma como tópico, e o sujeito normalmente coincide com o tópico. No contexto, poderia ainda haver outras formas de identificação, a saber, a posição dentro da cadeia tópica, narrando uma série de ações executadas por *João*, ou até mesmo o tema geral da comunicação. Portanto, a ligação formal criada pela concordância é apenas um dos diversos mecanismos que desempenham a mesma tarefa. Por essa razão, elementos da codificação formal por meio das desinências verbais podem desaparecer sem trazer problemas para a comunicação efetiva. Além disso, a concordância formal não necessariamente está a serviço do conteúdo (Naro & Scherre, 2003b). Esse fato pode ser visto em uma construção do tipo *10% da população ativa do país está desempregada*. Neste caso, há concordância de número singular entre a forma verbal *está* e o sintagma *a população ativa do país*. Entre o adjetivo *desempregada* e a forma verbal *está*, há também concordância de número singular; e com o substantivo *população*, há concordância de gêne-

3. Segundo Duarte (1985: 1-2), depois de 1984, com os trabalhos de Huang, a discussão tomou outro rumo, introduzindo-se as noções de paradigma uniforme ou misto e as de língua voltada para o discurso e para a sintaxe para o licenciamento do sujeito nulo. Neste momento, focalizamos a posição adotada por Lucchesi (2003: 284), que reflete a posição chomskiana de 1979.

ro feminino. Esta relação de concordância gera, do ponto de vista formal, a construção *a população ativa do país está desempregada*. Todavia, a mensagem transmitida é que apenas um subconjunto da população (10% — semanticamente plural e do gênero sintático masculino) está desempregado, ou seja, *10% estão desempregados*.

2. ANÁLISE

A relação entre o uso de sujeitos e marcas verbais no português do Brasil foi estudada pela primeira vez por Naro (1981b), com uma amostra de 17 falantes do Rio de Janeiro[4]. Naro (1981b: 356) evidenciou que a tendência encontrada na fala real era exatamente oposta à expectativa de que sujeitos explicitamente realizados seriam usados para compensar a perda de concordância no verbo. Ele verificou, de fato, que ocorriam mais sujeitos explícitos com verbos explicitamente marcados do que com verbos não explicitamente marcados. Em outras palavras, a presença de pronome sujeito plural era mais favorecida em estruturas do tipo *eles falaram* (59%) ou *eles falam* (75%) e relativamente desfavorecida em *eles falou* (53%) ou *eles fala* (65%), respectivamente. A tendência encontrada ia na direção do fortalecimento da redundância, quando uma marca explícita de plural era usada no verbo; e não em direção a assegurar marca explícita, quando esta marca de alguma forma estivesse faltando. É importante relembrar que, no plano sintático, somente as formas *eles falou / eles fala* é que podem indicar que a presença do sujeito ocorre por causa da falta de marca de sujeito no verbo.

2.1. Corpus *Censo*

Agora vamos comentar esse mesmo fenômeno examinado em outra amostra, a do *corpus* Censo, gravada na década de 1980, com 64 falantes escolarizados (Oliveira e Silva, 1996b). Analisamos todas as construções com sujeitos pronominais de terceira pessoa plural eles/elas, explícitos ou nulos,

4. Veja Lemle & Naro (1977) e Naro & Lemle (1977) e Naro (1981b). Trata-se do conhecido *corpus* MOBRAL, do Projeto Competências Básicas do Português, financiado pelo Movimento Brasileiro de Alfabetização, uma agência governamental de alfabetização de adultos da década de 1970.

com ou sem a marca explícita de plural nos respectivos verbos, a saber: *eles falaram/eles falam* ou *falaram/falam*; *eles falou/eles fala* ou *falou/fala*, sintetizadas no quadro 1. No caso de verbo com sujeito nulo, identificamos a ocorrência precedente de um sujeito explícito com a mesma referência e controlamos todas as formas precedentes. Verbos com sujeito nulo indexados ao pronome *vocês*, a uma construção de natureza não pronominal (tipo *meus filhos*) ou a pronomes indefinidos (tipo *todos* ou *alguns*), todos com forma verbal de 3ª pessoa, não foram incluídos[5].

Calculamos a taxa de uso de sujeitos em construções pronominais *eles/elas* explícitos e nulos com verbos com plural explícito e sem plural explícito. Os resultados são apresentados na tabela 1. Em termos de distribuição das frequências brutas, o sujeito pronominal explícito (*eles falaram/eles falam*) ocorre em 73% dos casos das construções com verbos de plural explícito, enquanto o sujeito nulo (*falaram/falam*) ocorre complementarmente em 27% dos casos. No caso de construções com verbo sem marca explícita de plural, o sujeito pronominal explícito ocorre em 57% dos casos relevantes (*eles falou/eles fala*) e o sujeito nulo em 43% dos casos (*falaram/fala*). Estes resultados, em termos da distribuição das frequências brutas, evidenciam que o sujeito plural explícito é menos usado quando não há marca de plural no verbo (57%) do que quando esta marca está presente (73%). Em outras palavras, o pronome sujeito é usado mais quando ele repete, redundantemente, o número plural que também vem indicado na desinência plural do verbo. O pronome sujeito é menos usado justamente no caso em que ele poderia, eventualmente, recuperar a informação de pluralidade perdida na desinência verbal ausente.

Calculamos também os pesos relativos para a presença de sujeito pronominal de terceira pessoa plural em função da marca no verbo, por meio do modelo logístico (Sankoff, 1988; Pinztuk, 1988). Os resultados calculados por este

5. Estamos tratando somente dos casos de terceira pessoa plural *eles/elas*, do ponto de vista morfológico (com seus respectivos zeros), porque utilizamos os dados codificados para a análise da concordância verbal, considerando a presença de morfema explícito de plural como variável independente e a presença ou não de sujeito pronominal explícito como variável dependente. O instrumental estatístico utilizado — o pacote Varbrul — nos permite escolher a variável independente, sem novas codificações manuais.

modelo são mais confiáveis do que as frequências brutas explicitadas acima porque levam em conta o efeito simultâneo de outras variáveis relevantes tais como saliência e continuidade de referência.

Como se pode ver nos resultados da tabela 1, a seguir, verbo sem plural explícito desfavorece sujeito explícito, com um peso de 0,31, e verbo com plural explícito, relativamente, favorece sujeito explícito, com um peso de 0,55. Estes resultados indicam novamente que a estrutura redundante *eles falaram/eles falam* é mais favorecida (73%, peso relativo 0,55), enquanto a estrutura *eles falou/eles fala*, com reposição semântica da pluralidade perdida no verbo através do pronome sujeito plural, é menos favorecida (57%, peso relativo 0,31).

FATORES	FREQUÊNCIA DE SUJEITO EXPLÍCITO	PESO RELATIVO
Verbo com plural explícito	1.054/ 1.439 = 73%	0,55
Verbo sem plural explícito	214/ 375 = 57%	0,31
Total	1.268/ 1.814 = 70%	

Tabela 1. Uso de sujeito pronominal de terceira pessoa plural eles/elas em função da desinência de plural explícita nos verbos — dados *corpus* Censo (64 falantes do Rio de Janeiro com 1 a 11 anos de escolarização).

Dito de outra forma, os resultados da tabela 1 indicam que, na presença de verbo sem plural explícito, a estrutura sem qualquer marca formal de pluralidade (*falou/fala*, com verbo não marcado e sujeito nulo) é, em termos de pesos relativos, fortemente favorecida em relação à estrutura de preservação da informação correspondente (*eles falou /eles fala*, com verbo não marcado e sujeito explícito), com peso relativo de 0,69 (o complemento de 0,31). Com isto, não queremos que o leitor entenda que estruturas plurais completamente sem marcas são muito frequentes. Neste momento, não estamos falando de frequências, mas de padrões, evidenciados pelos pesos relativos. De fato, em nossa amostra de 1.814 verbos, encontramos apenas 161 estruturas sem nenhuma marca explícita de plural no plano estritamente sintático, ou cerca de 8,9% (375-214=161; 161/1.814=8,9%). O que queremos que se entenda, repetimos, é que a ausência de morfema explícito de plural nos verbos tende a desfavorecer preenchimento do sujeito pronominal (0,31) ou, em outras palavras, tende a favorecer estrutura com sujeito pronominal nulo (0,69).

Os resultados do modelo logístico, em termos de pesos relativos, apresentados na tabela 1 levam em conta o efeito simultâneo de todos os outros fatores incluídos em nossa análise, sejam estruturais, sejam sociais. Em especial, os pesos são corrigidos tendo em vista que medem simultaneamente o efeito da saliência e da continuidade da cadeia referencial. Isto significa que os pesos calculados para o efeito da desinência verbal não incluem efeitos devidos a outras variáveis independentes nem são resultados falsos delas decorrentes.

De forma semelhante a resultados de outras pesquisas (Cameron, 1993; Ferreira, 2003), os resultados da tabela 2 mostram que a manutenção da mesma referência favorece fortemente a ausência de um sujeito pronominal, com um peso relativo de 0,72, o complemento de 0,28, peso relativo que desfavorece o preenchimento do sujeito pronominal:

Fatores	Frequência de sujeito explícito	Peso relativo
Menção isolada ou mudança de referente	603/ 654 = 92%	0,84
Manutenção de referente	665/ 1.160 = 57%	0,28
Total	1.268/ 1.814 = 70%	

Tabela 2. Uso de sujeito pronominal de 3ª pessoa plural eles/elas em função do fluxo da referência no discurso — dados corpus Censo (64 falantes do Rio de Janeiro com 1 a 11 anos de escolarização).

As categorias da tabela 2 refletem os extremos da variável *conexão discursiva* proposta por Paredes Silva (1991; 2003). Em nossa visão, o fato de o pronome retomar, ou não, a cadeia referencial é realmente um fator funcional do discurso. Seu efeito, medido na tabela 2, não interfere no efeito da variável presença/ausência da desinência, medido na tabela 1.

Outro fator importante para o uso de sujeitos explícitos é o grau de saliência da oposição entre as desinências singular e plural. De maneira geral, temos mais uso do sujeito plural explícito quando a desinência verbal plural se apresenta sob uma forma pouco saliente e menos uso do sujeito quando a desinência exibe maior grau de saliência, como se mostra na tabela 3 a seguir. Interpretamos os resultados da tabela 3 no sentido de uma tendência a evitar, relativamente, um acúmulo pesado do pronome acentuado e da desinência saliente, talvez sentido como excessivamente repetitivo. Como já tivemos ocasião de observar no capítulo 6, sabe-se que nas escolas o ensino nas aulas de redação tenta corrigir o uso dito "excessivo" de pronomes pelos alunos.

FATORES	FREQUÊNCIA DE SUJEITO EXPLÍCITO	PESO RELATIVO
[- saliente]	799/ 1.055 = 76%	0,60
[+ saliente]	469/ 759 = 62%	0,36
Total	1.268/ 1.814 = 70%	

Tabela 3. Uso de sujeito pronominal de terceira pessoa plural eles/elas em função da saliência fônica da oposição singular/plural nos verbos — dados *corpus* Censo (64 falantes do Rio de Janeiro com 1 a 11 anos de escolarização).

Retomando a questão central de nosso trabalho, enfatizamos que nossos resultados evidenciam que a ausência de marca explícita de plural nos verbos NÃO favorece o preenchimento da posição de sujeito com pronome explícito. Por essa razão, eles tornam claro que o uso mais frequente de sujeito pronominal de terceira pessoa plural *eles/elas* NÃO funciona como um mecanismo compensatório da ausência de marca de plural no verbo. O que vimos pelos resultados da tabela 1 é a tendência oposta: desinência de plural explícita no verbo tende a favorecer pronome plural explícito (0,55); desinência de plural omitida no verbo tende a favorecer pronome plural nulo (0,69 — complemento de 0,31). Concluímos, portanto, que, no plano sincrônico, o tipo de desinência verbal usada (explícita ou zero) tem de fato um efeito claro nas chances do uso do preenchimento da posição de sujeito, mas na direção oposta do que seria esperado se a presença do sujeito fosse motivada para compensar o enfraquecimento das oposições do paradigma verbal. E o que é mais surpreendente, como já fizemos notar, é o fato de a ausência de desinência explícita de plural apresentar um efeito ainda mais robusto[6], no sentido de desfavorecer sujeito pronominal explícito (ou favorecer sujeito pronominal nulo), resultando, no plano

6. Efeito semelhante também ocorre no interior do sintagma nominal. A presença de um zero plural na segunda posição do sintagma nominal favorece quase categoricamente um zero na posição subsequente, resultando estruturas perfeitamente naturais do tipo "umas goiaba grande". Dados sem nenhuma marca explícita de plural, em contexto de plural, ainda não foram analisados quantitativamente. Scherre (2001: 98-99) levanta a hipótese de que eles envolvem construções que denotam partes do corpo (*fiz a* ***minha unha*** *hoje*), têm caráter generalizante (***menina bonita*** *não chora*) ou apresentam um item lexical semanticamente plural (*comprei* ***muito livro*** *caro; tinha* ***roupa suja espalhada*** *no quarto*).

da sintaxe, em estruturas completamente providas de qualquer marca formal de plural.

Em um estudo do tipo painel de curta duração, Paredes Silva (2003: 102, figura 2) analisou o preenchimento da posição de sujeito na fala de 16 pessoas gravadas no início da década de 1980 e gravadas novamente em 2000 e comparou seus resultados aos nossos, publicados no mesmo livro. Eis as palavras de Paredes Silva (2003: 102-103):

> Se, de fato, a elevada taxa de sujeitos pronominais no português brasileiro se correlaciona à perda crescente de marcas flexionais, era de se esperar que taxas mais baixas de concordância coincidissem com taxas mais altas de sujeito expresso, especialmente na terceira pessoa. No entanto, a informante que mais usou o sujeito pronominal (Fat23) está entre aqueles cujos índices de concordância mais subiram de 1984 para 2000. Assim também Adr63 e Dav42, que também aumentaram seus níveis de sujeito expresso. Por outro lado, Adr57 e Lei04, ambas mantendo índices bastante baixos de concordância verbal, diminuem sensivelmente a expressão do sujeito pronominal de terceira pessoa (...). A falante Jup06 é das poucas que, tendo aumentado razoavelmente os níveis de concordância verbal, apresenta queda no sujeito pronominal.

Reexaminando os resultados de Paredes Silva em mais detalhes e comparando-os aos de nossa pesquisa, em Naro & Scherre (2003)[7], verificamos o seguinte: entre os 16 falantes recontatados, seis não são diretamente relevantes para os propósitos atuais porque exibem pouca ou nenhuma mudança no uso da concordância. Dos dez falantes com aumento significativo de concordância, seis aumentaram a realização de sujeitos pronominais, evidenciando correlação diacrônica em curto prazo entre sujeitos explícitos e concordância explícita. Um falante aumentou a concordância e manteve o uso de sujeito estável. Entretanto, três falantes diminuem o uso de sujeitos explícitos, apesar de terem aumentado o uso da concordância. Os três últimos falantes exibem dupla mudança em direção às convenções da norma escrita padrão, que prevê uso categórico da concordância e uso moderado de sujeitos pronominais explícitos.

7. Ver anexo 3 para detalhes da comparação feita. Os resultados de Naro & Scherre (2004) envolvem um conjunto maior de variáveis linguísticas do que os apresentados em Naro & Scherre (2003a). Por isso os utilizamos. Usamos a diferença de 0,10 entre os pesos relativos como um indicativo de diferença relevante, como apontaram testes aleatórios realizados anteriormente por Naro.

A conclusão geral é que, no estudo realizado com o objetivo de capturar mudança em tempo de curta duração, há evidência de correlação entre o aumento de uso da concordância e de sujeito explícito, mas também entram em jogo outros fatores, tais como a influência da norma padrão[8].

2.2. *Outras amostras: Ferreira (2003) e Duarte (1995)*

Outra linha de pesquisa seria comparar comunidades diferentes com relação ao uso de sujeitos pronominais e concordância. Nesse caso, é importante controlar a configuração temporal e os fatores sociais. Passemos então a examinar os resultados de Ferreira (2003: 35), provenientes de amostras da fala de cinco falantes da área rural do norte do Estado de Goiás, região Centro-Oeste, na cidade de Teresina de Goiás, mais especificamente da "região denominada Vão de Almas, uma das três regiões que subdividem o Sítio Histórico e Patrimônio Cultural Kalunga". Essa comunidade é oficialmente reconhecida como remanescente de um quilombo, uma comunidade de escravos fugidos (Ferreira, 2003: 16-28). Dos seis falantes analisados por Ferreira (2003: 37), três são não- escolarizados, um tem quatro anos de escolarização e o outro, seis anos.

Os resultados de Ferreira (2003: 55; 99 — tabela 4.2, no original), parcialmente reorganizados na tabela 4 abaixo, revelam que o preenchimento, ou não, do sujeito pronominal evidencia correlação com a presença, ou não, de uma marca formal no verbo. O que é mais revelador nos dados de Ferreira (2003) é o fato de a 3ª pessoa plural apresentar evidente preenchimento em função da presença de desinência plural — 71% contra 47% —, mesmo com pouquíssimos dados de concordância, como se vê na tabela 4. Para a primeira pessoa do singular, por sua vez, Ferreira encontrou o uso explícito do sujeito eu em 65% das suas ocorrências possíveis, quando o verbo levava marca explícita de primeira pessoa de singular; e em 60%, quando o verbo não tinha essa marca. Trata-se de um aumento discreto, mas regular, também encontrado nos casos de primeira pessoa plural: 63% vs. 59%.

8. Não há dúvida de que há ainda outros fatores em jogo porque, dos seis falantes com menos relevância para o raciocínio desenvolvido neste texto, três aumentaram o preenchimento do sujeito pronominal; dois diminuíram e um permaneceu estável. Todavia, o percentual maior (38% dos casos) é de aumento de concordância e aumento do preenchimento da posição de sujeito pronominal, a direção mais regular. O único senão nesta comparação é que nosso texto trata de concordância

Fatores	Eles/elas	Nós	Eu
com desinência verbal explícita	5/ 7 =71%	20/ 32 = 63%	283/439 = 65%
sem desinência verbal explícita	67/ 132 =47%	41/ 69 = 59%	34/ 57 = 60%
Total	72/139=52%	61/ 101 = 60%	327/496 = 66%

Tabela 4. Efeito da desinência explícita no preenchimento do sujeito pronominal na fala de falantes da comunidade Kalunga (Ferreira, 2003: 55).

Os falantes analisados por Ferreira (2003) pertencem ao extremo do *continuum* rural-urbano e do *continuum* de oralidade-letramento, nos termos de Bortoni-Ricardo (1998: 101-103). Outro extremo seria representado por falantes letrados urbanos, a exemplo dos falantes com formação universitária estudados por Duarte (1995). Esses dois grupos apresentam oposição radical com relação à concordância verbal de número plural. Os resultados de Duarte (1995: 56, tabela 3.4, no original) permitem inferir que a concordância de número plural chega perto de 100%, independentemente da pessoa gramatical *eles/elas* ou nós. Os dados de Ferreira (tabela 4.2, 2003: 55), por sua vez, exibem ausência quase completa de concordância plural para a 3ª pessoa plural: 5% (7/139). Com primeira pessoa plural *nós*, os dados exibem 32% de concordância plural (32/101).

Ainda mais revelador é o fato apontado por Ferreira (2003) de que os falantes urbanos universitários analisados por Duarte (1995: 80), com mais concordância plural explícita, usam sujeitos pronominais preenchidos em 71% das ocorrências, enquanto os falantes rurais com pouca ou nenhuma escolarização por ela analisados, com menos concordância plural explícita, usam sujeitos pronominais preenchidos a uma taxa de 63%, com curva igual para as pessoas gramaticais (Ferreira, 2003: 90). Pesquisas adicionais são necessárias para determinar se esse resultado se repete em outras comunidades.

Voltemos agora aos dados do *corpus* Censo. Evidenciando uma das previsões de Naro (1981b) — a da possibilidade de aumento da concordância na

plural, com dados de *eles/elas* e os de Paredes Silva envolvem pronomes de terceira pessoa singular e plural, embora Paredes Silva (em comunicação pessoal) considere que isto possa não influenciar os resultados. No futuro, buscaremos uma comparação mais direta com a análise de Paredes Silva.

comunidade —, Naro & Scherre (2003b; 2004) mostraram que o uso global de desinências explícitas de plural aumentou em amostras de fala do Rio de Janeiro nos vinte anos entre 1980 e 2000, em cerca de 10 pontos percentuais. A forma sem concordância explícita é fortemente estigmatizada e explicitamente corrigida nas escolas. Além disso, a frequência à escola aumentou nos últimos anos e a mídia escrita e falada tem frequentemente exercido um papel bastante coercitivo em relação a variantes menos prestigiadas. Tudo isto pode induzir os falantes, de forma mais ou menos consciente, a fazer um esforço para ter a sua posição social reconhecida por meio do uso de variantes avaliadas como de maior prestígio, supostamente mais corretas, tais como os verbos explicitamente marcados pelas desinências plurais correspondentes, na presença de um sujeito formal e semanticamente plural.

É naturalmente mais fácil para o falante estabelecer a concordância verbal quando o sujeito semanticamente plural está expresso na forma superficial, uma circunstância que, supomos, pode ter conduzido ao segundo traço mencionado na introdução deste texto: uso mais frequente, no Brasil do que em Portugal, de sujeitos pronominais explícitos. Outros fatores, todavia, podem ter contribuído para este resultado. Um deles poderia ser o uso de tonicidade relativamente maior em sílabas não acentuadas na fala brasileira em comparação com a de Portugal, resultando na impressão, comum no Brasil, de que a fala do português europeu é *dura, travada, acelerada*, com corte de segmentos vocálicos. O acento tônico mais forte do português brasileiro pode ter conduzido a um reforço fonético da posição de sujeito, enquanto o acento mais fraco em Portugal pode ter favorecido o apagamento do material fonético nessa posição[9].

3. CONCLUSÃO

Os fatos apresentados até este ponto, a respeito da relação entre preenchimento da posição do sujeito e concordância verbal na 3ª pessoa plural, nos conduzem

9. A posição de sujeito no português do Brasil leva acento secundário. Como mostram Ramos (1977), Vitral (1996) e Andrade (2004), esta posição admite a variação *você/ocê/cê*, não existente em posições plenamente tônicas como as de objeto direto, objeto indireto, estruturas clivadas, estruturas topicalizadas etc.)

à conclusão de que houve recentemente no Brasil um aumento na taxa geral de uso da concordância, possivelmente facilitado e fortalecido através do aumento de uso de sujeitos pronominais explícitos, tendo em vista que apresentam marca de plural explícita. É fato já conhecido que os sintagmas nominais com marcas explícitas de plural em seus últimos elementos favorecem mais concordância de plural explícita no verbo (Scherre & Naro, 1991, 1993b). Os pronomes explícitos estão, assim, apresentando comportamento semelhante ao dos sintagmas nominais com marcas de plural explícitas. Em nossos dados, como já vimos, o sujeito explícito não desempenha a função de suprir a informação eventualmente perdida na desinência. Ao contrário, tende a ocorrer ainda mais com verbos de desinência explícita.

Nossos resultados estatísticos mostram de forma conclusiva que desinências explícitas e sujeitos explícitos tendem a caminhar juntos na fala, mas eles por si sós não permitem estabelecer uma relação causal ou ordenação temporal entre os dois fenômenos. Além do mais, a presença de concordância, mas não o uso do pronome sujeito, é uma mudança em direção à norma de prestígio e tem sido sistematicamente ensinada nas escolas por muitos anos, reforçada pelo imaginário coletivo como uma norma que deve ser seguida, especialmente com relação à fala do outro. Trata-se de um fenômeno muito saliente na percepção dos falantes, que, muitas vezes, especialmente nos contextos de maior saliência (sujeito humano antes do verbo e a ele adjacente, com verbo de alta saliência fônica), emitem comentários negativos claros a respeito da falta de concordância, seja com sujeitos plurais (*eles vai/nós vai/os menino vai*), seja com sujeitos singulares (*o povo foram/a gente vamos*). Isso sugere que a mudança em direção à norma de prestígio na concordância possa ser uma força que provoca uma mudança no uso do sujeito pronominal, que, contrariamente, se afasta da norma, tendo em vista ser esse segundo caso um fenômeno menos suscetível à avaliação social. O uso maior de pronomes explícitos por sua vez provocaria mais concordância, que por sua vez provocaria mais preenchimento pronominal, podendo se chegar a uma situação de concordância categórica, especialmente em situações de fala mais monitorada.

O português brasileiro mantém tanto as estruturas preservadoras de informação, como *eles falou* ou *eles fala*, quanto as mantenedoras de redundância, como *eles falaram* ou *eles falam*. Já que as estruturas mais favorecidas são as do tipo mais redundante, como em *eles falaram* e *eles falam*, consideramos inadequado atribuir o aumento do preenchimento do sujeito pronominal no Brasil à "expansão de uma gramática crioulizante no português brasileiro", devido a um processo de redução gramatical causado por transmissão irregular, nos termos de Lucchesi (2003: 279). As reflexões deste capítulo enfraquecem ainda mais a ideia de que traços típicos do português não padrão são o resultado de algum tipo de pidginização e/ou crioulização. Além disso, estamos tratando com configurações e tipologias distintas: a variação no uso de regras de concordância é atestada desde a Idade Média e pode lembrar fenômenos de crioulização, mas o aumento na frequência de uso da concordância e o aumento de sujeito pronominal são ambos fenômenos mais recentes no Brasil e poderiam, SE FOSSE UMA INTERPRETAÇÃO PLAUSÍVEL, evocar descrioulização.

O comportamento da concordância e de preenchimento da posição de sujeito pronominal são parte de uma nova direção nos fluxos e contrafluxos da variação. Neste momento, o sistema de áreas urbanas evidencia tendência em direção a marcas redundantes. Não se trata de preservação da informação, em termos de economia estrutural linguística. Em verdade, tanto a redundância quanto a não redundância podem resultar de um princípio mais geral, o princípio do paralelismo linguístico, que é a tendência de formas da mesma natureza tenderem a ocorrer juntas. A correlação relativa entre presença de desinências verbais e presença de pronome plural de terceira pessoa e entre ausência de desinências verbais e ausência de pronome plural de terceira pessoa faz parte deste mesmo mecanismo.

CONCLUSÃO

ANTHONY JULIUS NARO

De tudo o que vimos através dos capítulos deste livro, o fato mais básico que salta aos olhos é muito simples: o português do Brasil sempre foi o português. No imenso território que atualmente ocupa como língua materna da grande nação brasileira, não se estabeleceu nenhum traço estrutural estranho à estrutura original com a qual a língua portuguesa aportou na América. O resultado do garimpo geral em todos os componentes da gramática que apresentamos neste livro nos permite estabelecer, sem qualquer sombra de dúvida, que virtualmente todos os traços, típicos e característicos do português popular atual do Brasil, em especial os que o distinguem de outras variedades mais prestigiadas da mesma língua, já estavam presentes na língua que aqui chegou com os próprios portugueses. Em outros termos, estes traços já estavam presentes nas variedades da língua que serviram de entrada para o processo histórico de sua implantação no novo continente e, portanto, não constituem qualquer tipo de descontinuidade ou ruptura estrutural na transformação da língua, como previsto nas hipóteses crioulísticas clássicas. Sendo assim, não existe base empírica para sustentar a hipótese de que um conjunto significativo de características usuais no português brasileiro contemporâneo, especialmente no português brasileiro popular, tenha origem em características estruturais das línguas africanas ou em quaisquer outras línguas que não o próprio português.

Houve, por certo, transformação da língua, tanto aqui como na Europa, durante esses cinco séculos, mas até o momento não se estabilizou no Brasil nenhuma mudança capaz de alterar a tipologia da língua. Isto vale, sobretudo, para os chamados traços crioulizantes, tais como as concordâncias variáveis. O que mudou foi a difusão desses traços no uso da língua, principalmente em termos sociais. As variações em si existiam no português europeu antes de os primeiros navegadores avistarem o Brasil e continuam existindo por lá, nada tendo a ver a população de origem africana, ameríndia, ou de qualquer outra nação, a não ser a portuguesa. Embora seja impossível sabermos ao certo, parece que na Europa daqueles tempos as variações eram quantitativamente menos frequentes e socialmente mais limitadas, não atingindo as dimensões que possuem atualmente no Brasil. Não deixa de ser curioso, e talvez indicativo de antigos preconceitos, que justamente os traços considerados socialmente desprestigiados em Portugal sejam aqui imputados por alguns estudiosos aos falantes de etnias não europeias. A verdade é justamente o contrário: a variação, e as próprias variantes, são inteiramente de origem europeia, tendo se generalizado no Brasil devido à instabilidade da norma no contexto da transferência da língua para uma nova comunidade linguística.

Entretanto, existem possíveis exceções à conclusão de que, nas suas origens, as estruturas linguísticas do português do Brasil são idênticas às de Portugal. Em nível de detalhes, não encontramos na documentação portuguesa vista até o momento menção do uso da desinência verbal da 3ª pessoa do singular em contexto da 1ª pessoa do plural em frases do tipo *nós vai*, onde a língua padrão do Brasil, bem como os dialetos portugueses, prefere *nós vamos*. Mas trata-se do mesmo fenômeno de variação na marcação explícita sujeito/verbo, estruturalmente idêntico ao tipo documentado em Portugal *as outras vai/as outras vão*. Outro caso não documentado em Portugal é a variação *tu fala/tu falas*, caso que pode existir sem concordância quase categoricamente em diversas áreas dialetais brasileiras, especialmente em Porto Alegre, na região Sul; e no Rio de Janeiro, na região Sudeste. Uma hipótese sedutora é a de que a variação com *nós* e com *tu* entrou ou se implementou via inserção de *a gente* e de *você* no quadro pronominal. Reconhecemos estas exceções, bem como outras tantas que ocorreram tanto no Brasil como em Portugal depois da transferência da língua para o Brasil, mas afirmamos que tais mudanças posteriores nada têm a ver com as origens dos traços ditos crioulizantes no Brasil.

De forma também interessante, observamos em 2000 uma tendência em direção à restauração da marcação explícita do plural em alguns setores da comunidade brasileira, com o aumento da escolarização e da urbanização. Esse fenômeno tem duas vertentes: de um lado o favorecimento de formas verbais marcadas, como *vão* em preferência a *vai* no contexto plural, e, de outro lado, o uso mais frequente do próprio sujeito pronominal, por exemplo, *eles vão* em vez de *vão*, o que tem o efeito de facilitar o aumento no uso das desinências verbais e a consequente diminuição de formas verbais sem marcação explícita de plural. No plano estrutural, o uso mais frequente de sujeitos explícitos aponta uma possível mudança futura em direção ao uso categórico de sujeitos pronominais, tal como se dá no inglês e no francês, entre muitas outras línguas do mundo. Esta mudança tem chamado a atenção de estudiosos de orientação formalista porque ocorre no terreno do parâmetro pro-drop, caracterizando uma importante distinção formal. Podemos ter aí indícios de um processo de cisão entre as línguas do Brasil e de Portugal que poderá se dar em algum momento vindouro se continuarem as tendências atuais. Entretanto, é fundamental notar que o aumento detectado da concordância pode ser uma reação recente, socialmente motivada, mas é irrelevante em relação à problemática das origens. Em verdade, é impossível precisar quando exatamente a reação se iniciou — o mais provável é que tenha sido com o incremento da escolarização. A hipótese mais verossímil para o Brasil é que sempre tenha havido "fluxos e contrafluxos" na concordância, ou seja, movimentos diversos de perda, de restauração e de estabilização em diversos momentos da história, dado o caráter sistemático deste fenômeno em termos linguísticos, mas fortemente discriminado na comunidade de fala portuguesa.

Enfatizamos, todavia, que os dados qualitativos e quantitativos expostos neste livro nos permitem afirmar conclusivamente que a língua portuguesa chegou ao Brasil já com as características variáveis classificadas por alguns estudiosos como crioulas, semicrioulas, crioulizantes etc. Essa variação tomou dimensões mais amplas e alcançou uma escala bem maior no Brasil, onde as condições sociais inerentes à nativização da língua por uma nova comunidade de fala, tais como o multilinguismo e a aquisição da língua por adultos, deixaram de manter as normas que, supomos, a mantinham dentro de limites mais estreitos na sua comunidade de origem. No Brasil, o português se viu livre da pressão naturalmente exercida pela norma tradicional de uma comunidade de fala estável e, portanto, pôde desenvolver e manter o uso de formas e estruturas não prestigiadas já existentes nas variedades geográficas e sociais do português europeu. A maioria destas estruturas também já existia, de forma variável, em sabir e na chamada língua de preto, sistemas de comunicação, de base lexical românica, usados pelos portugueses em seus contatos com os povos do Oriente Médio e da África do Norte antes de colonizarem o Brasil.

A relação entre o português do Brasil e a língua de Portugal é estritamente genética, ou interna, e não induzida por contato, ou externa. Contudo, o colapso da norma e o afloramento da variação previamente existente são consequências da formação de uma nova comunidade de fala na situação de contato. Até onde vai o nosso conhecimento dos fatos, no português do Brasil inexiste influência gramatical específica de qualquer língua africana, ou de língua de qualquer outra proveniência não portuguesa, como também não existe nenhuma forma ou estrutura inteiramente nova criada por um processo geral de simplificação durante a fase de aquisição da língua. O que aqui aconteceu foi a ação conjunta das forças genéticas com as de contato: HOUVE UMA CATÁLISE INDUZIDA PELO CONTATO DA VARIAÇÃO HERDADA ATRAVÉS DA VIA GENÉTICA ou, em outras palavras, UMA CONFLUÊNCIA DE MOTIVAÇÕES que agiram em momentos diferentes. Toda a gama de traços variáveis evidentes e/ou abstratos, embora com percentagens de uso talvez ínfimas, veio toda, em suas origens, com os portugueses.

Já que as estruturas relevantes existiam no próprio português, insistimos que não há necessidade de postular outras fontes, tais como interferência de línguas de configuração estrutural distinta (africanas, ameríndias, ou quaisquer outras), efeitos de simplificação durante o processo de aprendizagem, ou quaisquer outras circunstâncias alheias à própria língua portuguesa. Esta conclusão decorre de um princípio heurístico geral da construção de teorias científicas anunciado por Guilherme de Ockham, um frade franciscano inglês do século XIV, estudioso distinguido nas áreas de lógica e física. O princípio, em uma das suas formulações originais, determina *Frustra fit per plura quod potest fieri per pauciora* "é inútil fazer com mais o que se pode fazer com menos" ou, em outra, *Pluralitas non est ponenda sine neccesitate* "múltiplas entidades não devem ser postuladas sem necessidade." Conhecida como a Navalha de Ockham[1], esta doutrina ensina a cortar qualquer excrescência teórica que não contribua para explicar

1. A forma arcaica Occam é geralmente usada ao citar o princípio heurístico.

os dados relevantes, exatamente como se usava na época uma navalha para eliminar excessos de tinta por acaso pingados nos documentos manuscritos. Em outros termos, ela afirma que, entre duas ou mais teorias com as mesmas consequências empíricas, deve-se preferir a que for menos elaborada ou mais simples, i.e., com menos construtos e mecanismos teóricos. Como exemplo, costuma-se citar casos como o de um fazendeiro que, numa bela manhã, dá pela falta de alguns carneiros de seu rebanho. Ele conclui que os carneiros devem ter sido comidos pelos lobos que ele vira na floresta vizinha à sua propriedade no dia anterior. Mas ele poderia também pensar que ouvira dizer que há leões no zoológico que fica na capital. Talvez tenham escapado alguns leões e estes poderiam ter comido os carneiros. Aliás, leões são bem capazes de matar carneiros. Ou, então, poderia ter havido uma invasão despercebida de extraterrestres, casualmente famintos exatamente por carneiros. A Navalha de Ockham determina que a primeira teoria é a que deve ser preferida, por envolver menos construtos teóricos do que a teoria da fuga dos leões ou a da existência de extraterrestres. Mais tarde, desenvolveu-se outro princípio, o da parcimônia, que determina que "a melhor explicação é a mais simples," mas esta versão esquece que duas teorias, uma mais simples e outra mais complexa, dificilmente terão as mesmas consequências empíricas, i.e., provavelmente não darão conta exatamente dos mesmos fatos. Contudo, é importante notar que, em nosso exemplo, o princípio de Guilherme de Ockham não assevera que as teorias dos leões e dos extraterrestres estejam erradas, mas sim que não existe razão para aceitá-las com os dados reais disponíveis[2].

A Navalha de Ockham, embora geralmente aceita nas ciências físicas, pode entrar em conflito com o conceito da múltipla causalidade. Em nosso exemplo, alguns carneiros poderiam ter sido comidos por lobos, outros por leões, e ainda outros por extraterrestres, ou então os carneiros poderiam ter sido atacados em primeiro lugar pelos lobos e depois comidos pelos leões, os quais teriam afugentado os lobos. Em sistemas complexos, como o sistema imunológico humano, sabe-se que existe um sem-número de condições distintas que, individualmente, juntas, ou até em diversas combinações parciais, parecem levar a determinadas

2. Detalhes sobre o tema podem ser encontrados em William of Ockham, 1967-88. *Opera philosophica et theologica*. Gedeon Gál, *et al.*, ed. 17 vols. St. Bonaventure, N. Y.: The Franciscan Institute.

consequências. A ideia de "causa" como condição necessária e suficiente se torna inútil nessas condições. Adeptos da múltipla causalidade tentarão sempre depreender um máximo de motivações possíveis do fenômeno sob estudo. Para eles, a Navalha de Ockham se torna quase irrelevante, porque os fatos empíricos a serem explicados, bem como o próprio fenômeno, mudam de acordo com a perspectiva do momento. Afinal, admitindo a múltipla causalidade, inexistem duas teorias com exatamente as mesmas consequências empíricas.

Aplicando a múltipla causalidade às origens do português brasileiro, poderíamos admitir que, embora todas as características da língua popular do Brasil sejam derivadas em primeira instância de variedades do português europeu da época, mesmo assim seriam relevantes TAMBÉM outras circunstâncias alheias à Europa, tais como interferência linguística, simplificação, crioulização etc. Aliás, é exatamente isto que diz Holm (1992: 49) quando, apesar de reconhecer a existência da alternância entre [l] e [r] como fenômeno histórico do próprio português, assevera: "Entretanto, parece provável que a alternância do PPB [português popular do Brasil] seja TAMBÉM o resultado de influência crioula"[3] (ênfase nossa), alegando a existência do mesmo fenômeno em diversas línguas de substrato africano, em especial na língua crioula de São Tomé. Neste trecho, Holm está implicitamente rejeitando a Navalha de Ockham e advogando a múltipla causalidade.

Entretanto, mesmo a múltipla causalidade não licencia total liberdade de imaginação na construção de teorias. Nós, sociolinguistas variacionistas, estamos acostumados a postular diversos fatores e grupos de fatores independentes que podem influir no comportamento dos falantes e da comunidade de fala. E buscamos avaliar a relevância destes fatores através de métodos estatísticos rigorosos[4]. Dada a existência prévia comprovada dos traços ditos crioulizantes na língua transferida para o Brasil, cabe aos proponentes de uma teoria múltipla, tal como a origem crioula, ou semicrioula, declarar quais são as consequências empíricas não cobertas pela teoria da origem europeia que a teoria crioula, mais complexa por ser múltipla, prevê. No que diz respeito às ORIGENS estruturais do

3. "However, it seems likely that the PBP [Popular Brazilian Portuguese] alternation is ALSO the result of creole influence" (Holm, 1992: 49).

4. Ver Guy & Zilles, 2007, cap. 18.

português brasileiro, a hipótese da procedência estritamente portuguesa dos traços brasileiros supostamente típicos está confortavelmente fora do alcance da Navalha de Ockham, que nos parece estar fragilmente pendurada, pronta para cortar as excrescências da teoria crioulista, ou semicrioulista, criadas, em especial, para interpretar os traços linguisticamente estigmatizados. Para favorecer a aceitação destas teorias, seria necessário listar suas previsões e consequências, empiricamente confirmáveis, e não cobertas já pelos fatos descobertos em nosso garimpo.

Além do mais, achamos completamente fora de cogitação a comprovação empírica de qualquer influência estrutural africana, porque as línguas africanas são estruturalmente muito diversas. Não existe uma tipologia africana que pudesse ter sido transferida para a língua portuguesa no Brasil porque a própria noção de tipologia estrutural africana inexiste como entidade bem definida. Sem dúvida, Holm tem razão ao afirmar que a alternância entre [l] e [r] existe em algumas línguas africanas, simplesmente porque se trata de um universo tão vasto que deve existir em algum lugar da África um pouco de tudo o que existe nas línguas humanas. A hipótese africana nos parece sem conteúdo, já que cobre tudo o que poderia existir no português do Brasil, ou em qualquer outra língua; e também impossível, já que não apresenta uma base estrutural comum. Além disso, os fenômenos variáveis característicos do Brasil encontram-se com impressionante uniformidade através de todo o território nacional, independentemente de ter tido ou não grandes concentrações de povos de origem africana. A concordância variável, por exemplo, existe no Brasil inteiro, com a mesma configuração de restrições variáveis, independentemente de a população ter sido, em determinado momento, de origem predominantemente banto, iorubá, ameríndia, ou qualquer outra etnia ou grupo linguístico.

Outra linha de possíveis causas múltiplas citadas na literatura tem a ver com processos de aquisição de uma segunda língua, naturais ou na sala de aula. Os efeitos da primeira língua, embora pudessem ter atuado em uma comunidade isolada formada por pessoas da mesma origem, não poderiam ter influência significativa na comunidade maior, em nível regional, por variarem muito de língua para língua. Mesmo que a existência potencial de influências de fontes externas seja provável em nível abstrato, na realidade inexiste qualquer efeito concreto discernivelmente diferente dos da fonte interna. Se houve em algum momento uma simplificação (baseada, ou não, em universais linguísticos), um erro ou falha de aprendizado, uma imitação de erro, uma estrutura transferida de algum substrato, ou qualquer outro mecanismo alegado na literatura de orientação crioulista, tal fenômeno não chegou a ter como consequência a criação de qualquer estrutura diferente do que já existia, sem dúvida em menor escala, na própria língua portuguesa em Portugal. A hipótese da crioulização, além de não documentada historicamente, é também sem consequências, no sentido de não possuir efeito identificável e verificável empiricamente como marca identificadora segura e diferenciadora da evolução genética. Já que os processos de aquisição não tiveram efeito empírico comprovável diferente da variação qualitativa já existente na fonte, a Navalha de Ockham manda cortar. Aliás, se alguma mudança maior houve, poderíamos até dizer que foi em Portugal e foi no plano da fonologia, distinguindo o português europeu moderno ou contemporâneo do português clássico (Teyssier, 2004: 81; Abaurre & Galves, 1998: 382), o que faz com que o português europeu hoje pareça aos ouvidos dos brasileiros uma língua de natureza bem diferente, quase um português falado por estrangeiros.

Em síntese, temos o resultado de uma confluência de múltiplas motivações, cada qual com sua força variável através do tempo. Todas as propriedades estruturais relevantes do português do Brasil estavam presentes na versão da língua que aqui chegou, não existindo base lógica ou empírica para a hipótese de causas externas na questão DAS ORIGENS. As ORIGENS do português do Brasil são estritamente internas e genéticas; a posterior expansão dos traços geneticamente derivados é externa e motivada pelo contato. A mudança em certas áreas da morfossintaxe no Brasil se mostrou mais intensa e mais adiantada que em Portugal devido, em parte, ao colapso da norma, inerente na descontinuidade social da situação de contato. Se quaisquer elementos estruturais estranhos à gramática portuguesa entraram em algum momento histórico na fala brasileira, nenhum deles sobreviveu. O português brasileiro não é o português simplificado ou o português com influência africana; é o português com as suas raízes originais, rurais e populares, transplantado para uma terra mais fértil e consequentemente com um desenvolvimento mais intenso. Longe de ser um português crioulizado, o português do Brasil é o português radicalizado.

ANEXOS

ANEXO 1

RELAÇÃO DAS OBRAS MEDIEVAIS PESQUISADAS

ALUAREZ, Francisco (1540-1982). *O Preste Joam das Indias*. Lisboa: Luis Rodrigues. Fotocópia.

BOOSCO, Deleytoso (1951). *Com previlegio del Rey Nosso señor*. Lisboa: Hernam Campos. Fotocópia.

CINTRA, Luís Felipe Lindley (1954). *Cronica geral de Espanha de 1344: edição crítica*. Lisboa: Academia Portuguesa de História.

FERREIRA, José de Azevedo (1980). *Alphonse X*. Primeira Partida: Édition et Étude. Instituto Nacional de Investigação Científica, Braga.

LOPES, Fernão (1968). *Cronica del Rei Dom João I*. Arquivo histórico português, 1915. v.II, William J. Entwistle (Ed.). Lisboa: Imprensa Nacional.

MAGNE, S. J. Augusto (1955-1970). *A demanda do Santo Graal: reprodução facsimilar e transcrição crítica*. Rio de Janeiro: Instituto Nacional do Livro.

MATTOS E SILVA, Rosa Virgínia (1971). *Quatro livros dos diálogos de São Gregório: leitura crítica*. Doutorado em Linguística — Universidade de São Paulo, São Paulo.

MIRA MATEUS, Maria Helena (1970). *Vida e Feitos de Júlio César: edição crítica*. Lisboa: Fundação Calouste Gulbenkian.

ANEXO 2

FONTE DOS DADOS DO PORTUGUÊS EUROPEU NÃO PADRÃO: OBRAS DA DIALETOLOGIA EUROPEIA, EM ORDEM DE DISTRIBUIÇÃO GEOGRÁFICA, DE NORTE A SUL E DE LESTE A OESTE DE PORTUGAL

GERMIL — extremo norte de Portugal: aldeia do distrito de Viana do Castelo e diocese de Braga, depois do Porto, perto de Viana do Castelo.

PEIXOTO, Maria Ermelinda. *Germil — Notas etnográficas e linguagem*. Lisboa: Universidade de Lisboa, Faculdade de Letras, 1968. Dissertação em Licenciatura em Filologia Românica. inédito.

FAFE — norte de Portugal: comunidade de lavradores, habitantes do norte do concelho (Várzea Cova, Moreira do Rei, Ribeiros), perto de Braga.

SILVA PEREIRA, Maria Palmira da. FAFE — Contribuição para o estudo da linguagem, etnografia e folclore do Concelho. *Revista Portuguesa de Filologia*. Casa do Castelo: Editora Coimbra, 1951. vol. IV.

FAIA — centro-norte de Portugal: povoado do concelho de Sernacelhe, distrito de Viseu, diocese de Lamego.

MOURA, Constança da Silva Pires. *FAIA, aldeia do concelho de Sernacelhe — Etnografia, Linguagem e Folclore*. Lisboa: Universidade de Lisboa, Faculdade de Letras, 1960. Dissertação para Licenciatura em Filologia Românica. inédito.

QUADRAZAIS — centro-leste de Portugal: aldeia do concelho do Sabugal.

BRAGA, Franklim Costa. *Quadrazais — Etonografia e linguagem*. Dissertação de Licenciatura em Filologia Românica. Lisboa: Universidade de Lisboa, Faculdade de Letras, 1971. inédito.

ERICEIRA — sudoeste de Portugal: comunidade de pescadores, a 42 km de Lisboa, a 11 de Mafra e a 22 de Sintra.

ALVES, Joana Lopes. *A linguagem dos pescadores de Ericeira*. Lisboa: Junta Distrital de Lisboa. 1993.

AZOIA — sudoeste de Portugal: povoação próxima do Cabo da Roca, integrada na freguesia de Colares, concelho de Sintra, distrito de Lisboa e província da Estremadura.

MARQUES, Maria Casimira Almeida. *O falar da AZOIA*. Lisboa: Universidade de Lisboa, Faculdade de Letras, 1968. Dissertação em Licenciatura em Filologia Românica. inédito.

LISBOA — sudoeste de Portugal: dados colhidos da fala de pessoas simples e analfabetas de bairros pobres de Lisboa (Curraleira, perto do Alto de São João, Alfama, Castelo, bairro Alto, Casal Ventoso, doca do Cais do Sodré e outros).

MIRA, Maria Helena Farmhouse da Graça. *Algumas contribuições para um estudo da fonética, morfologia, sintaxe e léxico da linguagem popular de Lisboa*. Lisboa: Universidade de Lisboa, Faculdade de Letras, 1954. Dissertação em Filologia Românica. inédito.

ESCUSA — centro-leste de Portugal: aldeia a 5 km de Castelo de Vide e a 9 de Marvão, pertencente à freguesia de S. Salvador da Aramanha, concelho de Marvão, distrito de Portalegre.

BAPTISTA, Cândida da Saudade. *O falar de Escusa*. Lisboa: Universidade de Lisboa, Faculdade de Letras, 1967. Dissertação em Filologia Românica. inédito.

Baleizão — centro-sul de Portugal: pequena povoação a 13 km do concelho e distrito de Beja.

Saramaga Delgado, Maria Carolina. *O falar de Baleizão*. Lisboa: Universidade de Lisboa, Faculdade de Letras, 1970. Dissertação de Licenciatura de Filologia Românica. inédito.

Odeleite — sudeste de Portugal, quase fronteira com a Espanha: aldeia a 14 Km do concelho de Castro Marim, pertencente à freguesia de Odeleite, ao concelho de Castro Marim, à comarca de Vila Real de Santo Antônio e ao distrito de Faro.

Cruz, Maria Luisa Segura da. *O falar de Odeleite*. Lisboa: Instituto Nacional de Investigação Científica, Centro de Linguística da Universidade de Lisboa. Barbosa & Xavier, Limitada, 1991. Série: Linguística — 16.

Baixo alentejo e o dialetcto barranquenho: sul e sudeste de Portugal.

Joaquim Delgado, Manuel. *A linguagem popular do baixo alentejo e o dialeto barranquenho (Estudo etnofilológico)*. Edição da Assembleia distrital de Beja, 1983.

Monte Gordo — extremo sul de Portugal: vila de pescadores próxima à Vila Real de Santo Antônio, litoral sul de Portugal

Ratinho, Maria Filipe Mariano. *Monte Gordo — Estudo etnográfico e linguístico*. Lisboa: Universidade de Lisboa: Faculdade de Letras, 1959. Dissertação para Licenciatura em Filologia Românica. Inédito.

ANEXO 3

QUADRO COMPARATIVO

COMPARAÇÃO ENTRE CONCORDÂNCIA VERBAL (NARO & SCHERRE, 2004) E PREENCHIMENTO DO SUJEITO PRONOMINAL DE 3ª PESSOA SINGULAR E PLURAL (PAREDES, 2003: 102) — VALORES EXPRESSOS EM TERMOS DE PESOS RELATIVOS — 16 FALANTES AMOSTRA CENSO DA DÉCADA DE 80, RECONTACTADOS EM 2000 PARA ESTUDO DO TIPO TENDÊNCIA

	Concordância Verbal			Preenchimento do sujeito pronominal		
	1980	2002	Dif.	1980	2000	Dif.
Seis casos de aumento de concordância e aumento do preenchimento						
DAV42	0,16	0,63	+0,47	0,60	0,70	+0,10
ADR63	0,29	0,80	+0,51	0,30	0,55	+0,25
FAT23	0,58	0,93	+0,35	0,55	0,90	+0,45
AGO33	0,24	0,58	+0,31	0,30	0,40	+0,10
JOS35	0,24	0,39	+0,15	0,30	0,55	+0,25
SAN39	0,54	0,81	+0,27	0,50	0,60	+0,10
Um caso de aumento de concordância e não aumento de preenchimento						
LEO38	0,42	0,81	+0,39	0,50	0,45	+0,05

Três casos de aumento de concordância e diminuição de preenchimento						
ADR57	0,12	0,30	+0,18	0,60	0,30	-0,30
ERI59	0,36	0,73	+0,37	0,55	0,30	-0,25
JUP06	0,20	0,47	+0,27	0,70	0,35	-0,35
Três casos não aumento de concordância e aumento de preenchimento						
JAN03	0,20	0,27	+0,07	0,30	0,55	+0,25
NAD36	0,44	0,49	+0,05	0,40	0,50	+0,10
EVE43	0,69	0,70	+0,01	0,60	0,70	+0,10
Um caso de não aumento de concordância e não aumento de preenchimento						
JVAS26	0,58	0,62	+0,04	0,35	0,30	-0,05
Dois casos de não aumento de concordância e diminuição de preenchimento						
LEI04	0,23	0,25	+0,02	0,70	0,30	- 0,40
MGL48	0,82	0,86	+0,02	0,60	0,50	- 0,10

BIBLIOGRAFIA

ABAURRE, Mª B. & GALVES, C. (1998): "As diferenças rítmicas entre o português brasileiro e o português europeu". *D.E.L.T.A. — Revista de Documentação de Estudos em Linguística Teórica e Aplicada*, São Paulo: EDUC, v. 14, n. 2, pp. 377-403.

ALMEIDA, E. M. (1997). *A variação da concordância nominal num dialeto rural*. Mestrado em Letras Vernáculas — Faculdade de Letras, Universidade Federal do Rio de Janeiro, Rio de Janeiro.

ALUAREZ, F. (1540-1982). *O Preste Joam das Indias*. Lisboa: Luis Rodrigues. Fotocópia.

ALVES, J. L. (1965-1993). *A linguagem dos pescadores de Ericeira*. Lisboa: Assembleia Distrital de Lisboa.

AMARAL, A. (1920-1982). *O dialeto caipira*. São Paulo: Hucitec. Apoio Instituto Nacional do Livro, Ministério de Educação e Cultura, Brasília.

ANDRADE, A. L. V. S. de (2004). *A variação de você, cê e ocê no português brasileiro falado*. Mestrado em Linguística — Instituto de Letras, Universidade de Brasília.

ANJOS, R. S. A. dos (1999). Distribuição espacial das comunidades remanescentes de quilombos do Brasil. *Humanidades — Consciência Negra*. Brasília: Editora da UnB, n. 47, pp. 87-98, dez.

BAPTISTA, C. da S. (1967). *O falar de Escusa*. Licenciatura em Filologia Românica — Faculdade de Letras, Universidade de Lisboa, Lisboa.

BARME, S. (2000). Existe uma língua brasileira? Uma perspectiva tipológica. *Iberomania*. Tübingen: Max Niemeyer Verlag, n. 51, pp. 1-29.

BAXTER, A. N.; LUCCHESI, D. (1993). Processos de descrioulização no sistema verbal de um dialeto rural brasileiro. *Papia — Revista de Crioulos de Base Ibérica*, Brasília: Thesaurus, n. 2, pp. 59-71.

______; ______. (1997). A relevância dos processos de pidginização e crioulização na formação da língua portuguesa no Brasil. *Estudos linguísticos e literários*, Salvador, n. 19, pp. 65-84, mar.

BAXTER, A. N. (1998). Morfossintaxe. In: PERL, M.; SCHWEGLER, A.; LORENZINO, G. (orgs.) *América negra: panorámica actual de los estudios linguísticos sobre variedades hispanas, portuguesas y criollas*. Lengua y Sociedad en el Mundo Hispánico, pp. 97-137.

BLANCHE-BENVENISTE, C. (1999). Langue parlée et langue écrite: décalages en morphologie et en syntaxe. In: MOURA, D. (org.) *Os múltiplos usos da língua*. Maceió: Edufal, pp. 16-25.

BOOSCO, D. (1951). *Com previlegio del Rey Nosso señor*. Lisboa: Hernam Campos. Fotocópia.

BORTONI-RICARDO, S. M. (1981). A concordância verbal em português: um estudo de sua significação social. In: COUTO, H. H. do et al. *Ensaios de linguística aplicada ao português*. Brasília: Thesaurus, pp. 79-101.

Bortoni-Ricardo, S. M. (1985). *The Urbanization of Rural Dialect Speakers — A Sociolinguistic Study in Brazil*. Cambridge: Cambridge University Press.

Bortoni-Ricardo, S. M. (1998). A análise do português brasileiro em três *continua*: o *continuum* rural-urbano, o *continuum* de oralidade-letramento e o *continuum* de monitoração estilística. In: Große, S. & Zimmermann, K. (orgs.). *<<Substandard>> e mudança no português do Brasil*. Frankfurt am Main, TFM, v. 6, pp. 101-118.

Braga, F. C. (1971). *Quadrazais — Etnografia e linguagem*. Licenciatura em Filologia Românica — Faculdade de Letras, Universidade de Lisboa, Lisboa.

Braga, Mª L. (1977). *A concordância de número no sintagma nominal no Triângulo Mineiro*. Mestrado em Língua Portuguesa — Departamento de Letras e Artes, Pontifícia Universidade Católica do Rio de Janeiro, Rio de Janeiro.

Braga, Mª L.; Scherre, Mª M. P. (1976). A concordância de número no SN na área urbana do Rio de Janeiro. In: Encontro Nacional de Linguística, Rio de Janeiro, *1º*. *Anais*.... Pontifícia Universidade Católica do Rio de Janeiro, pp. 464-77

Brandão, S. F. (1994). Em torno de um velho tema: o cancelamento da marca de número na fala das comunidades rurais brasileiras. *RILP — Revista Internacional de Língua Portuguesa*, Associação das Universidades de Língua Portuguesa, Lisboa, n. 12, pp. 50-57, dez.

Callou, D. M. I. (1998). Um estudo em tempo real em dialeto rural brasileiro: questões morfossintáticas. In: Große, S.; Zimmermmann, K. (orgs.) *"Substandard" e mudança no português do Brasil*. Frankfurt am Main, TFM, v. 6, pp. 255-272.

Câmara Jr., J. M. (1975). Línguas europeias de ultramar: o português do Brasil. In: ______. *Dispersos*. Rio de Janeiro: Fundação Getúlio Vargas, pp. 71-87.

Cameron, R. (1993). Ambiguous Agreement, Functional Compensation, and Non-Specific tú in the Spanish of San Juan, Puerto Rico, Madrid, Spain. *Change and Variation and Change*, Cambridge University Press, v. 5, n. 3, pp. 305-334.

Capellari, E. T. C. & Zilles, A. M. S. (2002). A marcação de plural na linguagem infantil: estudo longitudinal. *Revista da ABRALIN*, v. 1, n. 1, pp. 185-218, jul.

Cardoso, C. R. (2005). *Variação da concordância verbal no indivíduo: um confronto entre o linguístico e o estilístico*. Mestrado em Linguística — Instituto de Letras, Universidade de Brasília.

Careno, M. F. do (1999). Traços sintáticos do português popular brasileiro usados em comunidades negras rurais. In: Zimmermann, K. (org.). *Lenguas criollas de base lexical española y portuguesa*. Frankfurt am Main: Vervuert; Madrid: Iberoamericana, v. 66, pp. 503-523.

Carvalho, J. B. (1989). Phonological Conditions on Portuguese Clitic Placement: on Syntactic Evidence for Stress and Rhytmical Patterns. *Linguistics* 27, Berlin: Mouton de Gruyter, pp. 405-436.

Carvalho, H. M. de (1997a). *Concordância nominal: uma análise variacionista*. Mestrado em Língua Portuguesa — Centro de Ciências Humanas, Letras e Artes, Universidade Federal da Paraíba, João Pessoa.

_____ (1997b). A influência da variável classe e posição em relação ao núcleo na concordância nominal de número. In: Hora, D. da (org.). *Diversidade linguística no Brasil*. João Pessoa: Ideia, pp. 141-157.

Casseta & Planeta (2002). *Seu Creysson: vídia i óbria*. Objetiva: Rio de Janeiro.

Castro, Y. P. (2001). *Falares africanos na Bahia: um vocabulário afro-brasileiro*. Rio de Janeiro: Academia Brasileira de Letras/ Topbooks.

Cedergren, H. J. (1973). *The Interplay of Social and Linguistic Factors in Panama*. Doutorado — Cornell University.

Cintra, L. F. L. (1954). *Cronica geral de Espanha de 1344: edição crítica*. Lisboa: Academia Portuguesa de História.

Christy, C. (1983). *Uniformitarianism in Linguistics*. Philadelphia: John Benjamins.

Coelho, A. F. (1967). Os dialectos românicos ou neolatinos na África, Ásia e América. *Estudos linguísticos crioulos*. Reedição de artigos publicados no Boletim da Sociedade de Geografia de Lisboa. Academia Internacional de Cultura Portuguesa, Lisboa, pp. 1-234.

Couto, H. H. do (1996). *Introdução ao estudo das línguas crioulas e pidgins*. Brasília: Editora da UnB.

_____ (2002). *Anticrioulo — manifestação linguística de resistência cultural*. Brasília: Thesaurus.

Cunha, C. & Cintra, L. (1985). *Nova gramática do português contemporâneo*. Nova Fronteira: Rio de Janeiro.

Cruz, Mª L. S. da (1991). *O falar de Odeleite*. Lisboa: Instituto Nacional de Investigação Científica, Centro de Linguística da Universidade de Lisboa. Barbosa & Xavier, Limitada.

DeGraff, M. (1992). *Creole Grammar and the Acquisition of Syntax*. Doutorado — University of Pennsylvania, Philadelphia.

_____ (2001). Morphology in Creole Genesis: Linguistics and Ideology. In: Kentowicz, M. (org.). *Ken Hale: a Life in Language*. Current Studies in Linguistics, n. 36, pp. 53-115.

Dettoni, R. do V. (2001). A marcação de gênero gramatical no dialeto da baixada cuiababa: primeiras reflexões. *Papia — Revista de Crioulos de Base Ibérica*, Brasília: Thesaurus, n. 11, pp. 58-63, nov.

_____ (2003). *A concordância de gênero na anáfora pronominal: variação e mudança linguística no dialeto da baixada cuiabana — Mato Grosso*. Doutorado em Linguística — Faculdade de Letras, Universidade Federal de Minas Gerais, Belo Horizonte.

_____ (2005). A concordância de gênero no falar cuiabano: a trajetória de uma mudança linguística em curso. In: Almeida, M. M. S.; Cox, Mª I. P. *Vozes cuiabanas: estudos linguísticos em Mato Grosso*. Cuiabá: Cathedral Publicações, pp. 51-67.

Dias, Mª C. A. C. (1993). *A variação na concordância nominal: um contraste entre o urbano e o rural na fala brasiliense*. Mestrado em Linguística — Instituto de Letras, Universidade de Brasília, Brasília.

Duarte, Mª E. L. (1993). Do pronome nulo ao pronome pleno: a trajetória do sujeito no português do Brasil. In: Roberts, I.; Kato, M. A. (orgs.). *Português brasileiro — uma viagem diacrônica*. Campinas: Editora da Unicamp, pp. 107-128.

_____ (1995). *A perda do princípio "evite pronome" no português brasileiro*. Doutorado em Ciências da Linguagem — Instituto de Estudos da Linguagem, Universidade Estadual de Campinas, Campinas.

_____ (1998). O sujeito nulo no português do Brasil: de regra obrigatória a regra variável. In: Grosse, S.; Zimmermann, K. (orgs.) *"Substandard" e mudança no português do Brasil*. Frankfurt am Main, TFM, v. 6, pp. 189-202..

Emmerich, C. (1991). O português de contato no parque indígena do Xingu. RILP — *Revista Internacional de Língua Portuguesa — Viagens no português*, Lisboa: Associação das Universidades de Língua Portuguesa, n. 5-6, pp. 53-71.

Faraco, C. A. (1982). *The Imperative Sentence in Portuguese: a Semantic and Historical Discussion*. Doutorado em Linguística — University of Salford, Salford.

_____ (1986). Considerações sobre a sentença imperativa no português do Brasil. D.E.L.T.A. — *Revista de Documentação de Estudos em Linguística Teórica e Aplicada*, São Paulo: EDUC, v. 2, n. 1, pp. 1-15.

Faulstich, E. (2001). *Relatório geral do grupo de trabalho (gt) para a implantação e fortalecimento do português como segunda língua*. Instituto de Letras, Departamento de Linguística, Línguas Clássicas e Vernácula, Universidade de Brasília, Brasília.

Ferguson, C. A. (1971). Absence of Copula and the Notion of Simplicity: a Study of Normal Speech, Baby Talk, Foreigner Talk, and *Pidgins*. In: Hymes, D. (org.) *Pidginization and Creolization of Languages*. Cambridge: University Press, pp. 141-150.

Fernandes, M. (1996). *Concordância nominal na região sul*. Mestrado em Linguística — Programa de Pós-Graduação em Letras, Universidade Federal de Santa Catarina, Florianópolis.

Ferreira, C. da S. (1994). Remanescentes de um falar crioulo brasileiro. Diversidade do português do Brasil. *Estudos da dialetologia rural e outros*, Salvador: Centro Editorial e Didático, Universidade Federal da Bahia, pp. 21-32.

Ferreira, C. C. (2003). *A variação do pronome sujeito da fala da comunidade Kalunga*. Mestrado em Linguística — Instituto de Letras, Universidade de Brasília, Brasília.

Ferreira, J. de A. (1980). *Alphonse X*. Primeira Partida: Édition et Étude. Instituto Nacional de Investigação Científica, Braga.

Gomes, C. A. (1999). Directionality in Linguistic Change and Acquisition. *Language Variation and Change*. Cambridge: Cambridge University Press, v. 11, n. 2, pp. 213-230.

Gonçalves, P. (2005). Falsos sucessos no processamento do *input* na aquisição de L2: o papel da ambiguidade na génese do português de Moçambique, em: *Revista da ABRALIN — Associação Brasileira de Linguística*. v. 4, n. 1/2, pp. 47-73.

Grandgent, C. H. (1962). *An Introduction to Vulgar Latin*. New York: Hafner Pub. Co.

Guy, G. R. (1981). *Linguistic Variation in Brasilian Portuguese: Aspects of Phonology, Sintax and Language History*. Doutorado em Linguística. Graduate Faculties, University of Pennsylvania, Philadelphia.

Guy, G. R. (1989). *On the Nature and Origins of Popular Brazilian Portuguese*. Estudios sobre Español de América y Lingüística Afroamericana. Bogotá: Instituto Caro y Cuervo, pp. 226-244.

Guy, G. R. & Zilles, A. M. S. (2007). *Sociolinguística quantitativa — Instrumental de análise*. São Paulo: Parábola Editorial.

Harris, M. (1956). *Town and Country in Brazil*. New York: Columbia University Press.

Halle, M. (1962). Phonology in Generative Grammar. *Word*, 18:54-72.

Holm, J. (1992). Vernacular Brazilian Portuguese: a Semi-Creole. In: D'Andrade, E.; Kihm, A. (orgs.). *Actas do Colóquio sobre "crioulos de base lexical portuguesa"*. Lisboa: Colibri, pp. 37-66.

Isensee, D. M. (1964). *O falar de Mato Grosso (Bahia): fonêmica — aspectos da morfossintaxe e do léxico*. Mestrado em Língua Portuguesa — Instituto de Letras, Universidade de Brasília, Brasília.

Jeroslow, E. H. M. (1974). *Rural Cearense Portuguese: a Study of One Variety of Nonstandard Brazilian Speech*. Doutorado em Filosofia — Faculty of the Graduate School, Cornell University.

_____ (1975). *Creole Characteristics in Rural Brazilian Portuguese*. Paper Presented at the International Conference on *Pidgins* and Creoles, University of Hawaii.

Joaquim Delgado, M. (1983). *A linguagem popular do baixo alentejo e o dialecto barranquenho (Estudo etnofilológico)*. Edição da Assembleia Distrital de Beja.

King, R. D. (1969). *Historical Linguistics and Generative Grammar*. Englewood Cliffs: Prentice-Hall.

Kroch, A. S. (1989). Reflexes of Grammar in Patterns of Language Change. *Language Variation and Change*, Cambridge University Press, v. 1, n. 2, pp. 199-244.

Labov, W. (1975). *Sociolinguistic Patterns*. Philadelphia: University of Pennsylvania Press.

Labov, W. (1994). *Language and Society 20. Principles of Linguistic Change — Internal Factors*. Cambridge: Blackwell.

_____ (2001). *Language in Society 29. Principles of Linguistic Change — Social Factors*. Malden: Blackwell.

Lapa, M. R. (1991). *Estilística da língua portuguesa*. São Paulo: Martins Fontes.

Leite de Vasconcelos, J. (1987/1901). *Esquisse d'une dialectologie portugaise*. Lisboa: Instituto Nacional da Universidade de Lisboa, Centro de Linguística da Universidade de Lisboa, Lisboa.

Lemle, M. & Naro, A. J. (1977). Competências básicas do português. *Relatório final de pesquisa apresentado às instituições patrocinadoras Fundação Movimento Brasileiro de Alfabetização (MOBRAL) e Fundação Ford*. Rio de Janeiro.

Lightfoot, D. (1999). *The Development of Language: Acquisition, Change, and Evolution*. Malden: Blackwell.

Lobato, L. M. P. (2001). Sobre as origens do português do Brasil: proposta de uma nova abordagem. In: 53ª REUNIÃO ANUAL DA SBPC — Sociedade Brasileira para o Progresso da Ciência, *Conferência*, Salvador.

_____ (2005). Sobre a questão da influência ameríndia na formação do português do Brasil. In: Silva, D. E. G. da (org.). *Língua, gramática e discurso*. Goiânia: Editorial/Grupo de Estudos da Linguagem do Centro-Oeste, pp. 54-86.

Lopes, F. (1968). *Cronica del Rei Dom João I*. Arquivo Histórico Português, 1915. v. II, William J. Entwistle org.). Lisboa: Imprensa Nacional.

Lopes, N. da S. (2001). *A concordância de número no SN na fala de Salvador*. Doutorado em Letras — Instituto de Letras, Universidade Federal da Bahia, Salvador.

Lucchesi, D. (1999). A variação da concordância de gênero em dialetos despidginizantes e descrioulizantes do português do brasil. In: Zimmermann, K. (org.). *Lenguas criollas de base lexical española y portuguesa*. Frankfurt am Main: Vervuert; Madrid: Iberoamericana, v. 66, pp. 477-502.

_____ (2000). *A variação da concordância de gênero em uma comunidade de fala afrobrasileira: novos elementos sobre a formação do português popular do Brasil*. Doutorado em Linguística — Faculdade de Letras, Universidade Federal do Rio de Janeiro, Rio de Janeiro.

_____ (2003). O conceito de transmissão linguística irregular e o processo de formação do português do Brasil. In: Roncarati, C. & Abraçado, J. (orgs.). *Português brasileiro — contato linguístico, heterogeneidade e história*. Rio de Janeiro: FAPERJ/7 Letras, pp. 272-284.

Magne, S. J. A. (1955-1970). *A demanda do Santo Graal: reprodução facsimilar e transcrição crítica*. Rio de Janeiro: Instituto Nacional do Livro.

Malvar, E. da S. (1992). *A realização do objeto direto de terceira pessoa em cadeia anáforica no português do Brasil*. Mestrado em Linguística — Instituto de Letras, Universidade de Brasília, Brasília.

Marques, Mª C. A. (1968). *O falar da AZOIA*. Licenciatura em Filologia Românica — Faculdade de Letras, Universidade de Lisboa, Lisboa.

Mattos e Silva, R. V. (1971). *Quatro livros dos diálogos de São Gregório: leitura crítica*. Doutorado em Linguística — Universidade de São Paulo, São Paulo.

_____ (1991). Caminhos de mudança sintático-semântica no português arcaico. *Cadernos de Estudos Linguísticos*. Campinas: UNICAMP, n. 20, pp. 59-74, jan./jun.

_____ (1992). Português brasileiro — raízes e trajetórias. *Ciência Hoje*. Rio de Janeiro, v. 86, n. 15, pp. 76-81.

_____ (2001a). Uma interpretação para a generalizada difusão da língua portuguesa em território brasileiro. *Gragoatá — línguas e variação linguística no Brasil*. Niterói: EdUFF, n. 9, pp. 11-27.

Mattos e Silva, R. V. (2001b). De fontes sócio-históricas para a história social linguística do Brasil: em busca de indícios. In: _______ (org.) *Para a história do português brasileiro*. São Paulo: Humanitas /FFLCH/USP: FAPESP. v. II — Primeiros Estudos. Tomo II, pp. 275-301.

Mattos, S. E. R. M. (2003). *Sujeito coletivo singular em português: concordância e referencialidade*. Mestrado em Linguística — Instituto de Letras, Universidade de Brasília, Brasília.

Marroquim, M. (1945). *A língua do nordeste — Alagoas e Pernambuco*. São Paulo: Nacional.

McWhorter, J. H. (1998). Identifying the Creole Prototype: Vindicating a Typological Class. *Language*, LSA, v. 74, n. 4, pp. 778-818, dez.

Melo, G. C. de (1946). *A língua do Brasil*. Rio de Janeiro: Agir.

Mello, H. R. de (1997). *The Genesis and Development of Vernacular Portuguese*. Doutorado em Linguística — City University of New York.

_____ (1999). Contato linguístico na formação do português vernáculo do Brasil. In: Zimmermann, K. (org.). *Lenguas criollas de base lexical española y portuguesa*. Frankfurt am Main: Vervuert; Madrid: Iberoamericana, v. 66, pp. 525-538.

Menon, O. P. da S. (1994). *Analyse sociolinguistique de l'indétermination de sujet dans le portugais parlé au Brésil, à partir de données du Nurc/SP.* Doutorado em Linguística — Département de Recherches Linguistiques, Université de Paris VII.

Mioto, C.; Silva, Mª C. F.; Lopes, R. E. V. (2004). *Novo manual de sintaxe*. Florianópolis: Insular.

Mira Mateus, Mª H. (1970). *Vida e feitos de Júlio César: edição crítica*. Lisboa: Fundação Calouste Gulbenkian.

Mira, Mª H. F. da G. (1954). *Algumas contribuições para um estudo da fonética, morfologia, sintaxe e léxico da linguagem popular de Lisboa*. Licenciatura em Filologia Românica — Faculdade de Letras, Universidade de Lisboa, Lisboa.

Monteiro, C. do R. (1933). *A linguagem dos cantadores*. Tese apresentada em concurso — Congregação do Colégio Pedro II, Rio de Janeiro.

Moura, C. da S. P. (1960). *FAIA, aldeia do concelho de Sernacelhe — Etnografia, linguagem e folclore*. Licenciatura em Filologia Românica — Faculdade de Letras, Universidade de Lisboa, Lisboa.

Monguilhot, I. de O. e S. (2001). *Variação na concordância verbal de terceira pessoa em Florianópolis*. Mestrado em Linguística — Faculdade de Letras, Universidade Federal de Santa Catarina, Florianópolis.

Monguilhot, I. de O. e S. & Coelho, I. L. (2002). Um estudo da concordância verbal de terceira pessoa em Florianópolis. In: Vandresen, P. (org.). *Variação e mudança no português falado na região Sul*. Pelotas: Educat - Editora da Universidade Católica de Pelotas, pp. 189-216.

Mufwene, S. S. (2000). Creolization Is a Social, Not a Structural, process. In: Neumann-Holschuh, I.; Schneider, E. W. (orgs.). *Degrees of Restructuring in Creole Languages*. Amsterdam-Philadelphia: John Benjamins, pp. 65-84.

Mussa, A. B. N. (1991). *O papel das línguas africanas na história do português do Brasil*. Mestrado em Linguística — Faculdade de Letras, Universidade Federal do Rio de Janeiro, Rio de Janeiro.

Muysken, P.; Veenstra, T. (1995). Universalist approaches. In: Arends, J.; Muysken, P.; Smith, N. (orgs.). *Pidgins and Creoles*. Amsterdam-Philadelphia: John Benjamins, pp. 121-134.

Naro, A. J. (1973). Crioulização e mudança natural. In: ______. *Estudos diacrônicos*. Petrópolis: Vozes, pp. 97-110.

_____ (1978). A Study on the Origins of Pidginization. *Language*, LSA, v. 54, n. 2, pp. 314-347, jun.

NARO, A. J. (1981a). The Social and Structural Dimensions of a Syntactic Change. *Language*, LSA, v. 57, n. 1, pp. 63-98.

_____ (1981b). Morphological Constraints on Subject Deletion. In: SANKOFF, D.; CEDERGREN, H. (orgs.). *Variation Omnibus*. Carbondale-Edmonton: Linguistic Research, pp. 351-357.

NARO, A. J.; LEMLE, M. (1976). Syntactic Diffusion. In: STEEVER, Sandord B. et al. (orgs.). *Papers from the Parasession on Diachronic Syntax*. Chicago: Chicago Linguistic Society, pp. 221-241.

_____ ; _____ (1977). Syntactic Diffusion. *Ciência e cultura*, v. 29, n. 3, pp. 259-268.

NARO, A. J.; SCHERRE, Mª M. P. (1993). Sobre as origens do português popular do Brasil. *D.E.L.T.A. — Revista de Documentação de Estudos em Linguística Teórica e Aplicada*, São Paulo: EDUC, v. 9, n. especial, pp. 437-454.

_____ ; _____ (1996). Disfluencies in the Analysis of Speech Data. *Language Variation and Change*, Cambridge University Press, v. 8, n. 1, pp. 1-12.

_____ ; _____ (1999a). Sobre o efeito do princípio da saliência na concordância verbal na fala moderna, na escrita antiga e na escrita moderna. In: MOURA, D. (org.) *Os múltiplos usos da língua*. Maceió: Edufal, pp. 26-37.

_____ ; _____ (1999b). *A influência de variáveis escalares na concordância verbal*. A cor das letras, Feira de Santana: Universidade Estadual de Feira de Santana, n. 3, pp. 17-34, dez.

_____ ; _____ (2000a). Variable Concord in Portuguese: the Situation in Brazil and Portugal. In: MCWHORTER, John (org.). *Language Change and Language Contact in Pidgins and Creoles*. John Benjamins, Amsterdam-Philadelphia, pp. 235-255.

_____ ; _____ (2000b). A hierarquização do controle da concordância no português moderno e medieval: o caso de estruturas de sujeito composto. In: GROSSE, S.; ZIMMERMANN, K. (orgs.). *O português brasileiro : pesquisas e projetos*. Frankfurt am Main: TFM, v. 17, p. 166-188.

_____ ; _____ (2003a). Estabilidade e mudança linguística em tempo real: a concordância de número. In: PAIVA, Mª da C.; DUARTE, Mª E. L. (orgs.). *Mudança linguística em tempo real*. Rio de Janeiro: Contra Capa, pp. 47-62.

_____ ; _____ (2003b). O conceito de transmissão linguística irregular e as origens do português brasileiro : um tema em debate. In: RONCARATI, C. & ABRAÇADO, J. (orgs.). *Português brasileiro — contato linguístico, heterogeneidade e história*. Rio de Janeiro: FAPERJ/7 Letras, pp. 285-302.

_____ ; _____ (2003c). A relação verbo/sujeito: o efeito máscara do que relativo. In: HORA, D. da; COLLISCHON, G. (orgs.). *Teoria linguística: fonologia e outros temas*. João Pessoa: Editora Universitária, pp. 383-401.

NASCENTES, A. (1953). *O linguajar carioca*. Rio de Janeiro: Organização Simões.

NASCIMENTO, M. F. B.; MARQUES, M. L. G.; CRUZ, M. L. S. (1985). *Português fundamental*. Lisboa: INIC-CLUL.

NASCIMENTO, M. F. B. (1987). *Contribuição para um dicionário de verbos do português: novas perspectivas metodológicas*. Mestrado em Linguística Portuguesa — INIC-CLUL, Lisboa.

NINA, T. de J. C. (1980). *Concordância nominal/verbal do analfabeto na microrregião de Bragantina*. Mestrado em Letras — Instituto de Letras e Artes, Pontifícia Universidade Católica do Rio Grande do Sul, Porto Alegre.

NINA RODRIGUES, R. (2004/1932). *Os africanos no Brasil*. Brasília: Editora da UnB.

OLIVEIRA E SILVA, G. M. de (1982). *Estudo da regularidade na variação dos possessivos no português do Rio de Janeiro*. Doutorado em Linguística — Faculdade de Letras, Universidade Federal do Rio de Janeiro, Rio de Janeiro.

Oliveira e Silva, G. M. de (1996a). Realização facultativa do artigo definido diante de possessivos e patronímicos. In: Oliveira e Silva, G. M. de; Scherre, Mª M. P. (orgs.). *Padrões sociolinguísticos: análises de fenômenos variáveis do português falado no Rio de Janeiro*. Rio de Janeiro: Tempo Brasileiro, pp. 119-145.

_____ (1996b). Estertores do possessivo seu na terceira pessoa. In: Oliveira e Silva, G. M. de; Scherre, Mª M. P. (orgs.). *Padrões sociolinguísticos: análises de fenômenos variáveis do português falado no Rio de Janeiro*. Rio de Janeiro: Tempo Brasileiro, pp. 171-181.

_____ (1996c). Variáveis sociais e perfil do Corpus Censo. In: Oliveira e Silva, G. M. de; Scherre, Mª M. P. (orgs.). *Padrões sociolinguísticos: análises de fenômenos variáveis do português falado no Rio de Janeiro*. Rio de Janeiro: Tempo Brasileiro, pp. 51-81.

Oliveira e Silva, G. M. de; Scherre, Mª M. P. (orgs.) (1996). *Padrões sociolinguísticos — análise de fenômenos variáveis do português falado no Rio de Janeiro*. Rio de Janeiro: Tempo Brasileiro.

Omena, N. P. de (1978). *Pronome pessoal de terceira pessoa: suas formas variantes em função acusativa*. Mestrado em Letras — Departamento de Letras e Artes, Pontifícia Universidade Católica do Rio de Janeiro, Rio de Janeiro.

Palma, Mª L. C. (2005). O falar cuiabano em Mato Grosso — estigma, status e atalhos. In: Almeida, M. M. S.; Cox, Mª I. Pi. *Vozes cuiabanas: estudos linguísticos em Mato Grosso*. Cuiabá: Cathedral, pp. 139-166.

Paredes Silva, V. L. (1991). Por detrás das frequências. *Organon — A variação no português do Brasil*. Porto Alegre: Instituto de Letras, Universidade Federal do Rio Grande do Sul, v. 5, n. 18, pp. 23-36.

_____. (2003). Motivações funcionais no uso do sujeito pronominal: uma análise em tempo real. In: Paiva, Mª da C.; Duarte, Mª E. L. (orgs.). *Mudança linguística em tempo real*. Rio de Janeiro: Contra Capa, pp. 97-114.

Peixoto, Mª E. (1968). *Germil — Notas etnográficas e linguagem*. Licenciatura em Filologia Românica — Faculdade de Letras, Universidade de Lisboa, Lisboa.

Peres, J. A.; Móia, T. (1995). *Áreas críticas da língua portuguesa*. Lisboa: Caminho.

Pintzuk, S. (1988). *VARBRUL* programs.

Ponte, V. M. Linguística (1979). *A concordância nominal de uma comunidade de Porto Alegre*. Mestrado em Letras — Instituto de Letras e Artes, Pontifícia Universidade Católica do Rio Grande do Sul, Porto Alegre.

Pontes, E. S. L. (1986). *Sujeito: da sintaxe ao discurso*. São Paulo: Ática.

Poplack, S. (1980). The Notion of the Plural in Puerto Rico Spanish: Competing Constraints on /S/ Deletion. In: LABOV, W. (org.). *Locating Language in Time and Space*. Philadelphia: University of Pennsylvania, pp. 55-67.

Ramos, J. (1997). O uso das formas *você, ocê* e *cê* no dialeto mineiro. In: Hora, D. da (org.). *Diversidade linguística no Brasil*. João Pessoa: Ideia, pp. 43-69.

Rand, D.; Sankoff, D. (1990). *GoldVarb Version 2: a Variable Rule Application for the Macintosh*. Montréal: Centre de recherches mathématiques, Université de Montréal.

Ratinho, Mª F. M. (1959). *Monte Gordo — Estudo etnográfico e linguístico*. Licenciatura em Filologia Românica — Faculdade de Letras, Universidade de Lisboa, Lisboa.

Roberts, I. (1997). Creoles, Markedness and the Language Bioprogram Hypothesis. In: *Estudos linguísticos e literários*, Salvador, n. 19, pp. 11-24, mar.

_____ (1993). O português brasileiro no contexto das línguas românicas. In: Roberts, I.; Kato, M. A. (orgs.) *Português brasileiro — uma viagem diacrônica*. Campinas: UNICAMP, pp. 409-421.

ROBERTS, I. (2001). Verb Movement and Markedness. In: DEGRAFF, M. *Language Creation & Language Change — Creolism, Diachrony, and Development*. Cambridge, Mass: The MIT Press, pp. 287-327.

ROCHA, R. C. F. (1997). *A alternância indicativo/subjuntivo nas orações subordinadas substantivas em português*. Mestrado em Linguística — Instituto de Letras, Universidade de Brasília, Brasília.

RODRIGUES, A. N. (1974). *O dialeto caipira na região de Piracicaba*. São Paulo: Ática.

RODRIGUES, A. D. (1994). *Línguas brasileiras*. São Paulo: Loyola.

_____ (1996). As línguas gerais sul-americanas. *Papia — Revista de Crioulos de Base Ibérica*, Brasília: Thesaurus, n. 4, pp. 6-18.

_____ (2006). As outras línguas da colonização do Brasil. In: CARDOSO, S. A. M. et al. *500 anos de história linguística do Brasil*. Salvador: Fundo de Cultura da Bahia, pp. 143-161.

RODRIGUES, J. H. (1983). A vitória da língua portuguesa no Brasil colonial. *Humanidades*. v. I, n. 4, pp. 21-41. jul/set.

SANKOFF, D. (1988). Variable Rules. In: AMMON, U.; DITTMAR, N.; MATTHEIER, K. J. (orgs.). *Sociolinguistics — An International Handbook of the Science of Language and Society*. Berlin-New York: Walter de Gruyter, pp. 984-998.

SANKOFF, G. (1980). *The Social Life of Language*. Philadelphia: University of Pennsylvania Press.

SANKOFF, G.; LABERGE, S. (1980). The Acquisition of Native Speakers by a Language. In: SANKOFF, G.. *The Social Life of Language*. Philadelphia: University of Pennsylvania Press, pp. 195-209.

SANTIAGO-ALMEIDA, M. M. S. (2005). Ecos fonético-fonológicos no falar cuiabano. In: SANTIAGO-ALMEIDA, M. M. S.; COX, Mª I. P. *Vozes cuiabanas: estudos linguísticos em Mato Grosso*. Cuiabá: Cathedral Publicações, pp. 69-93.

SAPIR, E. (1949/1921). *Language — An Introduction to the Study of Speech*. New York: Harcourt, Brace & World, Inc.

SARAMAGA DELGADO, Mª C. (1970). *O falar de Baleizão*. Licenciatura em Filologia Românica — Faculdade de Letras, Universidade de Lisboa, Lisboa.

SARAMAGO, J. (1994). O atlas linguístico-etnográfico de Portugal e da Galiza (ALEPG). In: MOUTON, P. G. (org.). *Geolinguística: trabajos europeus*. Madrid: Consejo Superior de Investigaciones Científicas, pp. 225-32.

SCHERRE, Mª M. P. (1978). *A regra de concordância de número no sintagma nominal em português*. Mestrado em Letras — Departamento de Letras e Artes, Pontifícia Universidade Católica do Rio de Janeiro, Rio de Janeiro.

_____ (1988). *Reanálise da concordância de número em português*. Doutorado em Linguística — Faculdade de Letras, Universidade Federal do Rio de Janeiro, Rio de Janeiro.

_____ (1991). A concordância de número nos predicativos e particípios passivos. Organon — *A variação no português do Brasil*. Porto Alegre: Instituto de Letras, Universidade Federal do Rio Grande do Sul, v. 5, n. 18, pp. 52-70.

_____ (1994). Aspectos da concordância de número no português do Brasil. *RILP — Revista Internacional de Língua Portuguesa — Norma e Variação do Português*, Lisboa: Associação das Universidades de Língua Portuguesa, n. 12, pp. 37-49, dez.

_____ (1998a). Variação da concordância nominal no português do Brasil: influência das variáveis posição, classe gramatical e marcas precedentes. In: GROßE, S. & ZIMMERMANN, K. (orgs.). *<<Substandard>> e mudança no português do Brasil*. Frankfurt am Main, TFM, v. 6, p. 153-188.

_____ (1998b). Paralelismo linguístico. *Revista de Estudos da Linguagem*. Belo Horizonte: Universidade Federal de Minas Gerais, v. 7, n. 2, p. 29-59.

_____ (2001). Phrase Level Parallelism Effect on Noun Phrase Number Agreement. *Language Variation and Change*, Cambridge University Press, v. 13, n. 1, pp. 91-107.

SCHERRE, Mª M. P. (2005). *Doa-se lindos filhotes de poodle: variação linguística, mídia e preconceito*. São Paulo: Parábola Editorial.

SCHERRE, Mª M. P.; NARO, A. J. (1991). Marking in Discourse: "Birds of a Feather". *Language Variation and Change*, Cambridge University Press, v. 3, n. 1, p. 23-32.

_____ ; _____ (1993). Duas dimensões do paralelismo formal na concordância de número no português popular do Brasil. *D.E.L.T.A. — Revista de Documentação de Estudos em Linguística Teórica e Aplicada*. São Paulo: EDUC, v. 9, n. 1, pp. 1-14.

_____ ; _____ (1997). A concordância de número no português do Brasil: um caso típico de variação inerente. In: HORA, D. da (org.). *Diversidade linguística no Brasil*. João Pessoa: Ideia, pp. 93-114.

_____ ; _____ (1998). Restrições sintáticas e semânticas no controle da concordância verbal em português. FÓRUM LINGUÍSTICO, Centro de Comunicação e Expressão, Pós-Graduação em Linguística, Universidade Federal de Santa Catarina, Florianópolis: Imprensa Universitária, v. 1, n. 1, pp. 45-71.

_____ ; _____ (2000). A hierarquização do controle da concordância no português moderno e medieval: o caso de estruturas de sujeito simples. In: GROSSE, S.; ZIMMERMANN, K. (orgs.). *O português brasileiro: pesquisas e projetos*. Frankfurt am Main: TFM, v. 17, pp. 135-165.

_____ ; _____ (2001). Sobre as origens estruturais do português brasileiro : crioulização ou mudança natural? *Papia — Revista de Crioulos de Base Ibérica*, Brasília: Thesaurus, n. 11, pp. 41-50

_____ ; _____ (2005). Passado e presente na concordância de número em português: evidências do português europeu moderno. MASSINI-CAGLIARI, G. et alii. (orgs.). *Estudos de linguística histórica do português*. Araraquara: Cultura Acadêmica Editora, pp. 31-71.

_____ ; _____ (no prelo). Mudança sem mudança: a concordância de número no português brasileiro. *SCRIPTA 16*. Belo Horizonte.

SCHERRE, Mª M. P.; NARO, A. J. & CARDOSO, C. R. (2005). Evaluating the Role of Verb Type in Subject/Verb Agreement in Brazilian Portuguese. In: *New Ways of Analyzing Variation (NWAVE)*, 34. New York: New York University.

SERRA, L. A. (2002). *Pesquisa de variação das estruturas denominadas passivas sintéticas em classificados de jornais portugueses*. Graduação em Letras Português — Instituto de Letras, Universidade de Brasília, Brasília.

SILVA NETO, S. da (1986a/1950). *Introdução ao estudo da língua portuguesa*. Rio de Janeiro: Presença.

_____ (1986b). *História da língua portuguesa*. Rio de Janeiro: Presença.

SILVA PEREIRA, Mª P. da (1951). FAFE — Contribuição para o estudo da linguagem, etnografia e folclore do Concelho. *Revista Portuguesa de Filologia*. Casa do Castelo: Editora Coimbra, v. IV.

SOUZA, P. D. dos S. (2005). *A concordância verbal na primeira fase do português arcaico*. Mestrado em Letras — Instituto de Letras, Universidade Federal da Bahia, Salvador.

SOUZA, U. R. (2001). A semicrioulização do português em Mato Grosso. *Papia — Revista de Crioulos de Base Ibérica*, Brasília: Thesaurus, n. 11, pp. 52-57.

_____ (2005). Um olhar crioulo nos cenários sócio-históricos do Brasil e do Estado de Mato Grosso. In: ALMEIDA, M M. S.; COX, Mª I. P.. *Vozes Cuiabanas: estudos linguísticos em Mato Grosso*. Cuiabá: Cathedral Publicações, pp. 29-48.

STURTEVANT, E. H. (1940). *The Pronunciation of Greek and Latin*. Philadelphia: University of Pensilvânia.

TARALLO, F. (1993a). Sobre a alegada origem crioula do português brasileiro : mudanças sintáticas aleatórias. In: ROBERTS, I.; KATO, M. A. (orgs.). *Português brasileiro — uma viagem diacrônica*. Campinas: UNICAMP, pp. 35-68.

Tarallo, F. (1993b). Diagnosticando uma gramática brasileira: o português d'aquém e d'além-mar ao final do século XIX. In: Roberts, I.; Kato, M. A. (orgs.) *Português brasileiro — uma viagem diacrônica*. Campinas: UNICAMP, pp. 69-106.

Teyssier, P. (2004): *História da língua portuguesa*. São Paulo: Martins Fontes.

Varejão, F. de O. A. (2006). *Variação em estruturas de concordância verbal e em estratégias de relativização no português europeu popular*. Doutorado em Língua Portuguesa — Faculdade de Letras, Universidade Federal do Rio de Janeiro, Rio de Janeiro.

Veado, R. M. A. (1982). *Comportamento linguístico do dialeto rural*. Universidade Federal de Minas Gerais — PROED, Belo Horizonte.

villata, L. C. (1998). O que se fala e o que se lê: língua, instrução e leitura. In: Novais, F. A.; Sousa, L. de M. (orgs.) *História da vida privada no Brasil*. São Paulo: Companhia das Letras, pp. 332-385.

Vitral, L. (1996). A forma C e a noção de gramaticalização. *Revista de Estudos da Linguagem*, Belo Horizonte: Universidade Federal de Minas Gerais, v. 1, n. 4, pp. 115-124.

Vogt, C.; Fry, P. (1996). *Cafundó: a África no Brasil — linguagem e sociedade*. São Paulo: Companhia das Letras.

Weinreich, U.; Labov, W.; Herzog, M. I. (1968). Empirical Foundations for a Theory of Language Change. In: LEHMANN, W.P.; MALKIEL, Yakov. (Orgs.). *Directions for Historical Linguistics*. Austin-London: University of Texas Press, p. 97-195.

______; ______; ______. (2006). *Fundamentso empíricos para uma teoria da mudança linguística*. São Paulo: Parábola Editorial.

Zimmermann, K. (1999): O português não padrão falado no Brasil, In: ______. (org.). *Lenguas criollas de base lexical española y portuguesa*. Frankfurt am Main: Vervuert; Madrid: Iberoamericana, v.66, p. 441-745.

nota da editora

DIGA NÃO À COPIA pratique essa ideia

Quando você copia uma obra, está contribuindo para que nos próximos anos os alunos não tenham mais o que copiar, porque:

1. Não haverá autores interessados em produzir textos. A produção de um livro demanda muito tempo, formação específica e dedicação, e eles precisam trabalhar para viver.

2. Também não haverá editoras interessadas em investir em uma obra que ficará estocada, especialmente quando se tratar de obras traduzidas. Os alunos do futuro terão de ler as obras na língua em que foram editadas.

3. **E MAIS**: você está contribuindo para acabar com o emprego de funcionários de gráficas, editoras, para o fechamento de livrarias, para o empobrecimento da cultura do país, além, é claro, **de violar a lei de direitos autorais nº 9.610/98** e colaborar com um CRIME sujeito ao **artigo 159 do código civil** para quem pratica e ao **artigo 184 do código penal** para quem comercializa cópias.

Além do mais, cópias se perdem ao longo do tempo. O livro não. Ele é para sempre, pode ser repassado a outras pessoas, é fundamental para a formação de todo profissional que se pretenda competente. Todo bom profissional precisa de uma biblioteca própria. Para isso a Parábola Editorial contribui pondo no mercado livros com qualidade gráfica e de conteúdo **a melhor preço que a cópia**.

DIGA NÃO À CÓPIA. Pratique essa ideia!

Quando você diz não à cópia, está dizendo não à violência e a falta de ética... Pode não parecer, mas quando copia uma obra na qual se empenhou tanto trabalho para que ela virasse um livro e chegasse ao mercado, você está colaborando com a corrupção que alimenta nosso crônico atraso!

Esta obra foi composta em Weiss, corpo 11/15
e impressa em papel chambril avena 80g
para a **Parábola Editorial** em abril de 2014.

impressão e acabamento

PAYM GRÁFICA